KB232984

문·화·서·비·스·의

성과관리에
관한 연구

성과관리에 관한 연구

곽영진 지음

KSi 한국학술정보㈜

목 차

제1장 ● 서론 / 9

제2장 ● 문화서비스 민간위탁과 그 성과의 이론과 실제 / 25

제1장

서론

도서관, 박물관 서비스 등 문화서비스에 민영화 또는 민간위탁 문제가 제기된 지 10여 년이 되었다. 1998년 국민의 정부는 경제위기 극복의 일환으로 이를 중점적으로 추진하였다. 2003년 참여정부에서도 이러한 정책기조는 유지하였지만 그 추진은 적극성을 띠지 않았다. 2008년 출범한 이명박 정부에서는 다시 "큰 시장, 작은 정부"의 목표 아래 공기업 선진화 방안의 일환으로 민영화와 민간위탁을 강력히 추진하고 있다.

1998년 외환위기를 안고 출범한 국민의 정부는 문화부문을 포함한 공공서비스 전반의 운영효율을 높이기 위해 민영화, 민간위탁, 아웃소싱, 책임기관 운영 등 시장중심의 서비스 공급 방식의 도입을 전격적으로 강력히 추진하였다. 이는 작은 정부를 지향하며 정부조직을 축소하고, 민간과 경쟁을 통해 공공부문의 비효율을 개선하기 위한 국민의 정부의 주요한 개혁조치의 하나였다. 하지만, 정부가 독점적으로 제공하던 공공서비스를 민간에서 제공할 실질적인 준비는 공공부문이나 민간부문 모두 거의 없는 상태였다.

1998년 2월 정부조직개편심의위원회는 국립지방박물관을 지방자치단체에 이관하는 방안을 추진하다가 문화계의 반발로 철회하고, 1998년 5월 25일 기획예산위원회는 "재정사업의 외부자원 활용지침"[1]을 마련하여, 국립극장, 국립현대미술관, 민속박물관, 국립중앙도서관 등을 포함한 26개 부처 소관의 96개 사업을 일차적으로 민간위탁대상사업으로 선정, 발표하였다. 물론 문화계는 강력히 반발[2]하였고, 민간위탁에 대한 논란이 본격적으로 시작되는 계기가 되었다. 1999년 기획예산위원회는 1998년 2월 28일부터 시행 중이던 정부조직의 개편안을 마련하고, 조직개편의 4대원칙[3]을 제시하며 국립중앙도서관과 국립극장 등 4개 기관은 책임운영기관으로, 국립박물관 등 5개 기관은 민간위탁으로 운영할 것을 제시하였다. 하지만, 문화계와 언론에서는 국립지방박물관을 지방자치단체로 이양하거나 대학박물관으로 위탁하는 방안에 대해 "정부가 문화유산 정책도 포기하려 한다."며 강력히 비판했고, 결국 이러한 방안은 실현되지 못하였다(송하중, 김근세 1999). 문화 분야에 시상경세 방식을 도입하려던 이러한 시도는 결국 국립극장을 2000년 1월 1일부터, 국립현대미술관을 2006년 1월 1일부터 책임운영기관으로 지정, 운영하는 것으로 결론이 났지만, 중앙정부 문화서비스의 일부를 민간위탁 방식으로 공급하려던 당초의 계획은 제대로 추진되지

---

1) 모든 사업과 분야를 검토대상으로 하고 4가지 기준을 제시하고 있는데, 첫째 규모의 경제성이 요구되는 사업, 둘째, 경쟁촉진 가능성과 파급효과가 큰 사업(박물관, 미술관, 도서관 등 전국적으로 동일한 기능이 다수인 사업 포함), 셋째, 시장성이 큰 사업(궁, 능원관리 사업 포함), 넷째, 소비자 밀착형 집행업무이다(이성우, 1998: 38).

2) 당시 언론 보도를 보면, "문화예술계의 거센 반발을 감안치 않더라도 국립지방박물관의 지방 대학위탁은 정부가 소중한 문화유산을 포기하겠다는 것이고, 영리와 거리가 먼 도서관은 선진국보다 턱없이 부족하고, 민속박물관이나 현대미술관은 한 곳에 불과해 오히려 정부가 의지를 갖고 육성해야 한다."고 주장하며, "예산 당국은 문화기관 민영화를 국영기업체 다루듯 경제논리로 접근해서는 안 되며 예산을 축소한 상태에서 국립문화기관들의 민간위탁을 강행할 경우 필연적으로 기능위축을 불러올 것이므로 재고"되어야 한다고 보도(조선일보, '문화 민간위탁의 위험'(1998. 5. 31), 동아일보, '문화기관 민영화 신중히'(1998. 6. 5) 등).

3) 4대원칙은 첫째, 정부기능을 핵심역량 위주로 개편 및 간소화, 둘째, 민간이 더 잘 수행할 수 있는 기능은 민간으로 이양, 셋째, 지방자치단체가 수행할 수 있는 기능은 지방으로 이양, 넷째, 독립적 수행이 가능한 집행기관은 책임운영기관화 등이다.

않고 있다.

그럼에도 불구하고, 지방정부가 제공하는 공공도서관이나 문예회관 등 문화서비스의 민간위탁은 계속 확대되어 왔다. 여기에는 1998년 행정자치부의 공무원총정원제 도입,[4] 자치단체사무의 민간위탁추진지침 제정(1998. 12. 22) 등의 영향이 매우 컸다(김지봉, 2000). 2003년 한국문화관광정책연구원이 조사한 공립문화시설 민간위탁 운영현황에 의하면, 문예회관은 122개소 중 22개소, 박물관, 미술관은 98개소 중 4개소, 도서관은 460개소 중 24개소였다. 이 중 문예회관이 18%로 제일 많았고, 도서관은 5.2%, 박물관과 미술관은 4%로서 공립문화시설 전체를 보면 평균 9%[5]가 위탁 운영되고 있었다. 연구시점인 2007년 말 현황을 보면, 문예회관은 161개관 중 46개관이 위탁운영 중이고, 박물관·미술관은 302개로 급증했으나 위탁기관은 정확히 확인되지 않지만, 공공도서관은 607개관 중 54개관으로 아래 <표 1-1>과 같이 꾸준히 증가해 왔음을 알 수 있다.

---

4) 국가공무원은 "국가공무원총정원령"(1998. 12. 31 제정)에 의해서, 지방공무원은 지방자치법 제103조에 의한 지방자치단체별 "지방공무원정원조례" 제정으로 총정원제를 유지하고 있어서 신설되는 기관의 신규인력 소요와 기존시설의 부족인력을 확충하기 위한 방안으로 민간위탁을 고려하고 있는 기관이 많았다.

5) 조사 자료에는 문예회관이 113개관 중 19개관, 박물관미술관은 25개관 중 4개관으로 되어 있으나, 시설의 총계는 문화관광부의 "2004 전국문화기반시설총람"(수록시점은 2003년 말 기준)과 달라서 이를 공식통계자료에 의거 수정하였고, 실제 위탁 운영 자료는 당시 처음으로 조사되었으므로 이를 인용하였지만 모수의 변동으로 비율통계가 수정되었다. 2003년과 2007 년간의 문화시설·위탁의 변동추이를 비교하기 위해서도 공식통계자료의 인용이 바람직하다.

<표 1-1> 공공도서관의 연도별 민간위탁 추세

연 도	2001	2002	2003	2004	2005	2006	2007
공공도서관 수	403관	425관	460관	473관	526관	542관	607관
민간위탁	15관	21관	24관	31관	39관	46관	54관
위탁비율	3.7%	4.9%	5.2%	6.5%	7.8%	8.5%	8.9%

· 문화관광부의 "전국문화기반시설총람(2004~2008)", "문화정책백서(2001~2003)"와 김세훈(2002: 62-63)의 "도서관중장기발전방안연구" 자료에서 재구성

이 중 공공도서관의 위탁운영 상황을 좀 더 자세히 살펴보면, 위탁 비율은 <표 1-1>에서 보듯이 03년 5.2%에서 07년 8.9%로 매년 꾸준히 증가하고 있다. 2007년 말 현재 위탁운영 중인 54개 공공도서관의 지역적 분포를 보면 서울시 37개관, 경기도 6개관,[6] 인천 3개관, 충북과 경남 각각 2개관, 광주, 강원, 전남, 충남에는 각각 1개관씩 운영 중에 있다. 서울시의 위탁운영 도서관[7]은 전제 위탁운영 도서관의 69%를 차지하며 위탁운영 방식을 선도하고 있고, 최근 위탁기관을 비영리단체에서 시설관리공단으로 전환해 나가는 데도 앞장서고 있어 공공도서관 민간위탁의 성과도 서울시의 사례를 집중분석해 보면 의미 있는 결과를 얻을 수 있을 것으로 보았다. 한편 공공도서관을 위탁 운영하다가 다시 직영으로 전환하는 현상도 일부 있으나, 대부분은 도서관 리모델링 또는 신축을 계기로 한 일시적 현상으로 알려졌다.

문화계에서도 문화서비스의 민간위탁 등을 통해 운영의 효율을

---

6) 안산시에서 직영하던 안산감골도서관(97. 7. 31 개관)은 조사시점에 한우리독서운동본부에서 위탁운영 중(05. 1. 1~07. 12. 31)이었으나, '08. 1. 1 직영체제로 환원, 동년 3월까지 리모델링 후 직영으로 재개관하였으므로 본 민간위탁도서관 통계에서는 제외한다.

7) 서울소재 공공도서관 중 서울교육청이 운영하는 22개 공공도서관은 한 곳도 위탁 운영하지 않고 있으며, 각 구청에서 운영 중인 구립도서관은 40개관 중 37개관을 위탁 방식으로 운영하고 있다.

높이자는 주장에 대해서 무조건 반대하기보다는 문화서비스의 성격에 따라 민간의 경영요소를 도입은 하되 신중히 추진하자는 입장이었다. 예를 들면, 공공 공연장이나 문예회관 등 수익성을 창출할 수 있는 분야에서는 민간 전문가들에게 위탁하여 운영의 효율을 높이는 것이 바람직하지만(유민영, 2001: 89-95; 탁계석, 2001: 33-44), 공공도서관이나 박물관, 미술관처럼 수익성은 거의 없고 공공성이 요구되는 문화기관은 정부 직영이 더 바람직하다는 입장이었다. 도서관, 박물관 등은 선진국과 비교할 때 서비스 공급 자체가 부족하고, 시설운영에 대한 지원이 미흡함에도 민간위탁을 통해 인력과 예산절감을 강조하면 오히려 서비스 질을 더 악화시킬 것으로 우려하고 있는 것이다.

특히, 도서관계는 민간위탁이 도입되던 1998년부터 2001년까지 반대[8]의 목소리를 매우 높여 왔지만 지방자치단체의 공공도서관 위탁운영은 계속 증가하고 있어, 최근에는 위탁 자체의 반대보다는 각 자치단체가 시설공단을 설립하고 공공도서관 운영을 민간위탁에서 공단위탁으로 전환하고 있음을 더 우려하고 있다. 도서관계가 그간의 위탁운영 제도 도입에 대한 반대 입장과 논거를 포기한 것은 결코 아니며, 그렇다고 그간의 민간위탁의 객관적인 성과 분석을 토대로 도서관 서비스의 효율성과 서비스의 질을 높일 새로운 대안을 마련하고 있는 것 같지도 않다.[9] 최근의 공공도서관 위탁운

---

8) 한국도서관협회는 '국가대표도서관인 국립중앙도서관의 민영화는 불가하다'는 내용의 성명서를 정부, 언론사에 전달하며 강력히 반발했다("도서관문화" 제39권 제3호, '98. 5. 6, pp.64-65).

9) 문화체육관광부는 도서관계의 어려운 상황을 감안하여, 현실적으로 위탁운영이 늘어남에 따른 문제의 개선과 대안을 찾기 위해 2008년 대학산학협력단에 "도서관 민간위탁 경영제도 개선에 관한 연구"를 의뢰한 결과, 전문적인 수탁단체를 설립하고 그 운영의 전문성을 키우는 방

영 추세를 거부하기도 어려워, 여러 우려 속에서 소극적으로 관망하고 있는 것으로 보인다.

이러한 논란에 비추어 보면, 아직 학계에서도 문화서비스나 공공도서관 서비스의 운영 방식, 즉 직영이나 민간위탁 방식에 따른 성과 연구는 활발하지 않은 편이다. 기존 연구에서는 문예회관을 대상으로 상대적 효율성 분석을 통한 성과연구(이상철 외, 2006: 179－205)가 있지만, 대부분의 연구는 운영 방식에 따른 구분 없이, 공공도서관의 상대적 효율성을 측정[10]하거나 문화시설 관리운영 실태를 평가[11]하고, 주민의 만족도 조사[12] 등을 중심으로 이루어지고 있어, 문화서비스나 공공도서관 서비스의 운영 방식별 성과를 간접적, 단편적으로 추정해 볼 수 있는 정도이다.

이제는 이미 문화시비스 분야에도 새로운 운영 방식인 민간위탁 제도가 도입된 지 상당한 시간이 경과하였고, 공공도서관, 박물관 등 문화시설의 확충과 위탁운영은 계속 늘어나는 추세이므로 문화서비스의 위탁운영에 대한 이론적, 이념적인 찬반 논란보다는 동 서비스의 이용자 입장에서 위탁운영의 성과를 실증적으로 검증해 볼 시점이 되었다고 생각한다.

안을 제시하고 있다.

10) DEA를 활용한 공공도서관의 상대적 효율성 측정 연구는 Vitaliano(1998), Worthington(1999), Hammond(2002), 김선애(2005, 2006) 등이 있다.

11) 공공도서관관련 운영실태 평가는 대학도서관연구회 평가(1985), 문화기반시설관리운영평가 (문화관광부, 1998~2003) 등이 있다.

12) 공공도서관 서비스 관련 만족도 조사는 전체적으로 실시하지 않고 있으며, 서울시의 경우, 행정서비스에 대한 시민만족도조사(2001~2003)에 공공도서관도 포함. 우수 도서관은 포상을 실시한 적이 있고, 2005년부터는 매년 1회 구립도서관 전체에 대한 조사를 실시하여 정책에 반영하려 하며(실제 2005년 1회, 2007년 2회 조사), 교육청소속 공공도서관은 각각 필요에 따라 해당 도서관에서만 조사를 실시하고 있어 도서관전체의 성과평가를 위한 자료로 활용하기가 어렵다.

특히, 공공도서관 서비스는 문화서비스 분야 중에서 수익성이 거의 없고,[13] 높은 공공성이 요구되는 분야인데도 위탁운영은 계속 증가하고 있다. 그런데 이러한 공공도서관의 위탁운영 증가추세도 서울과 경기 지역 중심으로만 증가하고 있고, 그 대상도 신설되는 서울시 지자체 소속의 공공도서관[14]이 중심이며, 교육청 소속의 기존 공공도서관이나 서울지역 이외의 경우에는 공공도서관 운영 방식에 큰 변화가 없는 것 또한 특이한 현상[15]이다. 왜 그럴까 하는 의문과 함께 공공도서관 서비스 같은 문화서비스에서도 민간위탁 운영 방식이 직영 방식보다 성과가 더 좋을까 하는 의문이 있다.

따라서 본 연구에서는 이러한 의문에 대한 답을 얻기 위하여 그간 많이 논란되어 온 문화서비스의 민간위탁 성과를 공공도서관의 운영 사례를 중심으로 다음과 같이 실증적으로 분석해 보려 한다. 첫째, 공공도서관 서비스에 있어서도 민간위탁 방식이 직영 방식보

---

13) 도서관계에서는 박물관·미술관과 비교할 때 박물관·미술관은 그나마 소장품에 대해서나 기획전시를 하면서 문화상품을 제작 판매하므로 약간의 수익성이 있으나, 도서관은 이러한 수익원도 없으면서 오히려 국민들의 지식정보수요를 충족하기 위해 공공서비스를 확대해야 하는데도 도서관의 위탁은 늘어나지만 박물관·미술관의 위탁은 거의 없는 현상을 매우 의아해하고 있다.

14) 본 연구에서는 공공도서관 중 공립 공공도서관에 한정한다. 현재 공립 공공도서관은 지방자치단체와 교육청 소속으로 이원적인 행정체계를 가지고 있는데, 2007년 말 현재, 지자체 소속은 356개관, 교육청소속은 227개관이고, 이외에 사립 공공도서관도 24개관이 있다. 서울시 각 구청은 구립도서관을 건립하면서 대부분 위탁운영 방식을 도입하는 데 반해, 교육청은 소속 도서관을 위탁 운영하는 곳이 한 군데도 없다(문화체육관광부, 2008년 전국문화기반시설총람).

15) 본 연구과정에서 서울시와 구청, 교육청의 공공도서관정책 담당관을 면담한 결과, 서울시 관계자들은 위탁운영 도입의 실제 이유로 공공도서관을 신설하더라도 공무원정원을 늘릴 수 없기 때문이라는 인식이 많았고, 교육청 관계자는 위탁운영은 공공성을 저해할 우려가 있다는 인식과 함께 신규 인력 확충의 문제가 없기 때문에 위탁운영에 대한 관심 자체가 없었다. 결국 도서관의 위탁운영 도입은 이론적으로 말하는 민간위탁의 효과를 실증적으로 분석한 결과이기보다는 인력 증원의 제한, 예산절감 등 비용절감을 위한 지자체의 고민의 결과로 추정되며, 관계공무원 설문조사도 이러한 주장을 뒷받침하고 있다(문화체육관광부, 2008: 40 - 41).

다 더 효과적이고 효율적인가를 분석해 본다. 특히, 공공도서관의 서비스 품질과 운영의 효율성 측면에서 직영과 민간위탁의 성과를 직접 비교, 분석해 보려 한다. 둘째, 공공도서관 서비스의 성과에 영향을 미치는 요인들이 무엇인지를 규명해 보려 한다. 이를 통하여 공공도서관 서비스의 질과 효율성을 높일 방안과 정책적 고려 사항을 짚어 보려 한다.

이러한 연구는 그간 논란만 무성했던 공공도서관 서비스의 민간위탁 성과를 실증적으로 규명해 보임으로써, 문화서비스의 성과관리에 대해 새로운 이론적, 정책적 시사점을 제시해 줄 것으로 기대한다.

■ ■ ■ 1.2. 연구 범위와 방법

1.2.1. 연구의 범위

이 연구에서는 다양한 문화서비스 중 공공도서관 서비스를 연구 대상으로 선정하였다. 그 이유는 국민들에게 문화서비스를 제공하는 문화기반 시설들(도서관, 박물관, 미술관, 문예회관, 문화의 집 등) 중에서 공공도서관은 수익성이 전혀 없고, 공공성만을 높이 요구하는 서비스이고, 서비스의 성과를 양적으로 확인하기 어려운 분야임에도 불구하고 현실적으로는 가장 많은 위탁운영이 이루어지고 있기 때문이다. 또한, 이번 연구의 목적은 공공도서관 서비스의 민간위탁 성과를 직영의 성과와 비교, 분석하여 서비스 제공 방식별 성과의 차이를 규명하는 것이므로, 분석 대상 도서관은 현재 공공도서관의 위탁운영이 가장 많이 이루어지며 오히려 도서관 위탁운영을 선도하고 있는 서울지역의 공공도서관과, 위탁운영과 직영이 균형 있게 이루어지고 있는 지방 A개 시 소속의 공공도서관을 선정하였다.

공공도서관의 민간위탁은 2007년 12월 31일 현재 전국 54개관(서울 37개관)에서 운영 중인 상태이고 지역적으로는 서울시 소재 도서관에 집중되어 있어 직영 도서관과의 비교 분석이 용이한 편이다. 수탁단체는 시설관리공단, 문화원, 사회법인 및 단체, 대학, 종교단체 등으로 다양하지만, 점차 지자체의 시설관리공단위탁이 늘어나고 있는데, 공단의 수탁에 대해서는 순수성에 대해 논란이 있을 수 있다. 하지만 공공서비스 공급이 공공부문에서 민간부문으로 이행함에 따라 정부직영→공·사(公私) 공동영역(공기업, 민간위탁)→민영화 방식으로 전환되므로(문화체육관광부, 2008: 9), 여기서는 정부 직영과 완전한 민영화 사이에 있는 단계 전체를 민간위탁16)으로 보고자 한다. 왜냐하면, 공적(公的), 사적(私的) 공동영역은 공공과 민간의 중간영역으로서 정부의 역할을 축소시키고 민간의 역할을 증대시키는 민영화 개혁의 전 단계 또는 개혁의 한 방법(Savas, 1992: 3)이므로 이를 '민간위탁'으로 분류해도 본질을 훼손하지 않기 때문이다. 민간위탁은 다시 '공단위탁'과 순수 비영리단체의 '순수 민간위탁'으로 구분하여 성과를 분석하려 한다.

또한 연구의 시간적 범위는 민간위탁 도서관과 직영 도서관의 성과를 비교, 분석하기 위해 해당 공공도서관들의 1998년부터 2007년까지의 도서관통계를 사용하였다. 다만, 이용자 만족도를 나타내는 서비스 품질 측정은 주기적, 전체적으로 조사된 바가 없으므로 현재까지 조사된 개별 도서관의 설문조사 결과를 참고는 하되, 2007년 말 일정규모 이상의 서울시와 지방 A시의 공공도서관 이용자들을 대상으로 직접 설문조사한 자료17)를 활용하였다. 아울

---

16) 공단 등 공공기관에의 위탁도 민간위탁으로 볼 것인지에 대해 논란이 있다. 공공기관에의 위탁을 민간위탁으로 보는 이유는 1) 공공부문과 민간부문은 연속되는 스펙트럼의 양극단으로, 그 중간조직이 존재한다는 점 2) Savas의 민간위탁 개념은 순수형이지만 국가에 따라 다양하고 복합적인 형태의 서비스 제공 방식이 나타날 수 있는데, 공단 등 특수법인에 의한 위탁 계약 방식은 정부 간 협정보다는 민간에의 위탁 방식에 더 가깝기 때문이라는 주장도 있다 (황혜신, 2006: 91 - 93).

러 도서관 서비스의 효율성 분석을 위한 양적 통계는 문화체육관광부가 국립중앙도서관을 통해 수집, 정리한 2007년 도서관통계와 2008년 전국문화기반시설총람을 사용하였다.

다음으로 이용자 만족을 대변하는 서비스 품질의 비교분석을 위한 연구표본 도서관은 세 단계로 나누어 선정하였다.

첫째, 직영과 민간위탁 도서관의 성과 비교를 위한 표본으로 서울지역 공립 공공도서관 35개관[18]과 지방 A시의 4개관을 선정하였다. 이들 39개관은 직영 22개관, 위탁운영 17개관으로 도서관 분포가 규모별로 비슷하고, 지역여건도 유사하여 같은 조건에서 성과 차이를 비교할 수 있기 때문이다.

두 번째는 해당 도서관 소재 지역의 재정자립도, 도서관 규모(인력과 예산)[19] 등 유사한 여건에 있는 공공도서관들 간의 서비스 성과를 비교 평가하기 위한 연구 표본을 선정하였다. 왜냐하면, 서울

---

17) 조사 설계는 45개관(서울 40개관, 지방 5개관)을 대상으로 하였으나, 설문조사 시점(07. 12. 13~31)에 휴관 중이거나, 운영 방식 변경으로 조사를 거부하는 5개관을 제외한 40개관에 대하여 실제 설문조사가 이루어졌다. 그러나 총 40개관에 대한 설문 회수 결과, 응답내용이 너무나 불량한 1개관을 제외하여 최종적으로는 39개관을 대상으로 분석을 실시하였다.

18) 서울의 경우 당초 직영, 위탁 각각 20개관을 조사할 계획이었으나 교육청직영 도서관은 총 22개관 중 1) 분관과 어린이 도서관(2개), 2) 공사 중인 도서관(2개)을 제외한 18개관을, 위탁운영 도서관은 총 30개관 중 1) 2006년 이전 설립된 구립도서관 중에서, 2) 상근직원 10인 미만의 작은 도서관(12개)과 운영전환으로 조사를 거부하거나 공사 중인 도서관(3개)을 제외한 15개관을 조사 대상으로 하였다. 다만, 규모별 성과 비교를 위해 직원 5명의 작은 도서관은 2개관(직영 1, 위탁 1)을 추가로 포함시켜, 전체적으로는 직영 19개관, 위탁 16개관을 설문조사하였다.

19) 선정기준에서 통상 도서관 지표로 활용하는 각 구청별 거주인구나 1관당 봉사인구를 감안하지 않았는데, 그 이유는 자치구별 공립도서관 1관당 서비스 인구가 최저 57,000명에서 최고 557,000명까지 차이가 많고, 정부는 2011년까지 1관당 서비스 인구를 OECD국가 평균인 6만 명 기준으로 공공도서관을 확충할 계획인데, 2007년 말 현재 거의 모든 자치구는 이를 초과하고 있어 구분의 의미가 없다고 판단하였다. 반면, 지역별 재정수준은 도서관 운영에 직접 영향을 줄 수 있다고 보아 선정기준에 포함시켰다. 또한 도서관 규모의 통상적인 지표로 사용하는 도서관 면적은 공부방 역할을 하는 일반열람실이 포함되어 있으므로 제외하였고, 실질적인 도서관 서비스에 영향을 주는 인력과 예산을 기준으로 선정하였다.

소재의 공공도서관도 지역에 따라 이용자의 생활여건이 차이가 있고, 도서관의 규모도 다르므로 가장 유사한 환경에 있는 도서관(most similiar model)들을 비교 대상으로 선정할 필요가 있기 때문이다. 이를 위해 도서관 서비스에 직접 영향을 미칠 수 있는 요소인 지자체의 재정자립도가 30%∼40%이고, 도서관 인력이 20명∼35명, 도서관별 예산이 10억 원∼20억 원에 해당하는 도서관 7개관의 성과를 비교, 분석해 보았다. 7개관은 직영 4개관과 위탁운영 3개관으로 구성되어 있다.

세 번째는 지역적인 여건이 가장 유사한 경우로 동일한 자치구 내에 있는 직영 도서관과 민간위탁 도서관의 성과를 비교, 분석하였다. 동일한 생활여건하에 있는 도서관들의 서비스 성과가 그 운영 방식에 따라 어떻게 차이가 나는지를 가장 잘 보여 술 것으로 기대한다. 여기에는 서울시의 4개 자치구와 지방 A시 등 5개 지자체의 12개 공공도서관(직영 6개관, 위탁운영 6개관)이 해당된다.

한편, 도서관의 상대적 효율성 측정에는 이용자의 만족도를 설문, 조사한 39개관을 대상으로 하였다. 이는 같은 표본도서관을 대상으로 주관적(질적), 객관적(양적) 평가를 통합적으로 실시하여 종합적인 성과 평가가 되도록 하기 위해서다.

1.2.2. 연구의 방법

이 연구는 공공도서관 서비스의 효율성과 만족도를 비교, 분석함으로써 민간위탁 도서관의 성과를 객관적으로 분석하고자 한다. 가장 좋은 방법은 직영으로 운영하는 도서관이 민간위탁으로 전환한 경우, 전환 전후의 성과를 비교하는 것이다. 하지만, 대부분의 지자체가 부족한 공공도서관을 신설하면서 위탁운영 방식을 도입하였기 때문에 직영 도서관이 위탁운영으로 전환된 사례가 많지 않고, 전환된 경우가 있더라도 도서관 운영 방식이 민간위탁으로 전환될 시점 전후의 효율성과 만족도 자료가 축적되어 있지 않아서 전환 전후의 성과분석을 할 수가 없는 상황이다. 따라서 본 연구에서는 유사한 환경에 있는 지방자치단체 또는 지방교육청의 직영 도서관과 민간 또는 시설공단에 위탁 운영되는 도서관의 성과를 상호 비교하는 방식을 활용하려 한다.

자료조사는 우선 공공서비스의 민간위탁에 관한 이론적 배경과 연구내용들을 문헌조사를 통해 충실히 분석하고, 관련자 면담과 설문조사를 통해 실제 운영 상황을 파악한 후, 서비스 이용자에 대한 설문조사를 통해 서비스의 품질과 만족도를 측정한다. 또한 양적 분석에 필요한 통계자료는 한국도서관협회 및 문화관광부, 서울시 및 교육청의 도서관통계를 수집, 활용하였다.

도서관 서비스는 복지서비스와 함께 대표적인 연성 서비스(soft service)로서 그 성과를 수량 등의 객관적인 자료로 제시하기가 어려워 정성적인 분석만 하거나, 서비스의 비용절감이나 운영과정에 대한 정량적 평가만 추진하는 기존 연구들이 많은데, 이런 방식으로는 도서관 서비스의 성과를 종합적이고 균형적으로 평가하는 데 한계가 있다. 따라서 본 연구에서는 서비스 수요자 관점에서 서비스의 만족도를 측정하는 주관적 평가와 함께 서비스 공급자 관점에서 상대적 효율성을 측정하는 객관적 평가를 병행하는 통합 성과평가 방법을 실시함으로써 도서관 서비스 연구에서는 처음으로 종합적인 평가방법을 도입하였다. 또한 민간위탁 관련 위탁기관의 인식과 수탁기관, 수탁도서관 관계자의 인식은 2008년 문화체육관광부에서 용역을 통해 연구된 결과를 활용함으로써 공공도서관의 민간위탁 성과를 분석하는 데 보완적으로 활용하였다.

도서관 서비스의 품질과 만족도 측정은 서비스에 대한 기대수준(expected service)과 인지수준(perceived service)의 차이로 설명하는 갭(Gap)이론을 바탕으로 이미 유용성이 검증된 서브퀼(SERVQUAL: Service Quality) 기법을 활용하였다. 이 연구에 활용한 서브퀼 모형의 설문 문항은 도서관 서비스의 특성을 감안하여 개발된 설문들을 연구목적에 맞게 일부 변형하였다. 설문조사는 100매의 구조화된 설문지를 각 도서관 열람봉사담당관을 통해 이용사들에게 배포하고, 이용자들의 설문 응답 결과를 수집하는 방식으로 이루어졌고, 조사과정에서는 시 교육청과 시청 및 구청 행정담당자와 개별 도서관장의 협조를 얻어 최대한 신뢰성 있는 설문응답이 되도록 했다.

다음으로 객관적인 평가로 도서관별 서비스 운영의 효율성을 측정하였다. 효율성 측정에는 가격체계의 적용이 어렵고, 다투입－다산출의 생산구조하에서 공공서비스의 상대적 효율성을 측정하는 기법인 자료포락분석(DEA: Data Envelopment Analysis)을 활용하였다. DEA분석은 이미 공공서비스의 생산성을 측정하는 기법으로 검증된 바 있다. 또한 본 연구에서는 이용자 만족도를 나타내는 서비스 품질을 산출요소에 포함시킴으로써 기존의 DEA기법을 통한 연구의 한계를 보완하고, 현실에 근접한 객관적 분석을 처음 시도해 보았다.

특히, 이용자 만족도 조사와 상대적 효율성 분석 자료는 도서관 서비스의 본질적인 부분 즉, 정보자료와 문화프로그램 제공 등에 중점을 두고 수집, 정리함으로써 '공부방' 용도의 일반열람실 이용이나 도서관의 신설로 인한 외적 환경 등의 부수적인 부분에 의해 서비스의 평가 결과가 왜곡되지 않도록 유의하였다. 현재 각 도서관의 일반열람실 이용자들 대부분은 독서공간을 수험준비 등 개인의 공부방으로 이용하는 것이 현실이므로 이용자 통계에서 공부방 이용자를 최대한 제외시켰고, 신설된 도서관의 이용환경이 오래전에 설립된 도서관보다 더 쾌적하지만, 이러한 외적 환경이 도서관 서비스의 성과 평가에 반영되어 도서관의 본질적인 기능에 대한 평가가 왜곡되지 않도록 하였다.

마지막으로 도서관 서비스의 이용 만족도와 운영의 효율성에 대한 영향 요인을 분석하였다. 먼저 이용자 만족도에 대한 영향 요인은 각 차원(dimension)별 서비스 품질을 독립변수로 한 다중회귀분석을 실시하여 추출하였고, 둘째 효율성에 영향을 미치는 요인을 분석하기 위하여 상대적 효율성 측정을 위한 투입, 산출변수와 그 밖에 효율성에 영향을 미칠 요소들을 독립변수로 한 다중회귀분석을 실시하였다. 아울러 이러한 회귀분석 이외에도 서비스의 만족도와 효율성에 영향을 미칠 다른 환경적 요인이 있는지도 검토해 보았다.

제2장

문화서비스의 민간위탁과 그 성과에 관한 이론과 실제

▪▪■ 2.1. 공공서비스와 문화서비스

2.1.1. 공공서비스와 문화서비스의 개념과 특성

1) 공공서비스와 문화서비스의 개념

문화서비스의 개념을 정리하려면 먼저 그 상위개념인 공공서비스의 개념과 특성을 알아봐야 한다. 문화서비스는 문화의 개념과 그를 보는 접근 방식에 따라 매우 다양하게 규정할 수 있지만, 여기서는 공공서비스의 기능별, 분야별 하위개념으로서 복지서비스, 치안서비스, 교육서비스 등과 같은 차원에서 개념을 규정하려 한다.

공공서비스(public service)란 공공부문이 제공하는 서비스로서 "공공재(public goods)를 일반 공중이 이용할 수 있도록 제공하는 서비스"(송건섭, 2004)라고 할 수 있다. 궁극적으로 공공서비스를 제공하는 것은 정부의 책임이지만, 그렇다고 정부가 반드시 서비스를 생산할 필요는 없으며(Savas, 1987), 공급주체가 공공부문이든 민간부문이든 공공이 이용할 수 있게 서비스를 제공하면 된다(Roth, 1987). 이러한 견해를 종합해 보면, 공공서비스란 서비스의 생산, 전달기관이 공공이든 민간단체든 정부가 공공재원으로 국민에게 제공하는 서비스라고 규정할 수 있다.

문화서비스(Cultural Service)도 위와 같은 맥락에서 보면, 공공서비스 중 문화 분야에서 제공되는 서비스이고, 따라서 정부 또는 공공문화기관에서 제공하는 서비스를 통칭한다고 할 수 있다. 물론 문화서비스도 서비스의 생산이나 전달자가 공공이든 민간이든 관계없이 최종적으로 정부가 공공재원으로 제공하는 문화적 서비스를 말한다. 문화(Culture)의 개념은 학자들의 접근 방식에 따라 매우 다양하게 정의되지만 대체로 "인간의 사고양식과 행동양식을 포함한 생활양식의 총체"라는 개념에 기초하고 있다. 따라서 문화정책은 이러한 생활양식에 영향을 주는 정부와 공공조직의 역할(정철현, 2005: 147 – 164)이며, 문화서비스는 문화정책을 통해 국민들에게 제공하는 서비스를 말한다. 현실적으로는 헌법과 문화예술진흥법 등 문화 관련 개별법령에 근거하여 제공되는 문화 관련 정부부처와 공공기관의 활동으로 서비스가 구현된다.

하지만, 문화 관련 정부부서의 기능과 영역도 매우 광범위하고 견해가 다양[1]할 수 있으므로 이 글에서는 국민들의 문화적인 삶의 질 향상을 위해 도서관, 박물관, 미술관, 문예회관 등 문화시설에서 제공하는 문화적 서비스에 한정하고, 특히 현재 가장 많은 서비스를 제공하고 있는 대표적인 문화서비스의 하나인 공공도서관 서비스에 연구의 중점을 두었다.

---

1) 문화 관련 정부부서로는 문화정책을 직접 담당하는 문화체육관광부, 방송통신위원회, 문화재청을 들 수 있고, 간접적으로는 교육, 복지 등 사회 관련 부처들과 그 소속 공공기관들도 포함될 수 있어 매우 다양하며, 문화체육관광부의 문화복지서비스 영역 중에도 협의로 문화예술과 문화산업영역만 보는 이들과 생활문화, 레저와 관광, 생활체육서비스도 포함하자는 견해로 나뉘고 있다(강호진, 2004: 23 – 40).

2) 문화서비스의 공공재적 특성

문화서비스는 대표적인 공공재(public goods)이다. 도서관, 박물관, 미술관 등 국민의 문화 복지를 위한 시설은 초기비용이 많이 들고 투자수익이 없어 시장에서 공급할 수 없다. 누군가 봉사와 희생정신으로 그러한 시설을 건립, 운영한다 해도 무임승차(free – rider)하려는 사람이 많고, 비용 충당을 위해 많은 요금을 받을 수밖에 없어 계속 공급할 수 없다(정철현, 2005: 151 – 152).

공공재는 개인의 선택과 시장기능을 통한 비용지불로 배타적 이용이 가능한 사적재(private goods)와는 달리, 여러 사람이 공동으로 소비를 해도 다른 사람의 소비를 감소시키지 않는 비경합성(non – rivalry)과 서비스 이용으로부터 얻는 효용을 특정한 사람에게 한정할 수 없는 비배제성(non – exclusion)의 특성을 가진다. Savas(1987)는 소비의 경합과 배제 여부에 따라 사적재(private goods), 공유재(common – pool goods), 요금재(toll goods), 집합재(collective goods)로 구분하는데, 이 중 집합재가 순수공공재에 가깝고, 공유재와 요금재는 준공공재로 본다. 하지만 순수공공재는 현실적으로 거의 없으며 어떻게 공급하느냐에 따라 요금재에서 집합재로, 또는 공유재에서 요금재 등으로 변환될 수 있다.

2.1.2. 공공도서관 서비스의 개념과 특성

이상이 논의에서 보면 공공도서관 서비스는 문화서비스의 한 부분으로서, 공공도서관에서 제공하는 서비스, 즉, 도서관 서비스의 생산, 전달기관이 공공이든 민간이든 정부가 공공재원으로 국민들에게 제공하는 도서관 서비스를 말한다. Savas(1987: 40 − 41)는 도서관 서비스를 문화적인 공공서비스로서 박물관, 극장, 콘서트홀 등과 같이 분류하고 있다.

한편, 공공도서관 서비스의 특성을 살펴보면, 도서관 서비스는 공공서비스의 한 분야로서 공공재로서의 특성을 가지고 있는 것 이외에도 다음과 같은 특성을 가지고 있다.

첫째, 도서관 서비스는 공공재로서 공개성(公開性), 무료성(無料性), 공비성(公費性)의 특징이 있다. 공개성이란 모든 시민들에게 차별 없이 이용될 수 있게 열려 있어야 한다는 의미이고, 무료성은 공개성을 실질적으로 담보하기 위해 시민늘이 기본적인 지식정보에 접근하는 데 필요한 경비를 사회가 부담한다는 철학이고, 공비성은 도서관 운영에 필요한 경비의 전부 또는 일부를 주민의 세금으로 유지하는 것을 말한다.

근대적 의미의 공공도서관은 1854년 역사상 처음으로 세금으로 설립, 운영된 미국 보스턴도서관을 꼽는데, 이때부터 도서관은 국민들의 세금으로 운영되고, 시민 누구나 무료로 이용할 수 있는 공개성(公開性), 무료성(無料性), 공비성(公費性)의 3대 특징을 가지고 있고(김세훈, 2002), 이 정신은 그 후 유네스코(UNESCO)와 국제도서관협회연맹(IFLA)의 공동선언에도 잘 반영되어 있다. 1994년 유네스코(UNESCO)와 국제도서관협회연맹(IFLA)의 공공도서관에 대한 공동선언에서 공공도서관은 시민의 민주적 권리와 사회참여를 위해 교육과 지식, 정보, 문화의 통로로서 모든 사람에게 평등하게 이용되어야 하고, 이용의 대가를 지불하지 않기 때문에 국가나 지방자치단체가 지원해야 하는 공공적 서비스임을 강조하고 있다.

또한 공공도서관 서비스는 사회의 일반 공중에게 지식과 정보의 제공뿐 아니라 문화적 혜택과 교육기회까지 제공하므로 지역주민에게 반드시 제공되어야 할 재화이고, 이 재화는 누구도 배제시키지 않고(비배제성), 누구와도 경합하지 않으므로(비경합성) 순수 공공재이다. 따라서 이 재화는 정부에 의해 제공된다. 이러한 특성은 현재의 공공도서관 운영에도 잘 구현되어 있다.

둘째, 공공도서관의 관리 운영은 전문성이 요구되는 서비스이다. 도서관법에는 도서관 운영을 위해 일정 부문에는 사서의 채용이 의무화되어 있다. 이러한 서비스의 전문성은 민간위탁을 지지 또는 반대하는 논거가 되기도 한다. 서비스의 전문성을 살리면서 운영의 효율을 높이려면, 수탁에 응할 전문적인 단체가 복수로 존재하여 경쟁 환경이 조성되어야 하고, 일정수준의 서비스 질을 담보할 수 있는 재정과 인력을 지원해야만 한다.

위탁을 주장하는 일부 논자들은 지자체 공무원들의 순환보직으로 인한 전문성 확보가 어려우므로 이를 지방 공기업 등에 위탁할 필요성이 높다고 주장한다. 그런데 공공도서관의 사서직원들은 대체로 순환이 되지 않으므로 오히려 전문성은 있지만 관료적 운영에 따른 비효율성 문제로 인해 민간위탁이 필요한 측면이 있다. 또한 반대의 경우를 보면, 이러한 비효율을 제거하기 위해 민간위탁을 하려 해도 도서관 서비스를 수탁할 전문적인 단체가 없거나 적절한 지원 조건이 충족되지 않으면 오히려 서비스의 질을 유지하기 어렵기 때문에 민간위탁을 하면 안 된다는 또 다른 논거가 되고 있다.

따라서 공공도서관 운영의 전문성은 관장의 전문성과 서비스 전담직원들의 전문성으로 구분해 볼 필요가 있다. 관장은 우선적으로 문화경영자, 관리자로서의 전문성이 사서로서의 전문성보다 더 요구될 것이고, 직원들에게는 부서에 따라 정보관리 및 제공의 전문성과 문화·교육프로그램 제공, 행정·정보화 지원, 시설운영 등의 측면에서의 전문성이 요구되고 있어 부서기능에 따라 요구되는 전문성은 서로 다를 수밖에 없다. 그러므로 공공도서관 서비스의 제공자들에게는 사서로서의 기본적인 전문성과 각 소관 부서의 기능과 개별 직위에 따른 분야별 전문성이 함께 요구된다고 할 수 있다.

마지막으로 공공도서관 서비스는 비일상적 서비스이다. 도서관 서비스는 상하수도나 쓰레기 처리와 같이 일상적으로 이용되는 서비스가 아니라 불규칙적으로 이용되는 비일상적인 서비스이다. 도서관은 일상적으로 이용하지 않아도 생활이 유지되는 데 문제가 없는 일종의 가치재로서 수익성보다는 공공성에 더 가치를 둔다. 도서관은 자치단체 주민들에게 일상적으로 서비스를 제공하지만 주민들 개인 차원에서는 늘 이 서비스를 이용하는 것은 아니다.

이러한 특성을 종합해 보면, 공공도서관 서비스는 강한 공공성을 갖고 있으므로, 수익성도 없고 주민들이 늘 이용하는 것은 아니지만, 정부는 일상적으로 제공해야 할 서비스이며, 전문적으로 관리 운영되어야 할 서비스이다. 따라서 공공성이 강한 공공도서관의 운영 성과는 도서관 서비스의 제공 방식과 운영자의 전문성에 따라 달라질 수 있는데, 이 연구에서는 서비스 제공 방식에 따른 운영성과의 차이에 집중 분석하려고 한다.

2.1.3. 공공서비스의 유형과 제공 방식

1) 공공서비스의 유형

공공서비스는 학자에 따라 다양하게 구분된다. Savas(1987: 279)는 성과기준 마련이 비교적 용이한 서비스 분야를 경성서비스(hard service), 그렇지 못한 분야를 연성서비스(soft service)로 구분하는데, 경성서비스는 상수도, 쓰레기 수거 등 물리적 서비스가 포함되고, 연성서비스는 문화, 교육, 복지 등 사람을 대상으로 한 서비스가 여기에 포함된다.

O'Looney(1998: 201 - 230)는 민간위탁과 관련하여 공공서비스를 4가지로 유형화하였다. 첫째, 거래에 기반을 둔 서비스로서 일반 소비자가 서비스의 대가를 지불하는 유형인데, 급식, 교통서비스 등이 이에 해당한다. 둘째, 평가가 용이한 서비스로서 민간에 위탁하기 가장 쉬운 서비스인데 유지보수, 청소, 도로건설과 유지 등이 여기에 해당한다. 셋째, 전문적인 서비스로서 대부분 인간을 대상으로 하는 사회서비스인데 서비스의 질을 파악하기가 어려운 서비스로 문화, 교육, 의료, 복지서비스 등이 여기에 포함된다. 넷째, 주문서비스로서 민간위탁이 어려운 서비스인데, 정보체계분야의 새로운 서비스 등이 여기에 해당한다.

또한 Lucy, Gilbert & Birkhead(1977)는 사회적 기능에 따라 공공

서비스를 일상적 서비스, 보호적 서비스, 발전적 서비스, 사회적 최적수준 보장 서비스로 분류하는데, 교육, 도서관, 공원, 위락시설 등 개인의 정신적, 지적, 육체적 잠재력 향상을 목적으로 하는 서비스는 발전적 서비스에 포함된다.

따라서 도서관 서비스는 성과기준 마련이 어려운 연성서비스(soft service)이고 전문적인 사회서비스이며, 발전적 서비스에 해당한다고 볼 수 있다.

2) 공공서비스의 제공 방식

공공서비스의 공급에는 서비스 제공자(provider), 생산자(producer), 이용자(user)가 관련하게 되는데, 이들의 관계에 따라 공공서비스의 공급 방식도 다양해진다. 서비스 제공자는 공공서비스 공급 전반을 계획하고 서비스 이용자에게 봉사할 서비스 생산자를 배정 내지 선정하는 주체를 말하고, 서비스 생산자는 이용자에게 서비스를 직접 전달하는 사람 혹은 기관이다. 정부뿐만 아니라 민간기업, 비영리단체 등도 될 수 있다. 서비스 소비자는 서비스를 직접 획득하거나 수혜를 받는 자를 말한다.

이를 도식화하면 다음의 <그림 2 - 1>과 같다(김순양, 2006: 34).

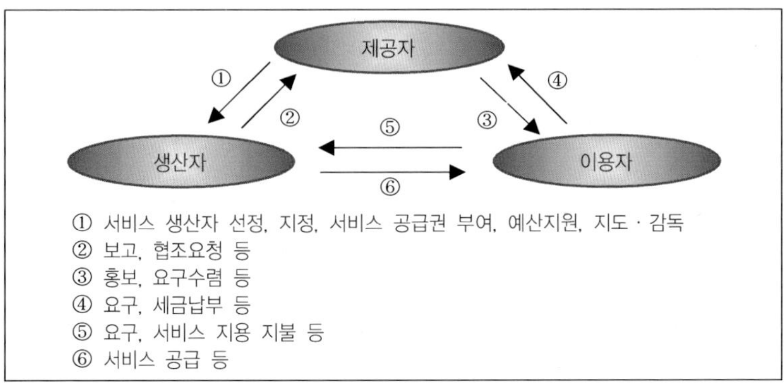

〈그림 2-1〉 공공서비스 관련 삼자관계

Savas(1999: 66)는 아래 <표 2-1>처럼 서비스의 제공자(provider)와 생산자의 조합을 통해 10가지의 다양한 서비스 제공 방식을 분류하고 있다.

〈표 2-1〉 공공서비스 제공 방식

생산자(producer)	제공자 또는 조정자(provider or arranger)	
	공공(public)	민간(private)
공공(public)	• 정부서비스 • 정부 간 협정	• 정부판매
민간(private)	• 민간위탁(계약) • 허가(프랜차이즈) • 보조금	• 시장 • 자원봉사 • 자급자족(self-service) • 구매증서

첫째, 정부가 제공자이고 생산자인 경우로서 정부서비스와 정부 간 협정 방식이 있다. 정부서비스는 정부가 자체 조직과 인력으로 서비스를 생산하여, 소비자인 국민들에게 제공하는 방식이고, 정부 간 협정은 다른 정부로부터 서비스를 구매하여 제공하는 경우를 말한다.

둘째, 정부가 제공자이고 민간이 생산자인 경우로는 민간위탁, 허가(프랜차이즈), 보조금의 경우가 있다. 민간위탁은 정부가 서비스 제공의 최종책임은 지되 서비스 생산은 민간기업에 맡기고 그 비용을 민간에 지불하는 방식이고, 허가는 정부가 하나 또는 소수의 민간기업에 특정서비스를 공급할 수 있는 권한을 부여하는 방식이며, 보조금은 정부가 민간부문의 서비스 생산자에게 재정적으로 지원해 주는 방식이다.

셋째, 민간이 제공자이고 정부가 생산자인 경우도 있는데, 민간주체가 자율적으로 정부가 생산하는 서비스를 구매하는 정부판매가 여기에 해당한다. 예를 들면, 스포츠경기장에서 지방경찰에 관중통제를 의뢰하거나 정부 청소원들에 청소를 의뢰하고 대가를 지불하는 경우이다.

넷째, 민간이 제공자이고 민간이 생산자인 경우로서 시장, 자원봉사, 자급자족(self-service), 구매증서의 경우이다. 시장은 수요공급에 의해 서비스가 제공되며 정부는 크게 개입하지 않는다. 전기, 교육, 교통, 주택 등 공공서비스 영역에도 시장 방식의 공급이 이루어지고 있다. 자원봉사는 비영리단체나 민간단체에 의해서 자발적으로 서비스가 공급되는 방식이고, 자급자족 서비스는 소비자가 자신이 필요한 서비스를 스스로 공급하는 경우이다. 구매증서는 생산자에 대한 보조금과 달리 소비자를 보조하여 특정 서비스를 구매하도록 장려하는 것이다. 이상에서 본 것처럼, 다양한 공급 방식이 있지만 현실적으로는 어느 하나의 방식으로만 서비스가 제공되기보다는 같은 서비스라도 지역마다 다른 방식으로 제공되는 등 다양한 방식이 동시에 활용되는 경우가 일반적이다.

한편, 공공부문과 민간부문의 재원부담과 서비스 전달을 기준으로 서비스 제공 방식을 정리하면 다음 <표 2-2>와 같으며, Ⅲ부분이 민간위탁 부분이다.

<표 2-2> 정부조직과 서비스 공급형태

| 서비스 제공 (delivery) | | 재원부담(funding) | |
		정 부	민 간
서비스 제공 (delivery)	정 부	Ⅰ	Ⅱ
	민 간	Ⅲ	Ⅳ

* 자료: Kamerman & Kahn(1989), 정광렬 외(2003)에서 재인용.

또한 공공서비스의 제공 방식을 정부 관점에서 보면, 직접 공급형(사업소, 책임운영기관), 간접 공급형(지방공사, 공단), 합동 공급형(재단법인, 제3섹타), 민간 공급형(민간업체, 민영화, 민자유치) 등으로 구분할 수 있으며, 행정관리주체에 따라 공급 방식을 구분하면 직접관리 방식(행정부서관리형, 사업소형), 혼합관리 방식(책임운영기관형), 간접관리 방식(공단, 공사형, 제3섹타, 민간위탁형), 민간관리 방식(민유민영형) 등으로(이상철, 2002) 직접 방식에서 민간관리 방식으로 갈수록 공익성보다 기업성이 커지게 된다.

2.1.4. 공공도서관 서비스에서의 성과관리

1) 공공서비스·도서관 서비스에서의 성과 개념

공공서비스에서 성과(performance)의 개념에 대해서는 견해가 다양하다(이상수(2005), 송건섭(2004), 유금록(2004), 김태일 외(2003), 이은국 외(2003) 등). 일반적으로 공공분야에 있어서의 성과란 조직 및 그 구성원이 서비스의 생산 및 제공을 위해 수행한 업무, 정책 및 활동의 정도를 의미한다. 이러한 성과 개념은 통상 업무수행 과정 및 결과, 즉 "투입물→과정·전환→산출물→결과·영향"과 연계하여 설명된다. 즉, 업무수행 과정은 업무활동에 소요되는 생산 요소인 투입물이 상호 작용하고 전환과정을 거쳐 업무활동이 이루어지며, 이러한 업무활동은 직접적인 결과물인 산출물을 생산하고, 산출물은 그것이 의도한 목적과의 관계에서 결과 또는 영향으로 이어진다. 여기서 투입물은 인력, 재원, 장비 등 조직이 보유하고 있는 요소로 업무수행을 위해 직접 투입된 것을 의미하고, 산출물은 투입물을 통해 생산되거나 제공되는 결과물과 서비스를 나타내며, 결과는 조직 내에서 생산된 산출물이 궁극적으로 사회 및 수혜자에게 미치는 영향을 의미한다. 따라서 대부분의 학자들과 행정기관은 투입물, 산출물, 영향 등 이들 요소에 기초한 상관관계를 통해 성과를 나타내고 있다(박중훈, 2003: 8-9).

일반적으로 성과는 이 과정에서 투입물에 대비한 산출물의 규모인 "효율성(efficiency)"과 산출물이 실질적으로 외부에 대해 영향을 초래하여 의도된 목적을 실현하는 정도인 "효과성(effectiveness)"으로 나타낼 수 있다(Hatry, 1980: 312, Downs and Larkey, 1986: 6-9; Epstein, 1992: 165-167; 박중훈, 2003: 8-9에서 재인용). 이를 그림으로 나타내면 <그림 2-2>과 같다.

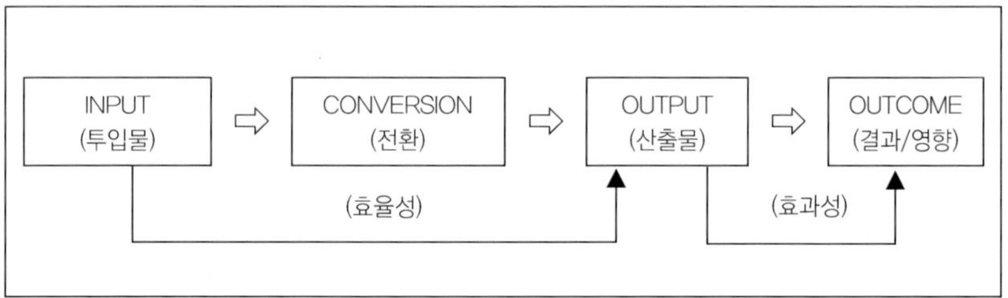

<그림 2-2> 업무수행 과정과 성과

* 박중훈(2003)에서 재인용, 일부 수정.

여기서 효율성 또는 능률성(efficiency)은 투입량에 대한 산출량의 비율로 나타내는 행정활동의 양적인 측면을 강조하는데, 학자들에 따라서는 효율성을 산출·투입을 나타내는 기술적 효율성(능률성) 과 산출물을 통한 목표달성도인 효과성을 포괄하는 개념으로 쓰기 도 한다(김재홍 외, 2003). 또한 효과성(effectiveness)은 일반적으로 주어진 목표의 달성도 또는 계획했던 산출과 실제 산출이 일치하 는지를 나타내는 개념으로서 서비스 공급자 입장에서는 행정활동 의 산출을 평가하고, 행정활동의 질적 측면을 강조하는 개념이지 만, 서비스 수요자 입장에서 보면 곧 이용자의 만족도라고 할 수 있다(문신용, 윤기찬, 2004: 203-204). 한편, 정부부문의 성과를 '생산성'이라고 정의(이환범, 2003: 297)하기도 하는데, '생산성'은 광의로는 효율성과 효과성, 여타 성과지표를 포괄하는 개념이고, 협의로는 효율성과 동일하게 보며, 광의의 생산성을 보통 '성과'라 고 한다(이은국 외, 2003: 28-35).

본 연구에서도 성과를 특별히 다른 개념으로 정의할 이유가 없 으므로 이러한 개념을 그대로 사용하려 한다. 따라서 성과란 공공 서비스가 지역주민들의 요구를 얼마나 잘 충족시켰는지, 그 과정에서 서비스가 얼마나 효율적으로 주민들에게 제공되었는지를 말하는 것[2]이므로 공공도서관 서비스의 성과를 "이용자 만족도[3]와 그 서비스 제공의 효율성의 정도"로 규정하려 한다. 여기서 이용자 만족도는 서비스 수요자 관점에서는 효과성을 나타내며, 서비스의 품질 수준을 나타내는 질적인 지표가 될 것이다. 또한 효율성은 서비스 공급자 측면에서 서비스 생산, 공급에 대한 자원의 효과적인 활용 정도를 나타내는 양적 지표가 될 것이다.

2) 성과중심의 관리 필요성

선진 각국에서는 1990년을 전후하여 효과성을 강조하는 성과중심의 관리가 행정관리의 새로운 패러다임이 되고 있다. 공공부문에서도 예산상의 제약 등으로 인해 민간부문처럼 효율성을 중시하기도 하지만, 이는 정부가 무슨 일을 얼마나 하였는가 하는 외형적인 활동 상태를 나타낼 뿐이고, 이를 통해 정부가 궁극적으로 의도하는 바가 얼마나 실현되었는가를 제시하지는 못하기 때문이다. 따라서 공공부문에서는 민간부문과 달리 이러한 성과의 양적 측면(효율성)과 질적 측면(효과성) 중에서 질적 측면인 효과성을 더 강조하게 된 것이다. 이러한 성과중심의 관리는 기관의 고유 기능을 수행함에 있어 소요자원들의 배분이나 업무수행 과정에서 해당 기관이

---

2) 이상수(2005: 38)도 성과평가를 "공공서비스의 효율적 공급과 주민의 서비스 질에 대한 반응과 만족 정도를 측정하기 위해 양적, 질적 평가를 모두 포함하는 총체적 개념"으로 정의하고 있다.

3) 여기서는 "이용자 만족도"는 서브퀄 기법을 통해 측정한 "서비스 품질의 합"을 뜻하는 광의의 이용자 만족도의 개념으로 사용하고, 뒷장에서 나오는 이용자들의 "전반적인 만족도"는 협의로 이용자들이 느끼는 "만족도" 자체를 의미하는 개념으로 구분, 사용한다.

의도하고 있는 목표의 실질적인 구현 정도를 강조하고 있으므로 관리자에게 업무처리 과정에서 요구되는 관리상 신축성과 자율성을 폭넓게 부여하게 되었다. 우리의 경우도 1998년 국민의 정부 이후 성과중심의 관리를 실현하기 위해 대대적인 행정개혁이 추진되었고, 이를 위한 방안으로 기관평가제도, 책임운영기관제도, 목표관리제도, 성과주의 예산제도 등이 도입되었다. 이와 동시에 효율적인 정부, 작은 정부를 지향하기 위한 방안의 하나로 민간위탁 제도도 도입하게 되었다. 이는 종래 정부가 독점적으로 제공하던 공공서비스를 민간과의 경쟁을 통해 보다 저렴한 비용으로 보다 높은 수준의 서비스를 제공하기 위해 시장 원리를 도입하는 것이었다. 문화서비스에서도 민간위탁 운영에 대한 많은 시도가 있었지만, 아직 그 성과가 체계적으로 검증되지 않았다. 본 연구에서는 민간위탁 제도까지 도입된 문화서비스 분야, 특히 공공도서관 서비스 분야에서의 성과를 직영체제에서의 성과와 비교, 조명해 보고자 한다.

2.2.1. 민간위탁의 등장 배경

공공서비스의 민간위탁은 정부부문의 비효율성과 재정압박을 해소하기 위해 1980년대 미국을 중심으로 확산되기 시작했다. 하지만, 그러한 정책변화는 근대국가 이후 순환하고 있는 시장실패와 정부실패에 대한 상호 보완적 정책 대응의 한 과정이라고 할 수 있다.

종래 가장 효율적인 자원배분시스템으로 인식되어 온 시장메커니즘은 공공재, 외부성, 독점, 정보의 비대칭 등으로 시장실패(market failure)가 발생하고, 이를 치유하기 위한 정부개입이 정당화되었다(Wolf, 1988). 또한 복지국가의 진전 등에 따라 정부의 공공서비스에 대한 수요가 급증하여 정부기능과 서비스가 확대되었는데, 정부개입의 확대는 1970년대 오일쇼크와 1980년대 세계경제침체를 거치면서 행정관리의 비효율과 비효과성 등 정부실패(government failure)를 보여 주었다. 이러한 상황은 각국으로 하여금 행정서비스의 재정적자를 줄이고, 서비스의 효율을 높이기 위한 행정개혁 방안인 신공공관리기법(New Public Management)을 도입하게 만들었다. 신공공관리의 공통된 기조는 성과평가와 효율성에 초점을 두고 행정서비스 공급에 있어 고객의 관점에서 시장기능을 도입하고, 민간의 활력을 제고하고, 정부기능을 보완하여, 행정서비스의 효율성과 대응성을 높이는 데 있다(정광렬 외, 2003: 5 - 9).

따라서 민간위탁의 도입 배경은 다음과 같이 세 가지를 들 수 있다. 첫째, 정부실패의 극복을 통한 효율적인 정부의 추구이다. 많은 학자[4]들은 공공부문은 민간부문보다 효율적으로 일할 유인이 없고, 자본예산과 운영예산이 별도로 결정되므로 양자 간 전환이 용이치 않으며, 수요자들이 만족하지 않을수록 퇴출되기보다는 예산이 더 증가하고 팽창[5]한다고 한다. 또한 정부실패의 근원을 행정관리 차원을 넘어 민주주의의 정치체제상 근본적인 한계로 보며 직접민주주의에 내재된 문제, 대의정부에 내재된 문제, 관료제적 공급에 내재된 문제로 보는 학자도 있다(Weimer and Vining, 1989). 특히 관료제적 공급의 문제는 정부서비스가 비경쟁적이고 독점적으로 생산, 공급되고, 산출물을 시장가격으로 환산할 수 없어 기관운영의 성과 평가가 어려우며, 서비스 제공에 소요되는 비용이 산출물의 생산 및 공급과 연계되지 않고 별도의 예산과정으로 확보되기 때문인데, 결국 이러한 상황은 공공서비스 제공자인 행정 관료들에게 주인 - 대리인(principal - agent) 이론상 대리인의 도덕적 해이(moral hazard) 현상을 발생하게 하거나, Niskanen 모형으로 대표되는 조직 확대와 예산극대화 추구 행태[6]를 야기할 수

---

4) William Niskanen Jr., Graham Allison, Thomas Borcherding, Charles Wolf Jr., Lawrence Bilis, Anthony Downs, Hall Rainey, Marshall Meyer, Lyle Fitch, Peter Drucker, James Bennett, Manuel Johnson(Savas, 1999: 78).

5) 범죄율상승은 경찰에 이롭고, 낮은 주택보급률은 주택부서에 이롭고, 전염병은 보건관련부서에 이롭다고 할 수 있다(Savas, 1999: 78 - 79; 황혜신, 2006: 49에서 재인용).

6) 정철현 외(2007: 15 - 20)는 민간위탁의 실패요인에 대한 탐색적 연구에서 S시의 민간위탁 사례는 예산절감 효과가 없으며, 오히려 민간위탁의 증가에 따라 거래비용 증가로 예산이 증가하며, Niskanen의 예산극대화이론이 적용되고 있다고 주장한다.

있는 것이다. 이러한 정부실패를 극복하고 효율성을 추구하기 위해서는 민간위탁 등을 통해 경쟁과 시장원리를 도입하고 민간의 역할을 증대할 필요가 있다고 본다.

둘째, 공공부문의 재정적 압박이다. 1980년대는 영국이, 1990년대엔 미국 연방정부가 큰 재정적 어려움을 겪었다. 따라서 서비스 관리의 재정적 부담을 덜기 위해 추진된다. 우리의 경우도 1990년 말 경제위기 이후 맞은 정부의 재정적인 어려움이 민간위탁제도가 도입되는 동기가 된 측면도 있다.

셋째, 정부의 정치적인 필요성이다. 민간위탁 등은 경쟁과 관련된 효율성을 추구하기 위한 것만은 아니며, 비영리기관과의 계약을 통해 정부가 축소하고 있고 더 효율적으로 변한다는 인상을 주기 위한 정치적 상징행위로 활용되기노 한나(Van Slyke, 2003). Savas도 정부와 비영리기관과의 계약은 경제적인 행위라기보다는 정치적인 행위라고 지적하고 있다(황혜신, 2006: 50). 실제 우리의 공공도서관 위탁은 공무원총정원제에 따른 정부축소의 한 방편으로 추진된 정치적 측면이 있음을 지자체 위탁업무 담당자들의 면접에서도 확인한 바 있다.

2.2.2. 민간위탁의 개념

민간위탁(contracting out)의 개념을 규정하기 위해서는 먼저 민영화(privatization)와 민간위탁의 관계가 먼저 규명되어야 한다. 광의로 민영화는 재화와 서비스 생산, 공급에 있어 정부의 역할을 축소하거나 민간부문의 역할을 증가시키는 모든 활동(Savas, 1987)으로서 공기업 매각이나 민간위탁뿐 아니라 정부규모와 재정지출의 감축, 정부역할의 축소, 규제완화 등 행정활동을 시장규율에 맡기고자 하는 일체의 조치를 포함하는 것으로 본다. 반면에 협의의 민영화 개념은 이 중에서 국유재산이나 공기업의 매각과 민간위탁 방식을 의미한다. 또한 협의의 민영화 개념도 국가에 따라 서로 달리 사용되고 있다. 정부가 국가경제에서 차지하는 비중이 낮은 미국에서는 민간위탁을 협의의 민영화 개념으로 이해(Kolderie, 1986; Donahue, 1989)하는 반면, 유럽이나 아시아 국가들에서는 정부가 보유하고 있는 공기업 등 국유자산을 매각하는 것에 큰 비중을 두고 있다. 하지만, 대체로 민영화는 광의의 개념으로 이해하는 입장이 강하며, 이 경우 민간위탁은 민영화의 하위범주인 동시에 광의의 민영화를 달성하기 위한 하나의 수단으로 이해한다. 즉, 민간위탁은 정부가 생산하여 공급하던 공공서비스를 정부 대신 민간이 소비의 주체인 주민에게 공급하는 형태로서(DeHoog, 1984; Savas, 1987), 서비스의 공급결정과 대가지불은 정부가 책임을 지고 서비스의 생산만을 민간부문이 담당하게 하는 서비스공급 방식이다.

그런데 민간위탁과 유사한 개념으로 외부조달(outsourcing), 민자유치(private finance) 등의 개념이 많이 사용되고 있다. 외부조달(outsourcing)은 특정기관 또는 조직이 내부적으로 필요한 특정재화나 서비스를 직접 생산하지 않고 외부로부터 구매하는 방식으로 대체하는 것을 말하고, 민자유치는 정부가 수행하는 사업 중 대규모 자본유치가 필요한 사업에서 자본의 대부분을 민간이 부담하고, 정부는 민간의 수익성을 보장해 주는 방법이다. 민간위탁은 조직운영 전체를 외부에 맡기는 전면위탁의 개념이고, 외부조달은 핵심기능을 제외한 일부기능을 외부에 맡기는 부분위탁 개념으로 민간위탁과는 조금 다른 개념이다. 이를 비교하면 다음과 같다.

〈표 2-3〉 민간위탁 관련 유사개념 비교

구 분	정부직접생산	민간위탁	민자유치	민영화
서비스 내용의 규정주체	정부	정부	정부	민간사업자
서비스의 구입자	민간·정부	정부	민간·정부	민간·정부
서비스의 생산자	정부	민간	민간사업자	민간사업자
자본자산의 획득, 건설	정부	정부	민간사업자	민간사업자
자본자산의 소유	정부	정부	정부(일정기간 운영 후)	민간사업자

자료: 이창균·서정범(2000: 22)에서 재인용.

이 연구에서는 민영화를 공공서비스의 소유, 생산, 공급 전체를 민간에 이전하는 광의의 민영화 개념으로 보고, 민간위탁은 민영화의 하위개념으로서 서비스 공급에 대한 최종 책임은 정부가 지되 서비스의 생산과 제공은 계약을 통해 민간부문에 이전하는 개념으로 사용하고자 한다.

2.2.3. 민간위탁의 효과에 대한 찬반론

민간위탁은 시장경쟁적인 요소를 도입하여 서비스공급 비용을 절감하고 서비스의 질을 높임으로써 정부운영을 효율화하고, 나아가 작은 정부를 지향하는 효과적인 방안으로 도입되었다. 하지만, 민간위탁이 정부에 의한 서비스공급보다 반드시 효율적이라는 근거는 특별히 없으며, 공공성과 책임성의 훼손 등 부정적인 측면도 있다. 현재도 민간위탁에 대해서는 찬반양론이 대립하고 있는데, 이러한 논란은 크게 세 가지 측면에서 살펴볼 수 있다(김용철, 2005: 54 - 61).

먼저, 비용절감 효과이다. 지자체가 다양한 행정수요를 직접 공급할 경우, 조직의 확대와 공무원의 증원이 불가피하고, 서비스공급 규모가 규모의 경제에 맞지 않아 비효율적이며 재정압박을 초래할 가능성이 매우 크다. 따라서 민간위탁을 통해 조직축소와 공무원 수의 증가를 억제하고 관련 경비를 절감할 수 있다고 한다. 하지만, 반대론자들은 민간기업은 기본적으로 이윤을 추구하는 집단이므로 이윤을 서비스 가격에 전가하기 때문에 생산비는 오히려 증가할 가능성이 크며, 정부의 인·허가와 계약과정에서 부정의 소지가 크고, 관리감독 등 사회적 비용7)까지 포함하면 비용절감 효과가 없다는 주장(이창균 외, 2000: 35 - 36)도 있다. 실제로는 서비스가 동질인 것을 전제하여 비용효과를 평가하여야 하는데, 동질 유지를 보증하기 어려우므로 연구 결과는 대상 서비스의 성격에 따라 효과가 있는 경우도 있고, 효과가 없는 경우도 있어 단순히 민간위탁 여부만으로 효과유무를 주장하기는 어려운 점이 있다.8)

---

7) 민간위탁의 효과에 부정적인 이론 중의 하나로 거래비용이론이 있다. 거래비용이란 서비스의 생산비용 이외에 계약 및 관리감독 비용을 말하는데, 민간은 기본적으로 수익을 추구하므로 이윤을 서비스 이용자에게 전가할 수 있고, 이를 감독할 거래비용은 증가하게 되므로 민간위탁으로 생산비용절감 효과가 있다 하더라도 거래비용이 많으면 민간위탁의 효과가 없다는 주장이다(Prager, 1994; 이성로, 2005; 이철주 외, 2007 등). Willamson(1985)은 거래비용 발생 원인으로 제한된 합리성(정보취득 또는 취득정보 활용의 제약 등), 기회주의(시장참여자들이 자신의 이익을 우선 추구함), 자산의 특수성(자산은 한 번 어떤 용도로 쓰이면 다른 용도로 전환하기 어렵다.)을 들며, 거래비용 때문에 민간위탁이 반드시 좋은 것은 아니라고 주장한다.
8) Donahue(1987: 57 - 78)는 생산비용 저하로 성과가 있는 공공서비스는 쓰레기 수거이고, 생산비용 절감효과가 없는 서비스로는 전기, 철도, 상하수도 등을 들고 있다(김용철, 2005:

둘째, 서비스의 질적 향상 측면이다. 공공서비스를 정부가 직영하는 것보다는 경쟁을 통해 시장에서 공급하는 것이 주민들에게 제공되는 서비스의 질도 더 향상될 수 있다고 한다. 이는 민간부문이 공공부문보다 나은 전문적 지식과 기술을 통해 조직내부의 활성화와 경쟁을 통한 계약 등 내·외부 여건을 조성하기 때문이다. 하지만, 반대론자들은 정부와 민간수탁자 사이에 장기간에 걸친 서비스 공급으로 이들 특유의 계약규범이 생겨나고, 이것이 제도화되어 부패가 생기며 결국 독점적 운영을 통해 서비스의 질이 낮아질 수 있다[9]고 반박한다.

셋째, 공공성과 책임성 측면이다. 민간위탁은 행정업무 수행의 능률성을 높이고, 민간 참여를 통한 민간부문을 활성화시킬 수 있다(이창균 외, 2000: 29-31). 그러나 공공서비스를 민간이 생산, 공급할 경우 지나치게 수익성과 능률성을 추구함으로써 공공성이나 책임성이 미약해질 우려가 있다. 물론 공공서비스 공급의 최종 책임은 정부가 지지만, 서비스 생산과 제공 과정에 대한 감독과 평가가 잘 이루어지기 어려운 서비스, 특히 계량화되기 어려운 서비스의 경우에는 감독과 통제가 용이하지 않아 책임성이 적게 나타

57-58). 또한 청소서비스의 경우, 민간위탁으로 예산절감 효과는 있지만 서비스 질이 하락한다(황윤원, 1991; 손희준, 1992; 박경효, 1992)는 연구결과도 있고, 복지서비스의 경우는 비용절감이 있다는 증거가 없거나(Straussman & Farie, 1981), 비용절감 효과는 없으나 서비스의 질 개선 효과는 있다(이정은, 1998)는 연구 결과도 있다(황혜신, 2006: 55-57에서 재인용).

9) 공공선택론자들은 민간위탁 계약이 경쟁적일 경우 서비스 공급단가가 줄어들어 서비스 공급 효율성과 서비스의 질이 높아진다고 주장하지만, 실제로는 경쟁시장이 형성되지 않는 경우가 많으며, 민간단체는 수탁을 받기 위한 지대추구로 우수한 단체보다는 로비를 잘하는 단체가 수탁받을 가능성이 크고, 장기간 독점적으로 운영함으로써 정부와 수탁기관 사이의 장기 계약으로 특유의 계약규범이 생기고, 부패가 따르며 이로 인해 가격폭리와 서비스 질 하락이 수반된다는 반론이 있다(DeHoog, 1985; Kettle, 1993; Smith, 1996; Seidenstat, 1996) 황혜신(2006: 53-54), 김용철(2005: 59-60)에서 재인용.

날 수 있다(김용철, 2005: 60 - 61).

2.2.4. 민간위탁 성과 제고를 위한 조건

민간위탁은 이론적으로는 관료제적 공급의 내재적 문제를 해소하여 공공서비스 공급의 효율성과 서비스의 질을 높이는 것으로 제시되었지만, 실제에 있어서 민간위탁이 성과를 가져오기 위해서는 관련된 여건이 성숙되어야 한다. 그 여건은 민간위탁의 실시 여부가 아니라 어떻게 민간위탁을 추진하느냐 하는 실현조건과 방법(박중훈, 2000: 150 - 164)이 마련되어야 하는 것을 말하며, 여건이 성숙되지 않은 상태에서의 민간위탁은 위에서 살펴본 바와 같은 부작용으로 정부 직영보다 더 효과가 없을 수도 있는 것이다. 공공서비스의 민간위탁이 성과를 얻기 위해서는 어떤 여건이 형성되어야 하는지, 우선 민간위탁의 구성요소와 장애요소를 정리해 보고, 다음에 성과 제고를 위한 조건을 살펴보자.

1) 민간위탁의 구성요소와 장애요소

민간위탁은 정부가 민간과의 계약을 통하여 주민들에게 서비스를 생산, 공급하는 것이므로 민간위탁의 구성요소로는 첫째, 정부가 수탁사업자를 지정하기 위해 수탁사업자 간 경쟁이 충분히 확보되어야 하고, 둘째, 정부는 기본적으로 수탁사업자나 단체와 계약을 체결하여야 하며, 셋째, 정부는 공공서비스가 계약대로 제공되는지를 감시하고 관리해야 하는 것 등을 들 수 있다. 따라서 민간위탁이 목적대로 성과를 얻기 위해서는 이러한 구성요소들이 잘 갖추어질 수 있는가가 매우 중요하다.

한편, 민간위탁의 추진과정에는 여러 장애 요소들이 현실적으로 나타나고 있다. Ammon(1985)에 따르면 정부 관리자들이 민영화나 행정관리 개선에 관심은 있으나 이해가 부족하고, 서비스 제공 방식의 다원화나 생산성 향상을 위한 노력들은 실현 과정에서 많은 어려움이 발생한다고 한다. 이러한 장애요소들을 살펴보면, 우선 민간위탁을 할 업무와 관련한 시장에서 수탁자들의 경쟁이 현존하거나 잠재적으로 존재하여야 하는데 그렇지 못한 것이 현실이다. 둘째, 민간위탁을 통한 정부조직과 인력의 감축은 신분보장이 되지 못하는 공직자들의 강력한 저항을 받게 되며, 셋째, 그간 정부가 독점적이고 일방적으로 제공하던 서비스의 질을 높이기 위해 민간위탁을 실시하는 만큼, 위탁계약 시에는 주민들에게 제공할 서비스의 내용과 수준을 계약내용에 표시하여 성과를 평가받아야 하나, 현실적으로 성과수준을 구체적으로 규정하는 것이 상당히 어렵거나 불가능한 서비스가 많다. 넷째, 민간위탁을 수탁하기 위한 민간의 치열한 경쟁은 수탁기관의 선정과 계약을 담당하는 공직자와 부패가 개입될 소지가 높고, 이는 공정경쟁을 확보하는 데 실패할 가능성이 있으며, 마지막으로 민간기업은 서비스 제공의 대가를 개별 소비자에게 받는 것이 아니고, 계약 시 일괄 지원을 받으므로 적극적으로 주민들의 수요를 파악하고 이를 충족시킬 유인이 낮아 주민에 대한 책무성 확보의 문제가 대두된다.

2) 민간위탁의 성과 제고를 위한 조건

민간위탁이 성과를 얻기 위해서는 어떠한 조건이 갖추어져야 하는가? 이는 결국 민간위탁의 구성요소가 충실히 갖추어져야 할 것이다(박중훈, 2000; 김용철, 2005).

우선은 경쟁의 조건이 확보되어야 할 것이다. 또한 경쟁의 조건이 확보되려면 위탁대상 서비스 시장이 활성화되어 있어야 하고, 참여 희망 민간부문이 전문성이 있고, 경쟁참여가 자유로워야 하며, 무엇보다도 중요한 참여유인은 참여를 위한 경쟁의 수익성이 어느 정도 갖추어졌는가 하는 것이다.

다음으로 계약이행의 효율성을 확보해야 한다. 그러기 위해서는 우선 공공서비스의 질적 수준을 구체적, 계량적으로 설정하여 향후 성과수준 규명이 용이해야 하며, 공공서비스의 운영방법과 비용부담 등 위탁조건이 명확히 제시되어야 하고, 공공서비스 선택의 폭과 수준에 대한 수혜자와의 협의와 고객의 시정요구에 대한 사후조치가 가능하도록 해야 한다.

마지막으로 관리감독과 책임성을 확보할 수 있어야 한다. 수탁기관의 서비스 제공이 계약대로 이행되는지, 성과를 내고 있는지를 모니터할 수 있는 시스템을 갖추어야 한다. 또한 위탁에 따른 중대하고 명백한 업무차질이 있을 경우 최소한의 책임 한계까지 계약 시 명확히 해 두어야 하며, 계약내용에 대해서는 지속적인 관리가 있어야 하고, 수탁기관의 업무수행에 대한 제3자의 감독시스템도 필요하다.

현재 운영 중인 공공도서관 위탁운영의 경우에 이러한 조건이 얼마나 충족될 수 있는지 의문이다. 하지만, 이러한 조건은 사실 위탁기관의 입장에서 위탁업무를 처리하고 관리감독을 해야 할 과제들을 적시한 것이므로, 상대적으로 수탁기관장의 공공서비스에 대한 사명감과 인식, 비전이 명확하다면 위의 조건을 충족하지 않더라도 민간위탁은 성과를 거둘 수 있을 것이다.

2.3.1. 공공·문화서비스의 민간위탁 관련 선행 연구

그간의 민간위탁에 관한 연구는 크게 민간위탁의 성과연구와 민간위탁과정, 특히 계약관리 등 민간위탁 과정연구로 구분할 수 있다.

성과연구는 민간위탁이 비용절감과 서비스의 질 향상 차원에서 효과가 있는지에 대한 연구가 대부분인데, 비용절감 효과[10]가 있다는 주장과 비용절감의 증거가 없다는 주장이 양립한다. 쓰레기수거 등 지방공공서비스에서 비용절감 효과가 있고(McDavid, 1985; Savas, 1987; Szymanski & Wilkins, 1993; Domberger 외, 1996), 병원의 비의료서비스에서도 비용절감 효과가 있으며(Domberger, 1987; Miline & McGee, 1992), 각종 공공서비스에서도 효과가 있다(Walsh, 1991; Walsh & Davis, 1993; Ward, 1993)고 한다. 그러나 민간위탁이 오히려 비용을 상승(Butler, 1985)시키거나 복지서비스에서는 비용절감의 증거가 없다(Straussman & Farie, 1981)는 주장도 있다. 우리나라는 청소행정 위탁의 경우 예산절감 효과는 있으나 서비스의 질이 하락하고(황윤원, 1991; 손희준, 1992; 박경효, 1992), 복지서비스 같은 연성서비스의 경우 비용절감보다 서비스의 질이 개선되었

---

10) 비용절감 효과는 영국, 캐나다 사례의 경우, 10%대에서 40%대까지 다양하며, 아래 외국 사례는 김준기·조일홍·송하중(1999: 379)에서 부분 인용하였다.

다는 연구결과도 있다(이정은, 1998).

  민간위탁은 자동적으로 비용절감과 서비스 질 향상을 가져오는 것이 아니라, 계약과정과 조직 내외적인 조건에 의해 성과가 영향을 받는다면서 민간위탁의 영향 요인과 과정을 연구한 사례도 많이 있다. 성공적인 민간위탁 요건으로 Dehoog(1985)은 경쟁적 환경, 합리적 의사결정, 모니터링을 들고, Savas(1987)는 해당 서비스의 성격이 구체적이어야 하고, 경쟁이 있고, 정부가 계약기관의 성과를 감독, 평가할 수 있어야 하며, 계약이 구체적으로 나열되고, 실제 이행되어야 한다는 점을 들고 있으며, Prager(1994)는 규모의 경제, 조직의 개혁, 적절한 경쟁, 계약관리 요건하에서 비용절감이 가능하다고 한다. 그러나 경쟁요인이 실제로 구비되기 어려우며(Donahue, 1989: 78), 경쟁이 존재하지 않거나 잠재적 경쟁도 조성하기 어려우며(박중훈, 2000: 46), 많은 계약이 경쟁 없이 이루어져서(Lavery, 1999: 78) 민간위탁이 효과를 얻기 어려우며, 경쟁은 오히려 특정 상황에서 높은 거래비용을 부과하고 서비스 제공을 교란시킨다고 한다(Dehoog, 1990: 323). 국내에서도 영향 요인과 위탁의 계약과정에 관한 연구가 많이 있다. 위탁 성공의 영향 요인 연구로는 박경효(1992), 이정은(1996, 1998), 박중훈(2000)이 있고, 위탁계약과정 분석으로는 김순양(1998, 2005), 김승현(1998), 정윤수(1999), 정윤길(2000), 송운석·이성세(2001), 황혜신(2006)이 있다. 연구 대상을 중심으로 보면, 청소, 상수도, 환경기초시설 등 경성서비스 중에는 청소서비스 연구가 가장 많고, 연성서비스 중에는 복지, 의료서비스가 대부분이다.

  한편, 연구주제와 관련된 문화 분야 공공서비스의 민간위탁 연구

사례는 많지 않다. 그것은 미국, 일본 등 외국과는 달리 박물관, 미술관, 문예회관 등 문화시설의 민간위탁 사례가 많지 않고, 민간위탁 역사도 일천하기 때문인 것으로 보인다.

2002년 안세경은 전주 소재 한국소리의 전당을 대상으로 지방문예회관의 민간위탁 도입과정을 분석한 바 있고, 2002년 백옥선 역시 전주시의 문화시설을 중심으로 공공문화시설의 위탁 추진과정을 연구한 바 있으며, 2003년 권윤희는 전주시의 민간위탁시설인 한국소리문화의 전당을 사례로 공공예술회관의 민간위탁에 따른 공공성과 효율성 문제를 다루고 있다. 2003년 한국문화정책연구원은 공립문화시설의 민간위탁 평가 및 개선방안을 공립도서관, 문예회관, 박물관과 미술관을 중심으로 연구하였고, 2004년 백귀희는 대구 대덕문예회관을 사례로 공공문화시설의 민간위탁 추진과정을 평가하였고, 2006년 황호재는 개별 예술단체인 경기도립무용단의 민간위탁 현황 분석과 발전방향을 연구한 바 있다. 2007년 노은실은 전주시내 박물관을 대상으로 민간위탁 박물관의 운영현황과 과제를 분석하였다. 관련 연구로서 2004년 홍기원은 문화예술서비스 공급의 효율성을 연구하면서 40개의 공연예술기관의 효율성을 분석한 결과, 비영리조직보다 정부조직이 비효율성이 더 높다고 한 반면, 2006년 이상철·고수정·장철영은 19개 공립문예회관을 대상으로 효율성을 분석한 결과, 직영으로 운영하는 경우가 민간위탁으로 운영하는 문예회관보다 효율성이 더 높다는 연구결과를 제시한 바 있다.

결국 문화 분야의 민간위탁 연구대상은 문예회관이 대부분을 차지하고 있고, 그 대상도 전주 한국소리문화의 전당 사례에 치우쳐서 관련 연구가 많지 않음을 보여 주고 있다. 또한 문예회관의 효율성 분석 결과도 연구자의 분석시점과 대상에 따라 다른 결론이 도출되고 있어 민간위탁의 성과에 대해서는 효율성과 효과성 등 종합적인 분석이 필요한 것으로 보인다.

2.3.2. 도서관 서비스의 민간위탁 관련 선행연구

도서관 서비스의 민간위탁에 대한 연구는 다양하게 이루어졌으나 성과분석 연구는 많지 않다. 도서관의 민간위탁 도입과 관련된 연구는 도서관계를 중심으로 한 도입 반대와 부정적인 효과를 강조하는 이념적, 이론적인 주장이 많았고, 실제 민간위탁이 직영보다 효과가 있는지에 대한 체계적인 연구는 많지 않은 편이다.

국내의 민간위탁 연구는 1998년 도서관을 민간위탁 대상에 포함시킴에 따라 시작되었는데 초기 연구는 민간위탁의 쟁점이나 민간위탁에 대한 대응방안을 중심으로 이루어졌다. 윤희윤(1998)은 국내외 도서관의 위탁운영 현황과 사례를 제시하고, 위탁논리의 쟁점분석과 대응방안을 구체적으로 분석하고 있다. 윤정기(1998)는 도서관의 업무를 공통 업무와 고유 업무로 구분하며 업무의 성격에 따라 부분위탁이 가능하지만, 본질적인 업무는 위탁에서 배제해야 함을 강조한다. 민난희(2000)는 공공도서관 서비스 관련 집단인 사서직 공무원과 행정직 공무원, 이용자 세 집단의 민간위탁에 대한 인식을 경남지역 공공도서관 이용자와 시군관계자로부터 설문조사를 실시한 결과, 세 집단 모두 공공도서관의 민간위탁 성과는 비용절감과 서비스의 질 향상에 있지만, 이중 서비스의 질 향상에 더 우선 가치를 두어야 한다고 인식하고 있는 것으로 조사되었다. 김영귀(2003)는 일본의 도서관 민간위탁에 관한 찬반론과 특징, 민간위탁 움직임을 연대별로 자세하게 정리하고, 특히 민간위탁의 결과로 일본은 사서직이 비정규직화되거나 사서직종이 폐지되는 위기현상이 오고 있음을 설명하며 서비스 향상을 위해서는 민간위탁이 적절치 못함을 강조하고 있다. 배순자(2003)는 전주시 문화서비스의 민간위탁사업 평가경험을 기존의 목포시립도서관의 평가 결과(한국자치경영평가원 평가)에 접목시켜 해당 도서관은 주민만족도가 낮아서 민간위탁이 부적절함을 주장한다. 곽동철(2003)은 처음으로 공공도서관의 민간위탁 성과를 분석하는 연구를 시도하고 있다. 그는 민간위탁의 주체를 서로 달리하는 서울시내 3개 민간위탁 도서관의 이용자를 대상으로 설문조사를 실시하여 민간위탁의 성과인식을 분석하고 있는데, 이용자들의 반응은 대체로 민간위탁에 긍정적이나 부정적인 효과도 동시에 표출되고 있어 성과유무의 결론을 유보하면서도, 지방자치단체와 사서가 대치하는 상황에서 사서 입장에서 대처방안을 마련하는 차원에서 평가를 하고 있음을 밝히고 있어 여전히 이념적인 주장의 범주에 머물러 있다. 임철민(2005)은 광주광역시 지역의 직영과 민간위탁 중인 공공도서관 각 1개소 이용자들의 만족도 조사를 통해 운영체제 간 성과 차이를 분석하고 있다. 분석결과 도서관 공간, 시설 및 환경, 자료, 정보서비스, 정보검색시스템 등에서 민간위탁 도서관이 직영 도서관보다 만족도가 낮게 나타나서 민간위탁 도입은 부적합하다고 결론을 내리고 있다. 또한 문화체육관광부(2008)는 전주대 산학협력단의 연구용역을 통해 민간위탁기관과 수탁기관, 수탁도서관 관계자들의 민간위탁의 운영실태 인식에 대한 설문조사를 실시하고, 그를 토대로 민간위탁 경영의 개선을 위한 수탁기관 평가기준과 전담 재단을 통한 민간위탁 도서관 운영개선방안을 제안하고 있다.

또한 해외 연구는 대부분 자료목록 선정 등의 아웃소싱(부분위탁)과 민간위탁의 찬반을 주장하는 연구가 다수[11] 있지만, 도서관 운영을 전부 위탁한 경우의 성과 연구는 많지 않다. 미국도서관협회(ALA)는 1999년 아웃소싱 관련 논란에 적극적으로 대처하기 위해 자체 특별연구팀을 설치하여, 지침을 채택하고, 2000년에는 Robert S. Martin 교수에게 "도서관의 서비스 및 경영에 있어서 외주와 민영화에 관한 영향"에 대한 연구를 용역 의뢰하였다. 연구팀은 캘리포니아 주와 하와이 주에 있는 4개의 도서관 시스템 소속 하의 민간위탁 도서관의 성과를 분석한 결과, 민간위탁과 아웃소싱이 도서관 서비스와 관리에 부정적인 영향을 주는 증거는 없으며, 오히려 잘 운영되기만 하면 도서관 서비스를 향상시킬 수 있는 효과적인 제도라는 결론을 제시했다(Martin, 2000). ALA는 이 결론을 수용하고 오히려 민간위탁을 통해 서비스를 향상시킬 조건들을 소속 공공도서관에 안내하기로 방침을 정함으로써 긴 논란을 마무리하였다.

한편, 민간위탁 자체의 성과연구는 아니지만 도서관 서비스의 상대적인 효율성을 자료포락분석(DEA)으로 측정[12]하며 간접적으로

---

11) 아웃소싱에 관해서도 찬반 논란이 많이 있었다. 미국도서관협회(ALA)가 아웃소싱과 민영화(민간위탁)의 효과를 인정(2000)하기 이전에 주로 집중적인 논란이 제기되었다. Harken(1996), Hopkins(1996), Agada(1997), Baker(1998), Wittorf(1998), Jette & Dixon(1998), Hiller(1999), Sweetland(2001) 참고. 정광렬 외(2003: 63−67)에서 재인용.

도서관 운영주체별(교육청, 구청) 효율성 차이를 비교해 본 사례가 있다. 함요상(2007)은 177개 지방자치단체 소속 공공도서관 중 지방자치단체가 직영하는 도서관(153개관)과 지방공기업에 위탁 운영하는 공공도서관(24개관)의 효율성을 비교, 분석하고 공공서비스 공급의 효율성에 영향을 미치는 요인을 분석하였다. 그 결과, 효율성이 1인 도서관의 수와 동 도서관의 참조 횟수를 기준으로 해당 도서관 전체와의 비율을 비교해 볼 때, 지방공기업에 위탁 운영하는 도서관이 더 효율적이며, 그 효율성에 영향을 미치는 요인으로는 공급주체를 지방공기업에 위탁할수록, 규모가 클수록, 예산이 작을수록 효율성이 높아진다고 분석[13]하고 있다. 김선애(2006)는 서울 및 6대 광역시 102개 공공도서관을 대상으로 효율성을 평가하면서 운영주체별(교육청, 시·군·구청)로 구분하였고, 효율적으로 평가된 도서관은 지자체 소속 도서관(25.6%)이 교육청 소속 도서관(15.9%)보다 더 많았다. 하지만 지역별, 운영주체별 효율성을 구분한 결과, 인천을 제외한 모든 지역에서 교육청 소속 도서관이 지자체 소속 도서관보다 효율적으로 나타났다. 여기서 지자체 소속 도서관 중에는 서울의 경우 민간위탁 중인 구립도서관이 포함되고

---

12) Chen(1997), Stancheva & Angelova(2004), Reichmann & Sommersguter-Reichmann(2006), 곽영진(1992), 한두완·홍봉영(2002)은 대학도서관의 상대적 효율성을 측정하였고, Vitalian(1998), Worthington(1999), Hammond(2002), 김선애(2005, 2006)는 공공도서관의 상대적 효율성을 측정한 바 있다.

13) DEA기법에 의한 효율성 분석결과, 효율성 1인 도서관을 지자체 또는 지방공기업 운영 전체 도서관 수의 비율로 계산할 경우, CCR(규모불변 가정)분석의 경우는 지방공기업 운영 도서관이 더 효율적이었으나, BCC(규모가변 가정)분석의 경우는 지자체 운영이 더 효율적이었다. 또한 회귀분석 결과, 위탁할수록, 규모가 클수록, 예산이 작을수록 더 효율적으로 나타났지만 시설규모가 커지면 예산규모도 커질 수밖에 없으므로 예산규모가 작을수록 효율적이라는 점은 규모측면과 상충되는 결과를 보인다. 또한 저자는 시군구단위 행징구역 내의 도서관 간 짝짓기 방법으로 구성된 표본들의 고객만족도 분석을 통해 공급 방식에 따라 만족도에 차이가 있다(직영보다 공기업 위탁이 만족도가 더 높다.)는 결과를 제시하고 있다.

있어 이 결론을 보면 정부직영 도서관이 민간위탁 도서관보다 효율적인 것으로 간접 추정할 수 있다(김선애, 2006: 192－193). 이러한 결과는 상대적 효율성을 분석하는 과정에서만 나타난 결론이므로 직영이 민간위탁보다 효율적인지는 좀 더 종합적으로 분석해 볼 필요가 있다. 또한, 도서관의 규모가 경제성이 있는지를 계량적으로 분석[14]하는 연구가 있는데, 윤희윤(1999)은 국내 7대 광역시 관내 69개 공공도서관의 경제성을 로그－회귀분석 결과, 운영주체나 예산규모에 관계없이 규모의 경제성이 전혀 존재하지 않고, 교육청 소속 도서관이 시·군·구청 소속 도서관보다 투입 대비 산출 감소가 덜하다고 한다. 즉 상대적으로 교육청 소속 도서관이 경제성이 있다는 결과지만, 조사에 사용된 1998년 자료를 감안하면 당시 민간위탁은 거의 없는 상태이므로 행성체계의 이원화 측면에서 참고할 자료이다.

또한 유사한 평가사례로서 문화관광부의 문화기반시설관리운영평가와 서울시의 시민만족도 평가를 들 수 있다. 문화관광부는 1998년부터 2003년까지 "문화기반시설관리운영평가"를 시도하면서 공공도서관을 포함하여 자료, 직원, 봉사, 시설, 운영관리 등 5개 영역에 걸친 총 43개 지표를 적용하여 평가를 한 바 있는데, 이 또한 직영과 민간위탁 도서관을 비교, 분석한 것은 아니므로 직접적으로 참고할 부분은 많지 않다. 다만, 평가를 시작한 이후 공공도

---

14) 공공도서관의 투입(총예산 등), 산출지표(대출 책 수, 열람 건수, 개관시간 등)를 이용하여 규모의 경제성이 있는지를 상관분석, 로그－회귀분석 등을 이용해 분석했는데, 규모의 경제가 있는 경우도 있으나, 규모의 경제가 존재하지 않는 경우가 많았다. 연구자들은 M. H. Ross(1977), M. D. Cooper(1979), V. L. Pungitore(1993), 일본 미나이(1976), 다무라(1982), D. Zweizig & E. J. Rodgers(1982), T. Childers & N. A. Van House(1989), 윤희윤(1998, 1999) 등이다(윤희윤, 1999)에서 재인용.

서관 통계를 분석해 보면 전체 도서관 수, 1관당 예산, 평균 장서 수 및 대출 책 수, 이용자 수는 많이 증가되었음에도 도서관당 평균 직원 수는 감소한 점에 비추어 보면, 동 기간 중 투자 대비 효율은 매우 높아졌다고 평가[15]할 수 있지만, 이러한 성과가 민간위탁에 의한 부분이 얼마나 포함되었는지는 규명하기 어렵다. 하지만 동 평가에서는 상위 30%를 A등급, 이하 40%를 B등급, 나머지 30%를 C등급 등으로 구분하고 있으므로 서울 소재 공공도서관을 대상으로 2001년부터 2003년까지의 관련 도서관의 평가등급을 비교해 보면 점차 민간위탁 도서관의 평가가 좋아지고 있음을 알 수 있다.

〈표 2-4〉 서울 공공도서관의 운영주체별 평가등급 비교

구분	2001년		2002년		2003년	
	직영 (교육청)	민간위탁	직영 (교육청)	민간위탁	직영 (교육청)	민간위탁
A 등급	개포, 고척, 구로, 남산, 도봉, 동대문, 송파, 어린이, 용산, 정독, 종로,	중랑구립	정독, 종로, 도봉, 강서, 어린이, 용산, 강동	은평구립, 중랑구립	강남(50), 고척(58), 도봉(64), 어린이(85), 용산(92), 동대문/정독/강동/구로(101), 종로/송파/개포(111), 서대문/남산(121), 강서/동작(138)	은평구립(22) 광진구립(35) 중랑구립(46) 성북정보(50) 강북문화(84)
B 등급	강남, 강동, 강서, 동작, 서대문, 양천	성동구립	동작/송파/양천/강남/남산/서대문/개포/영등포	성동구립 광진구립	양천(140)	관악문화(177) 도봉문화(191)

* 평가받지 않은 도서관은 '01년에는 금천(직영)·광진구립(위탁), '02년에는 구로, 동대문, 오류, 고덕, 중계, 마포(이상 직영), 강북문화, 강북청소년문화, 도봉문화센터(이상 위탁).

** ( )은 순위인데, 2003년엔 상위 50% 중 A등급은 138위 이내, B등급은 322위 이내로 구분하였고, 구립도서관(위탁)의 평가가 호전되고 있음.

---

15) 1998~2003년간 전체 공공도서관 수는 330개관에서 462개관으로 40% 증가하였고, 1관당 운영에산은 37.1% 증가하였다. 평균 상서 수와 평균 이용자 수 및 평균 대출 책 수는 각각 31.7%, 30.8%, 43.6%로 증가하였다. 다만, 1관당 평균 직원 수는 98년 15.5명에서 2003년 11.6명으로 25.2%가 감소하였다(정현태, 2004: 72-73).

한편, 서울시는 행정서비스에 대한 시민만족도 조사를 실시하면서 공공도서관을 포함한 조사를 2001년과 2002년에 실시한 바 있는데, 종합만족도가 높은 도서관은 1999년 이후 신설되어 민간위탁 운영 중인 도서관으로 평가 연도에 공히 상위권을 차지하고 있다. 2001년에는 광진, 금천, 마포본관, 정독, 성동도서관이고, 2002년에는 은평, 도봉문화, 강북문화, 광진, 성동도서관인데, 민간위탁 도서관이 1위에서 5위까지 상위권의 대부분을 차지하고 있다. 이는 평가기준에 시설부문의 비중이 커서 신설 구립도서관이 좋은 평가를 받았으므로 기준을 보완해야 한다는 비판(이용남, 2002: 29 - 41)도 있다. 하지만 2001년은 25개 도서관(구립도서관 4개 포함), 2002년은 29개 도서관(구립도서관 7개 포함)임을 감안하면, 민간위탁 도서관이 훨씬 시민만족도가 높은 것은 참고할 필요가 있다.

또한 서울시는 2005년부터 매년 소속 구립도서관을 대상으로 도서관 이용자의 만족도 조사를 실시하고 있다. 2006년에는 못 하고, 2007년에는 2월과 7월에 두 차례 실시하였으나 교육청 소속 시립도서관을 제외한 구립도서관만을 조사하고 있어 직영과 민간위탁 도서관의 서비스 만족도를 직접 비교할 수가 없어서 연구를 위해서 별도로 조사를 실시하였다.

이상에서 살펴본 바와 같이 도서관 서비스의 민간위탁 관련 선행연구를 정리해 보면 다음의 <표 2 - 5>와 같다.

<표 2-5> 도서관 서비스 민간위탁 관련 선행연구 요약

구 분	연구자 (발표 연도)	연구 중점	연구방법	연구결과
이론적, 제도적 분석	윤희윤 (1998)	민간위탁의 쟁점 분석 및 대응방안	문헌 및 제도 조사	민간위탁에 대한 쟁점과 대응방안 제시
	윤정기 (1998)	민간위탁의 영향 분석	문헌 조사	도서관업무를 기준으로 위탁가능 여부를 구분하고, 주요업무의 위탁배제 주장
	민난희 (2000)	민간위탁 관련, 사서, 행정직원, 이용자 그룹의 인식조사	문헌 및 설문조사 (경남지역도서관 이용자 및 관계자)	민간위탁 도입은 세 집단 공히 서비스 질 향상 차원에서 인식(비용절감 논리는 부당)
	김영귀(2003)	일본 민간위탁사례와 영향 분석	문헌 조사	민간위탁의 결과 사서직 위기현상이 발생한 일본사례를 참조하여 위기의식 해소 장치 필요성 제기
	문화체육관광부 (2008)	도서관 민간위탁 경영제도 개선연구	문헌 및 설문조사 (민간위탁지자체 30, 수탁기관 30, 수탁도서관 44명)	수탁기관설문과 일본사례를 분석하여 공공도서관의 민간위탁 경영기준, 운영개선방안 제안
성과 평가	배순자 (2003)	위탁 중인 지역도서관 평가결과 분석	문헌 조사 및 평가 사례분석	목포시립도서관 평가결과를 원용하며, 주민만족도가 낮아 민간위탁이 부적절함
	곽동철 (2004)	위탁의 성과분석 및 사서입장의 대처방안 마련	문헌 및 면담조사, 만족도 설문조사 (서울 3개 민간위탁 도서관)	이용자들은 위탁도서관의 서비스에 만족하나, 사서와 지자체 의견이 충돌할 수 있으므로 위탁이 성공할 수 있는 전제조건을 제시
	임철민 (2005)	이용만족 차원에서 민간위탁 타당성 분석	문헌 및 이용자 만족도 설문조사 (지방의 직영, 위탁 도서관 각 1개소)	사례도서관의 이용자 만족도는 지자체 직영 도서관이 위탁도서관보다 높아, 민간위탁을 반대하는 주장
	Martin R. S. (2000)	아웃소싱과 민영화(민간위탁)영향분석	문헌, 설문조사 (캘리포니아, 하와이 주 4개 도서관 체인 소속 도서관의 직원 및 이용자 조사)	민간위탁과 아웃소싱이 오히려 도서관 서비스를 향상시키고 있음. 다만, 계약과 관리가 잘 이루어져야 함 (ALA의 정책에 반영, 민간위탁 논란을 종결시키고, 도서관의 효율증진을 위해 세부지침을 마련, 전파하는 계기가 됨)

구 분	연구자 (발표 연도)	연구 중점	연구방법	연구결과
효율성, 만족도 (DEA, 만족도 조사)	문화관광부 ('98~'03)	도서관 등 문화기반 시설의 관리운영 평가	평가표를 통한 설문·방문조사 (5개 영역 43개 지 표를 적용 평가)	서울의 경우, 평가 초기에는 평가 등급이 A급인 도서관은 교육청 소속이 많으나, 03년은 구립도서 관 증가 추세로 우수도서관 증가
	서울시 ('01~'02)	행정서비스에 대한 시민 만족도 조사	시민만족도 설문조사	1~5위에 민간위탁도서관이 대 부분을 차지, 민간위탁도서관에 대한 만족도가 높음
	김선애 (2006)	공공도서관의 상대 적 효율성 평가	DEA기법 활용 (서울 및 6대 도시 102개 공공도서관 대상)	직영 도서관 중 교육청소속 도서 관이 지자체소속보다 더 효율적 (민간위탁도서관은 지자체 소속 도서관이 포함됨)
	함요상(2007)	지방공기업의도서관 서비스 효율성과 효 율 영향 요인 분석	-DEA기법 및 회귀 분석기법 활용: 지자체소속 177 개 공공도서관의 운영 주체별(공단, 지자 체) 효율성 비교 -고객만족도 조사: 13개의 실험·통 제 집단구성, 고객 만족도 비교	-CCR분석(규모 불변 가정)의 경우는 공단위탁이 더 효율적 -BCC(규모 변화 가정)의 경우 는 지자체 직영이 효율적 -효율성1인 기관 참조횟수 비교 시 위탁 경영 방식이 더 많음 (질적 효율성 높음) -공단위탁이 지자체 직영보다 고객만족도 더 높음

2.3.3. 선행연구의 한계와 본 연구의 특징

앞에서 살펴보았듯이 도서관 서비스의 민간위탁 성과에 관한 연구는 많지 않다. 초기의 연구는 도서관계의 입장과 관계자의 인식 조사를 통해 민간위탁의 문제에 대한 대처방안을 제시하고 있다. 즉, 민간위탁 관련자(이용자, 사서, 행정공무원)들의 인식 조사를 통한 연구들은 비용절감 효과보다는 서비스의 질 향상에 기여할 것이라는 의견을 제시하거나, 민간위탁 기관의 이용자와 관계자의 인식을 확인하여 도서관계의 입장에서 논리를 정립하려는 시도들이 대부분이다. 한편, 도서관 서비스 민간위탁의 성과를 분석하는 일부 연구들도 있다. 이용자 만족도 조사를 통해 민간위탁 방식과 직영 방식의 운영성과를 비교, 평가하는 실증적 방법을 취하거나, 지자체가 직영하는 도서관과 공단에 위탁 운영하는 도서관의 운영성과를 효율성과 이용자 만족도 비교를 통해 공단위탁이 더 효율적이고 만족도가 높다는 주장도 있다. 하지만, 전자의 경우는 지역적이고 표본이 너무 적어 결론은 일반화시키기 어려우며, 후자의 경우는 효율성 분석대상과 만족도 분석대상 도서관이 서로 달라 체계적인 분석이 미흡하며, 효율성 분석 시에는 질적 변수가 활용되지 않아 일반화하기에는 한계가 있다. 또한 도서관 민간위탁의 성과를 분석한 경우에도 도서관 서비스에 대한 공급자 입장에서만 하거나 아니면 수요자 입장에서만 분석하고 있어 민간위탁의 성과를 균형적이고 종합적으로 파악할 수가 없다.

또한 자료포락분석(DEA)을 통해 공공도서관의 상대적 효율성을 평가한 경우도 사용한 투입산출 지표에 공공도서관 본래의 기능이 아닌 자료들, 예를 들면 공부방 관련 이용자 수, 면적 등을 포함하여 분석의 설명력이 다소 떨어지고, 특히 서비스의 질을 반영하지 못해서 실증분석에 한계를 나타내고 있다. 또한 서비스의 질 평가에서도 복지서비스 질 평가 등에서 이미 유효성이 검증된 평가모델인 서브퀄(SERVQUAL) 등을 활용하지 않고, 도서관 이용자들의 만족 정도만을 조사하고 있는 실정이다.

따라서 본 연구에서는 기존 연구과정에서 제기된 문제를 보완하고 이미 검증된 주관적 평가와 객관적 평가 방법을 활용하여, 통합적으로 분석함으로써 더욱 실효성 있는 성과 분석을 시도하였다.

기존의 도서관 서비스 민간위탁 성과 연구와 차별화되는 부분을
정리하면 다음과 같다.

첫째, 도서관 서비스의 성과를 질적, 양적 방법으로 통합 분석을
하였다. 서브퀼 기법을 활용한 서비스의 질적 성과(만족도, 서비스
품질)와 자료포락분석기법을 통한 양적 성과(효율성)를 통합 분석하
였다. 문화 분야에서는 이러한 통합분석이 거의 없지만 지방공공서
비스와 복지서비스의 민간위탁 성과분석에는 활용된 사례가 있다.

둘째, 민간위탁 성과 분석대상을 차별화하였다. 도서관 서비스의
직영기관(교육청과 지자체)과 위탁기관(공단, 순수민간)의 성과를
비교, 분석하였고, 동일한 표본 도서관을 대상으로 질적, 양적 분석
을 시도하였다. 일부 기존 연구는 지자체의 직영 방식과 공단위탁
의 경우만 비교하고, 만족도와 효율성 분석 대상 도서관이 시로 달
라 통합분석이라고 하기가 어렵다.

셋째, 서비스의 품질 분석(SERVQUAL 기법 사용) 시에는 이용자
들의 서비스에 대한 기대수준과 실제 제공된 서비스에 대한 인지
수준의 차이를 측정함으로써, 실제 서비스 제공에 대한 만족수준만
을 측정하는 것보다는 더욱 객관적으로 서비스 품질의 정도를 제
시할 수 있다. 따라서 도서관의 운영 방식에 따른 서비스의 질적
차이도 더욱 객관적으로 비교해 볼 수 있다.

넷째, 자료포락분석(DEA) 모형을 활용한 도서관 서비스의 효율
성 측정 시에도 질적 변수(서비스 품질)를 포함하였고, 관련 연구에
서는 처음으로 시도하였다. 양적 분석의 질을 높여 줄 것으로 기대
한다.

2.4.1. 공공도서관의 기본기능과 운영 현황

1) 공공도서관의 기본기능

공공도서관의 기본 기능과 존재이유는 UNESCO와 IFLA가 공동으로 발표한 "공공도서관 선언"에 잘 나타나 있다. 이 선언에 따르면 공공도서관은 "공공도서관의 봉사는 연령, 인종, 성별, 국적, 언어 또는 사회적 신분에 관계없이 모든 사람들에 의하여 평등하게 이용되는 것이라는 원칙에 입각하여 제공된다."라고 명시되어 있다. 또한 도서관 관련 법률에도 "도서관은 도서관 자료를 수집, 정리, 분석, 보존, 축적하여 공중 또는 특정인의 이용에 제공함으로써 정보이용, 조사 연구, 학습, 교양 등 문화발전 및 평생교육에 이바지하는 시설"(도서관 및 독서진흥법 제2조 제1항)이며, "공공도서관은 공중의 정보이용, 문화활동 및 평생교육을 증진함을 주된 목적으로 하는 도서관"(동법 동 조 제4항)으로 규정하고 있어 "공공도서관 선언"의 취지를 잘 반영하고 있다. 따라서 공공도서관은 지역사회의 정보센터이자 문화센터이며 평생교육기관으로서의 기능을 수행하기 위해 설립(이만수, 2003: 59－65)되었으며, 공개성, 무료성, 공공경비부담의 세 가지 원칙으로 서비스를 공급하고 있다.

2) 공공도서관의 유형

공공도서관은 설립주체를 기준으로 구분해 보면, 공립 공공도서관, 사립 공공도서관이 있다. 이 중 공립 공공도서관은 지방자체단체가 운영하는 시, 군, 구립도서관(356개관)과 교육청이 운영하는 도서관(227개관)이 있다. 2007년 12월 31일 현재 도서관법 제2조에 의한 공공도서관은 총 607개관이고, 이 중 공립 공공도서관은 583개, 사립 공공도서관은 24개관이다. 하지만 공공도서관 수는 다른 선진국과 비교할 때 매우 부족한 상태인데, 문화관광부는 지식정보시회의 국가기반 문화시설로서 공공도서관을 2011년까지 인구 6만 명당 1개관 수준인 750개관으로 확충해 나가고 있다. 한편 공공도서관은 1994년 하반기부터 일부에서 평생학습관, 청소년문화회관, 문화정보센터 등 다양한 명칭을 사용하고 있어 일반인들에게는 혼란스럽다. 도서관계에서는 이러한 명칭변경 시도는 평생교육법 제정을 계기로 사회교육 확대차원에서 추진한다고 하나 실질적인 이유는 '도서관 및 독서진흥법'에 명시된 사서직 관장의 보임을 회피하기 위한 수단으로 악용(이연옥, 2002: 190 – 200)하고 있다고 주장하며 위기의식을 가지고 강력히 반발하고 있다. 현재 공공도서관 명칭은 교육청소속 도서관은 평생학습관, 평생교육정보관 등으로 명칭을 사용하고, 지방자치단체에서는 지역의 특성과 공공도서관의 특정 기능을 강조하기 위해 문화정보센터, 문화관·도서관, 정보도서관 등으로 사용하고 있다.

공립 공공도서관도 1990년 도서관 업무가 문화부로 이관되면서 운영주체가 지자체와 교육청으로 이원화되어 있어 운영정책이 혼선을 빚고 있다. 이 문제를 해소하기 위해 정부는 2006년 10월 도서관법을 개정하고, 정책대상을 일원화하는 한편 도서관 정책의 수립, 심의 조정을 위해 대통령직속의 도서관정보위원회를 설립하고, 2007년 6월 도서관정책기획단을 문화관광부 소속하에 발족시켰다. 또한 정부 관련 부처 합동으로 주민서비스 조정방안에 포함하여 도서관정책의 일원화를 계속 추진하고, 2004년부터 복권기금을 활용한 '작은 도서관' 사업을 추진함으로써 전 국민이 도서관 서비스를 받을 수 있도록 정책에 박차를 가해 나가고 있는 상황이다.

3) 공공도서관의 운영 현황

공공도서관의 민간위탁이 시도되던 1998년 이후 2007년까지 도서관 확충과 서비스 현황16)을 비교해 보면 다음의 <표 2-7>과 같다. 최근 공공도서관의 서비스 환경을 보면, 공공도서관의 수는 64% 증가하여 1관당 봉사인구가 1998년 12만 7천 명에서 2007년 말 8만 1천 명으로 대폭 감소해서 2011년까지 5만 명 수준의 목표에 접근해 가고 있다. 또한 도서관당 평균 예산도 98% 증가하여 98년 3억 8천만 원에서 2007년 7억 5천만 원으로 대폭 늘어났으며, 특히 서비스 이용 지표인 평균 이용자 수와 평균 도서이용 건수가 각각 69%와 98%로 대폭 증가했음을 볼 때 도서관 서비스는 눈에 띄게 좋아졌음을 알 수 있다. 하지만, 도서관 1관당 직원 수는 공공도서관 수의 증가와 도서관 이용자 및 이용 책 수의 대폭적인 증가에 반(反)하여 1998년 1관 평균 13.5명에서 2007년 10.8명

---

16) 동 자료는 한국도서관협회의 해당 연도(1999~2008) "도서관연감", "도서관통계", 문화관광부가 발행하는 "전국문화기반시설총람"을 중심으로 정리하였다.

으로 오히려 감소(사서직 직원은 평균 4.5명)함으로써 1인당 서비스 업무 부담이 증가하고 이직률이 늘어나는 등 근무여건은 상대적으로 악화된 측면이 있지만, 전체적인 도서관 서비스의 운영 효율은 많이 좋아졌다고 할 수 있다. 이러한 효율증진은 서비스의 민간위탁 추진 등 운영 방식의 변화에도 영향을 받았을 수도 있고, 정부의 도서관 확충과 업무시스템 개선 등 전반적인 도서관 운영의 개선을 통해 비효율성을 줄임으로써 운영의 효율성이 높아졌을 수도 있다. 이 연구에서는 도서관 운영 방식의 변화가 운영의 효율성 향상에 영향을 미치는지를 살펴보는 데 목적이 있는데, 연구 결과는 운영 방식 변화가 효율성 향상에 영향이 있음을 보여 주고 있다.

〈표 2-6〉 공공도서관 운영 관련 주요지표(1998~2007)

구 분	1998	2000	2001	2002	2003	2004	2005	2006	2007	'98년 대비 증가율(%)
도서관 수(관)	370	420	437	462	471	487	514	564	607	64
평균 직원 수(명)	13.5	11.4	11.4	11.6	11.8	11.6	11.4	11.7	10.8	-20
평균 예산(백만 원)	380	444	53	651	753	710	699	742	755	98
평균 장서 수(천 권)	50	60	62	67	73	79	88	87	90	80
평균 이용(천 명)	182	202	201	211	250	274	301	308	307	69
평균 대출(천 권)	222	247	249	238	381	355	415	471	439	98
관당봉사인구(천 명)	127	114	110	104	102	99	93	87	81	-36

* "전국문화기반시설총람", "도서관연감", 행정자치부의 "주민등록인구통계" 등에서 정리.

또한 도서관계에서 주장하는 전문직 관장, 즉 사서직 관장의 현황을 보면, 2007년 말 현재 전체 607개 공공도서관 중 사서직 관장은 271명으로 45%이고, 행정직을 포함한 비사서직 관장은 336명으로 55%로서 다소 높으나, 여기에는 민간위탁 등으로 인한 계약직 관장(8.9%)도 포함되어 있다. 도서관 소속기관별로 구분해 보면, 교육청 소속은 총 227관인데, 이 중 사서직 관장은 172명으로 76%, 비사서직(위탁기관이 없으므로 전원 행정직)은 24%이다. 지방자치단체 소속 등은 총 380개관(지자체 소속 356개관, 사립 24개관)으로 이 중 사서직 관장은 99명으로 26%, 비사서직(행정직, 위탁기관의 계약직 포함 등)은 281명으로 74%를 차지한다. 전체적으로는 민간위탁 등 계약직 관장은 12%(민간위탁은 8.9%, 사립 공공도서관 포함 시 12.9%)를 제외하면, 사서직 관장과 일반 행정직 관장의 비율은 45% 수준으로 비슷하다. 또한 민간위탁 도서관의 경우는 사서직 관장은 57%, 비사서직 관장은 43%로 나타났다(문화체육관광부, 2008: 55). 도서관법 제30조에는 공립, 공공도서관 관장은 사서직으로 임명토록 규정하고 있으나 일부 도서관은 그 명칭을 평생학습관, 평생정보관, 문화회관 등으로 다른 명칭(평생학습법에 근거)으로 사용하면서 행정직을 임명하는 등 그 규정이 잘 지켜지지 않고 있다. 하지만, 이번 연구결과에서 보여 주는 도서관 서비스의 성과는 사서직이 운영하는 도서관이 항상 효율성이 높다고 주장할 수 있는지에 대한 의문을 제기하고 있으며, 향후 도서관 서비스 성과와 기관장 역량의 상관성에 대한 추가적인 분석이 필요하다고 본다.

〈표 2-7〉 공공도서관 사서직 관장 비율(2007년 말 기준)

구분	전 체			교육청 소속			지방자치단체 소속		
	계	사서직	비사서직** (행정직 등)	계	사서직	비사서직** (행정직 등)	계	사서직	비사서직 (행정직 등)
인원(명)	607	271	336	227	172	55	380	99	281
비율(%)	100	45	55	100	76	24	100	26	74

* "2008년 전국문화기반시설총람", "2008공공도서관통계조사결과"(한국문화관광정책연구원) 재정리
** 비사서직은 행정직, 계약직(위탁의 경우 포함)

2.4.2. 공공도서관 서비스의 민간위탁 근거

공공서비스 민간위탁의 법적 근거로는 정부조직법, 행정권한의 위임 및 위탁에 관한 규정, 지방자치법, 행정안전부의 지방자치단체사무의 민간위탁 추진 지침, 각 지방자치단체의 조례 등이 있나. 공공도서관에 대해서도 같은 근거가 적용되므로 이를 구체적으로 살펴보면 다음과 같다.

먼저, 정부조직법 제6조 제3항은 "행정기관은 법령으로 정하는 바에 따라 그 소관사무 중 조사, 검사, 검정, 관리업무 등 국민의 권리의무와 직접 관계되지 아니하는 사무를 지방자치단체가 아닌 법인, 단체 또는 그 기관이나 개인에게 위탁할 수 있다."라고 규정하고 있고, 이 조항(정부조직법 제6조)의 시행을 위해 제정된 행정권한의 위임 및 위탁에 관한 규정(대통령령) 제11조에서 15조까지는 민간위탁의 기준, 대상기관 선정기준, 민간위탁의 지휘감독, 수탁기관의 사무편람, 민간위탁의 처리상황의 감사를 규정하고 있다.

동 규정 제11조 제1항은 민간위탁이 가능한 사무로서 "① 단순

사실행위인 행정작용, ② 공익성보다 능률성이 현저히 요청되는 사무, ③ 특수한 전문지식 및 기술을 요하는 사무, ④ 기타 국민생활과 직결된 단순행정사무"를 열거하고, 제2항에서는 "위 대상사무의 민간위탁 필요성과 타당성 등을 정기적, 종합적으로 판단하여 필요한 때 민간위탁"을 하도록 하고, 제3항에서는 "위 사무를 민간위탁한 때에는 수탁사무의 처리에 필요한 사무처리지침을 시달하고, 수탁사무의 처리에 필요한 적절한 조치를 취하도록" 규정하고 있다. 또한 제12조에서는 민간위탁 대상기관 선정절차를 정하면서 제1항은 "민간수탁기관의 선정은 인력과 기구, 재정적인 부담능력, 시설과 장비, 기술보유의 정도, 책임능력과 공신력, 지역 간 균형분포 등을 종합적으로 검토하여 적정한 기관을 선정"토록 하고, 제2항에서는 "선정대상기관은 다른 법률규정이 없으면 공개 모집"하고, 제3항에선 민간위탁 시 "사무처리 지연, 처리기준의 불공정, 수수료의 부당징수 등의 문제에 대한 예방조치를 강구"토록 하고 있다. 그리고 제12조의 2에서는 민간수탁기관이 선정되었을 때는 공기관과 "위탁에 관한 계약"을 채결하고 계약내용에 "위탁수수료 또는 비용, 위탁기간, 민간수탁기관의 의무, 계약위반 시의 책임 등"을 포함토록 하고, 제13조에서는 민간위탁의 지휘감독을 위해 위탁기관은 "민간위탁사무의 처리에 대해 필요할 경우 민간수탁기관에 필요한 지시나 조치를 명할 수 있고(제1항)", "필요한 사항을 수탁기관에 보고하게 할 수 있으며(제2항)", "수탁사무의 처리가 위법 또는 부당하다고 인정할 때에는 그 처분을 취소하거나 정지시킬 수 있게" 규정하고 있다. 아울러 제14조에서는 수탁기관의 사무편람을 위탁기관의 승인하에 작성, 비치토록 하고, 제15조에서는 위탁기관의 장은 "민간위탁사무의 처리결과에 대해 매년 1회 이상 감사하고, 사무처리가 위법 부당한 경우에는 민간수탁기관에 적절한 시정조치를 하고, 관계 임직원에 대해 인사 조치를 요구"할 수 있게 하여 민간위탁절차와 감독, 감사에 관해 상세히 규정하고 있다.

또한 지방자치법 제104조는 지방자치단체의 장의 권한에 속하는 사무의 일부를 "조례나 규칙으로 정하는 바에 따라" 공공단체 또는 기관(사업소, 출장소 등)에 위임하거나 위탁할 수 있고, "국민의 권리 의무와 직접 관계되지 아니한 사무를 법인, 단체 또는 그 기관이나 개인에게 위탁"할 수 있도록 하고 있다.

실제 민간위탁 업무의 처리는 행정안전부의 민간위탁 업무처리 지침에 따라 이루어진다. 동 처리지침[17)에 의하면, 민간위탁의 대상이 되는 사무는 단순집행적인 서비스 제공 기능, 전문적인 지식이나 기술을 요하는 연구, 조사 및 검정 기능, 공공시설이나 장비 등의 운영 관리 기능, 외부자원 활용으로 서비스 향상과 비용절감이 기대되는 분야, 급속히 발달하는 기술, 기능의 습득이 필요한 사무, 정보시스템의 운영 및 유지보수에 관한 사무, 현업기능 및 생산 제작기능 등이 있는데, 공공도서관은 이 중 "공공시설의 운영 관리 기능"과 "외부자원 활용으로 서비스 향상과 비용절감이 기대되는 분야"로서 대상이 되고 있다.

또한 민간위탁 업무의 추진절차는 대체로 민간위탁 업무의 추진 구상→위탁추진 계획 수립→지방의회의 심의 의결→수탁자 선정→계약체결→사무 시설운영 인계인수 순으로 이루어지는데, 세부내용은 아래 <그림 2 - 3>과 같다.

---

17) 행정안전부, 2004, 민간위탁 실무편람, p.25.

2.4.3. 공공도서관 서비스의 민간위탁 실태

1) 공공도서관의 민간위탁 배경과 현황

공공도서관의 민간위탁은 1995년 지방자치제가 본격적으로 실시되고 지자체가 운영하는 도서관이 생겨나면서 도서관 운영에 수반되는 예산과 인력 투입에 부담을 느끼게 되었고, 1997년 경제위기 극복과정에서 작은 정부를 지향하며 민간위탁활성화 정책 등이 계기가 되어 본격적으로 시작되었다.

공립 공공도서관의 민간위탁은 1995년 의정부도서관이 의정부시설공단에 위탁되면서 처음 시작되긴 하였지만, 이는 시민회관 관리 자체를 시설공단에 위탁하는 과정에서 시민회관 내에 있던 도서관이 딸려 들어간 경우라서 엄격히 말하면 도서관 자체의 민간위탁이라고 하긴 어렵다. 의정부시립도서관은 2003년 의정부정보도서관이 신축되면서 폐관되었고, 현 의정부정보도서관은 의정부시가 직영하고 있다. 그 후 1999년 설립된 중랑구립도서관이 98년부터 중랑문화원에 위탁하여 준비, 개관하였고, 동시에 1999년 개관한 성동구립도서관이 성동문화원에 위탁 운영하는 등 국민의 정부가 출범하면서 도서관 서비스의 민간위탁은 본격 추진되었다. 물론 그 과정에서 1990년 말 민간위탁을 하던 일부 도서관은 다시 직영으로 환원된 경우도 있고, 수탁 단체가 바뀐 경우도 있다.[18] 2001년에는 15개관이 위탁 운영되고 있었으나 2002년 말 21개관, 2005년 말 39개관, 2007년 말 54개관으로 계속 늘어나고 있다.

민간위탁 도서관이 늘어난 계기는 서울시 산하 구립도서관의 신설이 최근 늘어나면서 지자체 공무원 총정원에 묶인 인력문제와 예산의 효율적 사용, 도서관의 전문적 운영에 대한 부담 등이 크게 작용하였다(문화체육관광부, 2008: 34 - 36). 하지만 서울과 경기도를 제외한 다른 지방자치단체는 큰 변화가 없는 상태이다. 민간위

---

18) 서비스공급을 민간위탁으로 추진하다가 다시 직영으로 전환하는 현상을 민간위탁의 Back - In이라고 한다(Hefetz and Warner, 2004). 이러한 Back - In 현상은 지자체의 20개 과 중 1~2개 업무에서(이철주 외, 2007: 162), 그리고 교육청의 학교급식 사례(06년 9,232건에서 08년 9,827건으로 직영 증가)에서 볼 수 있고, 공공도서관의 경우도 의정부도서관, 연천군립도서관, 안산감골도서관 등 3건이 있다. 이는 민간위탁의 비용과 효과 차이, 관리감독의 문제 때문이나 공공도서관의 경우는 건물을 리모델링하면서 운영주체를 환원하고 있다. 또한, Back - In 현상은 아니지만 위탁운영단체를 민간단체에서 시설공단으로 전환하는 경우를 다수 볼 수 있다.

탁 도입에 관한 도서관 위탁업무 관계자 설문조사 결과,[19] 도입 이유로 전문성 향상, 비용절감과 인력절감, 업무 신속성을 들고 있다. 하지만, 도입 이유가 전문성 향상이라는 의견은 실제 수탁기관 중에는 전문성 없는 기관이 대부분을 차지하고 있음을 감안하면 지자체 담당자들의 응답에 신뢰가 가지 않는다. 수탁기관으로는 지자체 시설관리공단, 문화원, 독서단체, 사회법인, 종교단체, 대학 등 다양하게 구성되어 있지만, 이 중 전문적인 도서관 운영기관은 문헌정보과가 있는 일부대학에 불과하다. 그럼에도 도서관을 하나의 관리시설로 보고 시설관리공단으로의 위탁을 늘리고 있는 것을 보면, 도서관 운영보다는 시설물 관리의 전문성을 고려하고 있는 것으로 보인다.

2003년~2007년 동안 지역별 민간위탁 도서관 변천 현황은 다음 <표 2-8>과 같으며, 2007년 말의 위탁 운영 도서관 현황은 <부록 2>로 별도 정리하였다.

<표 2-8> 지역별 연도별 민간위탁 도서관 현황(2003년~2007년)

구 분		2003년	2004년	2005년	2006년	2007년
지역별 민간위탁 도서관 수 (관)	서 울	11	18	24	30	37
	경 기	6	6	7	7	6
	인 천	-	-	-	1	3
	경 남	2	2	2	2	2
	광 주	1	1	1	1	1
	강 원	1	1	1	1	1
	전 남	1	1	1	1	1
	충 남	-	-	1	1	1

---

19) 문화체육관광부가 연구용역으로 현재 민간위탁 중인 30개 지자체 담당공무원의 인식을 설문조사(08. 10. 23~11. 12)하였다.

구 분		2003년	2004년	2005년	2006년	2007년
	충 북	1	2	2	2	2
	소 계	23	31	39	46	54
공공도서관 수(관)		460	473	499	542	607
민간위탁 비율(%)		5.2	6.5	7.8	8.5	8.9

* 자료: 전국문화시설총람(2004~2008) 등에서 재정리.

2) 공공도서관의 민간위탁 운영실태[20]

이론적으로 민간위탁을 추진하는 주요 이유로는 비용절감을 통한 효율성 향상과 전문성 확보를 통한 서비스 질 향상을 들고 있다. 이러한 효과를 얻기 위해서는 앞의 2.2.4.항에서 살펴본 것처럼, 첫째, 수탁기관 간 경쟁여건이 조성되어야 하고 둘째, 정부와 수탁기관 간 체결된 계약이행의 효율성이 확보되어야 하며, 셋째, 수탁기관에 대한 관리감독과 책임성을 확보해야 한다. 그러한 관점에서 민간위탁 운영 상황과 운영상 애로사항 등 운영 실태를 확인해 보았다.

첫째, 경쟁시장의 확보 여부를 보았다. 많은 경우 민간위탁은 시장경쟁의 조건이 충족되지 못한 상태에서 시행(정정길, 2004: 443; 이성로, 2005: 305)되고 있고, 특히, 사회복지서비스는 준시장(quasi-markets)에서 결정되고, 준시장에서는 경쟁상태가 존재하지 않으므로 민간위탁이 더 효과적이라는 가정을 전적으로 포기한다(Straussman & Farie, 1994). 도서관 서비스의 경우도 복지서비스 시장처럼 준시장 상태이다. 도서관 위탁업무 관계자 설문조사 결과, 수탁시장은 독

---

20) 공공도서관 민간위탁 운영 실태는 문화체육관광부에서 2008년 10월 23일부터 11월 12일까지 민간위탁시행 지자체 30개 기관, 수탁기관 30개 기관, 수탁도서관 44개관 관계자에 대한 설문조사 결과를 토대로 민간위탁의 성공요소와 문제를 중심으로 정리하였다.

점·독과점(47%) 또는 제한경쟁시장(37%)으로 인식하고 있으며, 현재 수탁 중인 단체도 도서관 운영과 관련 있는 단체 또는 기관은 "책 읽는 사회문화재단", "작은 도서관 만드는 사람들", 문헌정보과가 있는 "대학" 등 2~3개소에 불과한 점은 이러한 주장을 뒷받침해 주고 있다.

둘째, 수탁기관 선정과정과 계약이행의 효율성 확보 측면을 살펴보았다. 먼저 수탁기관의 선정 기준을 보면, 단체의 전문성, 공신력과 책임성을 우선 고려하고, 기타 단체의 인력, 재정능력과 시설과 장비 구비 등도 비교적 높게 평가하고 있었다. 그렇지만 수탁기관 선정과정을 보면, 수탁기관 선정 공고 자체를 하지 않는 지자체가 60%이고, 선정을 위한 심사위원회 구성 자체도 하지 않은 경우가 38%이며, 구성하더라도 지자체 내부위원으로만 구성하는 경우가 38%로서 선정 과정의 투명성을 확보하지 못하고 있었다. 또한 수탁기관 선정 이유를 보면 유관기관[21]이라 선정(28%), 사후관리의 편리성 감안(17%) 등 지자체의 편의성을 가장 많이 고려하였고, 해당 분야의 전문성(24%)과 수탁제안서 내용(14%) 등도 고려하고 있다고 하지만 현재 수탁 단체들을 보면 전문성을 고려하여 공개적으로 적합한 수탁기관을 찾으려는 의지가 매우 부족하고, 위탁기관의 업무 편의성이 우선적으로 고려되고 있음을 알 수 있다. 한편, 위탁계약은 단년도(26%)보다는 장기계속(42%) 계약이 많았고, 계

---

21) 여기서 유관기관이나 출연단체는 시설관리공단, 문화원 등을 말하는데, 이들 기관은 도서관 관련 사업이나 운영 경력이 없는 기관들이다. 향후 도서관 건립 시에도 유관기관이나 출연단체에 위탁하겠다는 의견(48%)이 외부기관에 위탁(24%)하겠다는 의견보다 훨씬 우세한 걸 보면, 위탁기관들은 민간위탁의 효과제고를 위한 노력보다는 행적적인 편의에 따라 추진하는 것처럼 보인다.

약기간은 3년이 55%로 가장 많았다. 이는 "공유재산 및 물품관리법 시행령"에 행정재산 등의 관리위탁 기간은 5년 이내로 하도록 정해져 있고, 지자체 조례에도 계약기간이 대부분 2~3년으로 규정되었기 때문으로 보인다. 따라서 수탁기관 선정 과정은 투명성이 미흡하지만, 계약내용의 이행은 매년 점검할 수 있고, 재위탁 시 이행실적을 반영할 수 있으므로 계약이행의 효율성을 확보할 여건은 마련되어 있다고 할 수 있다.

셋째, 민간위탁이 성공하기 위해서는 수탁기관에 대한 관리감독과 책임성 확보가 매우 중요하다. 도서관 운영비용은 위탁기관인 지자체가 전액 부담하고 있는 경우가 대부분(84%)이므로 수탁기관·단체에 대한 지도감독도 예산의 집행점검(47%)에 중점을 두고 있으나, 계약이행 수준(21%)이나 사업실적(11%) 등을 전문적으로 지도 감독하기에는 미흡한 수준이다. 본인이 지자체 담당관 면담 시에도 지자체에서는 예산지원 관련 이외에는 체계적인 수탁도서관 지도 감독이 이루어지지 않고 있음을 확인하였다. 관계자들도 민간위탁제도 운영에 있어 보완할 분야로서 지도 감독(30%)과 위탁절차와 기준 등에 대한 법·제도 개선(30%)을 가장 많이 지적하고 있는 것을 보면 수탁기관에 대한 책임성 확보는 미흡한 것으로 보인다.

넷째, 민간위탁 도서관의 인력과 재정 수급 방식을 알아보았다. 수탁기관의 도서관장 채용방법은 공개채용(43%)이 많지만, 특별채용(36%)과 기타(21%) 내부적으로 채용하는 경우 등 비공개적인 채용도 많은데, 이는 지자체가 수탁기관을 비공개로 선정하는 것과 연결되는 것으로 분석된다. 관장 채용기준은 도서관운영비전과 계획의 합리성(43%)과 수탁기관의 도서관 운영철학에 대한 이해도(29%)가 높았고 도서관 운영경력(11%)이나 1급 정사서 자격 소지여부(14%)는 낮은 비중을 차지하고 있는 점을 보면 현재까지는 도서관장도 수탁기관의 성격에 따라 선발됨을 알 수 있다. 현재 수탁기관 도서관장의 경력을 보면 사서자격증 소지자가 58%로 비사서직(43%)보다 많은 편이지만, 사서와 경영전문가 관장 간의 경쟁이 시작되고 있음을 알 수 있다. 또한 직원들의 인사는 도서관장(24%)보다 수탁기관장(72%)이 하는 경우가 훨씬 많았고, 도서관 직원에 대한 평가도 도서관 자체의 평가시스템(31%)보다도 수탁기관의 평가시스템(55%)을 사용하는 경우가 훨씬 많았다. 급여체계 역시 도서관 자체 규정(11%)보다는 수탁기관 급여체계 규정을 준수(61%)하거나 공무원 급여체계에 준하는 경우(21%)도 많았다.

수탁도서관의 운영비용은 지자체에서 대부분 부담(84%)하고, 수탁기관이 부담하는 경우는 적으며(11%), 따라서 위탁에 따른 수임료를 수탁기관에 지급하지 않는 경우(89%)가 대부분이었다. 이러한 재원 공급구조 때문에 도서관에서 수익금이 발생하는 경우에 도서관 자체 예산으로 활용하는 경우(21%)보다는 위탁기관인 지자체 예산으로 이월(62%)하거나 수탁기관 예산으로 이월하는 경우(14%)가 대부분이다. 수탁도서관의 예산편성과 관련해서는 도서관관장이나 직원이 예산심의에 참석하는 경우(31%)보다 수탁기관 도서관책임자가 참석, 심의하는 경우(41%)가 더 많았다. 이를 종합해 보면, 도서관은 수탁기관의 인사·재정체계 내에서 운영되기 때문에 수탁기관에의 의존도가 매우 큰 편이므로 어떤 성격의 기관이 수탁기관이 되느냐에 따라 도서관 서비스도 달라질 소지가 있는 것으로 분석된다.

마지막으로 수탁도서관의 운영상 한계와 애로사항을 살펴보았다. 수탁도서관이 신규서비스 사업을 추진하는 경우에는 최종적으로 수탁기관이나(52%) 지자체까지(21%) 결재를 받아야 추진할 수 있는 경우가 대부분인데, 이는 신규 사업에 소요되는 재원 마련 때문에 그러한 것으로 보인다. 또한 도서관 서비스를 함에 있어 지자체(위탁기관)와 수탁기관, 수탁도서관 간의 관계설정에서 가장 어려운 점은 무엇보다도 도서관의 자율운영을 보장받는 일(10점 척도 사용시 9.7점)이며, 수탁기관의 도서관 이해부족과 소통부재, 그리고 도서관 담당자의 잦은 교체와 수익사업 요구 또한 어려운 점으로 조사되었다. 도서관계에서는 민간위탁 시 수익사업 요구로 공공성이 훼손될 것을 가장 우려하였으나, 실제로는 그렇지 않은 것으로 조사되었는데, 이는 수탁기관도 도서관의 공공성에 대한 기본적인 인식이 높기 때문인 것으로 보인다.

이상에서 공공도서관 민간위탁 운영 실태를 분석해 본 결과, 우리의 공공도서관 서비스 민간위탁은 이론적인 성공 조건을 충족하지 못하고 있는 것 같다. 수탁기관 선정의 경쟁여건이 조성되지 않았고, 계약이행을 담보할 장치도 명확치 않으며, 지도감독 체계도 미비하다. 이러한 상황은 "행정권한 위임위탁에 관한 규정" 등에 정해진 계약체결 절차와 지도감독 규정의 정신에 입각한 충실한 이행과 세부절차가 미흡한 것으로 보인다. 이런 상황하에서 도서관 민간위탁의 성공 여부는 공공도서관 운영책임자로서의 사명감과 고객에 대한 지식정보서비스 철학에 달려 있다고 볼 수밖에 없다(문화체육관광부, 2008: 80 - 86). 위탁기관으로서는 수탁기관과 수탁도서관 자체에 대한 운영을 평가할 수 있는 평가지표를 개발하고, 주기적인 평가를 통해 민간위탁이 성과를 낼 수 있도록 유도하여야 한다. 이 연구는 이런 여건하에서도 민간위탁 방식이 직영 방식보다 성과가 좋은지를 분석해 볼 것이다.

3) 수탁기관의 시설공단 집중과 논란

공공도서관 위탁의 최근 특징 중의 하나는 수탁기관이 자치구 시설관리공단으로 집중되고 있다는 점이다. 2007년 말 54개 위탁 운영 도서관의 수탁단체·기관 분포를 보면, 다음 <표 2-9>과 같이 시설공단이 가장 많은 것으로 나타났다.

〈표 2-9〉공공도서관 수탁기관의 분포(2003~2007)

구 분	공단	문화원	민간단체	대학	교회	개인	계
2007년	27	5	16	3	2	1	54
2005년	22	4	10	-	1	2	39
2003년	12	5	4	-	-	2	23

출처: 전국문화시설 총람(2004, 2006, 2008)에서 재작성.

서울시 자치구들은 구립도서관 건립 초기에는 대부분 지역 문화원에 운영을 위탁하였으나 2003년 이후에는 각각 시설관리공단을 설립하면서 위탁기관을 공단으로 변경하는 경향이 많아졌다. 중랑구립도서관은 2003년, 광진구정보도서관과 성동구립도서관은 각각 2005년과 2006년에 문화원 위탁에서 공단위탁으로 전환하였고, 2008년에는 금천구립도서관이 금천문화원에서 공단으로 수탁기관을 변경하였다. 또한 구립도서관을 이미 시설공단에 위탁하고 있는 자치구들은 추가 신설하는 도서관 전부를 해당 공단에 위탁함으로 써 2007년 말 현재 위탁운영 도서관 전체의 50%인 27개관을 공단 에서 수탁[22]하고 있다.

이러한 변화의 배경을 알아보기 위해 자치구가 연구 용역한 '시설공단설립 타당성 검토보고서'를 수집,[23] 분석해 보았다. 그 용역 결과, 도서관의 공단위탁은 도서관 서비스의 공공성과 효율성을 다 같이 높일 수 있는 최선의 대안이라고 주장한다. 그 논거로 시설물의 공통관리를 통한 규모의 경제와 경제적 효율성 달성이 가능하며, 공단위탁과 민간위탁 간 수지의 차이는 인건비의 차이[24]이므로 인력 감축을 통한 비용절감 효과가 크다는 점을 들고 있다.[25] 또

---

22) 자치구에서 한국자치경영평가원에 연구 용역한 시설공단설립 검토보고서에 의하면, 지역에 따라서는 공공도서관은 초기 투자가 많이 요구되므로 공단 설립 시보다는 설립 후 2단계 사업 확장 시 포함시키는 것이 바람직하다는 주장과 공단 설립 시부터 도서관을 포함해도 된다는 주장으로 나뉘고 있다. 전자의 경우는 금천구가 2008년부터 공단의 2단계 사업 확장 시 포함한 경우이고, 후자는 도봉구, 노원구, 성동구, 서대문구의 경우처럼 공단 출범 시부터 도서관을 위탁시키는 경우가 이에 해당된다. 또한 광진구정보도서관의 경우처럼, 시설공단이 있는데도 문화원에 위탁해 오던 공공도서관을 다시 공단에 위탁하는 경우도 있다. 하지만, 은평구처럼 공단이 출범하면서 구립도서관도 공단에 위탁하기로 하였으나 그간 서울시 도서관 서비스평가에서도 2002년, 2003년 연속 최우수도서관으로 선정되는 등 주민만족도가 높고, 위탁법인에서 도서관 운영비(5천만 원)를 기여하는 등 좋은 성과를 평가받아 은평구의회에서 공단위탁 추진을 보류한 경우도 있다(2006. 8. 은평구 관계자와 수탁기관인 (재)사회복지법인 인덕원 관계자 면담).

23) 연구용역은 한국자치경영평가원에서 실시하였고, "금천구 시설관리공단설립타당성검토"(2004. 3), "도봉구 시설관리공단 설립타당성 검토보고서"(2004. 10), "은평구 시설관리공단 설립타당성 검토보고서"(2005. 4), "노원구 시설관리공단 설립타당성 검토보고서"(2007. 2) 등이 있다. 이하에서는 각각 '금천구 연구자료', '도봉구 연구자료', '은평구 연구자료', '노원구 연구자료'라 한다.

24) 은평구 연구자료 p.58-61 참조. 그런데, 대부분의 공단설립검토보고서는 인력감축과 비용절감 측면에서만 분석하고, 서비스의 질 향상 차원에서는 분석하지 않은 채 공단 설립과 공단위탁 필요성을 강조하고 있어 동 보고서는 설득력이 약하다.

25) 한국자치경영평가원은 다른 도서관들의 규모, 시설, 인력 등을 비교한 소요인력추정 회귀모형을 통해 상대적으로 해당 도서관의 적정소요인력을 산출하고 공단설립의 경제적 타당성을 판단하는데, 대부분의 경우는 시설물의 공통관리를 통한 인력감축이나 도서관장을 줄이는 등의

한, 그간 각 지자체는 서비스의 효율적인 공급을 위해 민간위탁을 확대하였으나 운영성과가 뚜렷하지 않고 지역적으로 독점 공급되는 공공도서관 서비스의 특성상 위탁사업자의 도덕적 해이가 발생할 가능성도 크며,[26] 민간위탁 도서관은 다른 도서관과 비교할 때 연면적 대비 직원 수나 직원 수 대비 이용자 수 측면에서 비효율적인 요소가 있다[27]고 한다.

하지만, 시민들에게 지식정보 서비스 제공을 기본 사명으로 하는 공공도서관을 자치구에서는 단순히 관리해야 할 '시설'의 하나로 보고, 관리의 편의와 수익만을 고려함으로써 공공도서관의 기본 기능을 이해하지 못하고 있다는 점[28]과 최근 공기업의 관료성과 비효율성에 대한 지적이 비등하고 도덕적 해이가 많이 지적되고 있음을 감안하면 이러한 논거에 동의하기 어렵다. 또한 공단위탁이 공공서비스 민간위탁의 또 다른 주요 효과인 서비스 제공의 전문성 제고와 서비스의 질 향상에는 어떤 영향을 미칠지 잘 규명이 되어 있지 않다. 도서관계의 우려처럼 전문성 향상은 안 되고, 고용불안만을 조장하여 직원들의 잦은 이직 등으로 서비스의 질이 저하되는지, 아니면, 규모의 경제를 확보함으로써 비효율을 제거하고 서비스의 질 향상에도 기여하는지를 분석하는 것도 이 연구의도

인력감축을 통한 효율성 개선 효과가 있다고 주장하고 있다.

26) 은평구 연구자료, p.31, 성동구 연구자료, p.24, 광진구 연구자료 p.33.

27) 광진구 연구자료 p.16.

28) 서울의 한 자치구는 공공도서관의 관리, 운영을 시설관리공단에 위탁하면서 수익성을 추구한 결과, 이용자들의 열람실, 문화강좌, 사물함, 주차장 등의 유료화를 통해 공공성을 저해하고 있고, 무료 문화행사를 하던 야외공간을 편의점으로 임대하며 그 수익은 도서관에 재투자하지 않고 구 전체 수입에 편성함으로써 공공성을 포기하고 있다고 한다(경향신문, 2007. 7. 3 보도).

중의 하나이다.

2.4.4. 외국의 공공도서관 민간위탁 사례

외국의 공공도서관 민간위탁 사례로는 미국과 일본의 사례를 살펴본다.

1) 미국의 공공도서관 민간위탁 사례[29]

미국의 경우 공공도서관의 민간위탁(아웃소싱)도 실질적으로는 1966년 예산관리처(OMB: Office of Management and Budget)가 공공사업 가운데 상업적으로 수행 가능한 서비스 설정을 의무화하는 "상업적 활동의 성과법(Performance of Commercially Activities: Circular A－76)" 제정으로 시작되었다. 이 규정은 미국정부가 제공하는 공공서비스를 공공부문에서 담당할 것인지, 민간위탁으로 할 것인지를 결정하는 기본적인 지침의 역할을 했다. 1983년에는 이를 개정하여 연방정부가 공공서비스의 공급을 민간영역을 통해 공급할 수 있는 권한을 부여하였고, 1998년에는 공공부문이 제공하는 서비스 중에서 상업적 성격을 가진 사업을 매년 리스트로 정하는 "연방재정관련 활동목록(The Federal Activities Inventory Reform Act: FAIR ACT)"을 제정하여 도서관의 아웃소싱도 단순한 청소, 경비 등의 관리기능에서 도서목록업무(cataloging), 도서선정 작업(selection), 자

---

29) 정광렬·곽동철·양지연, 전게서(2003), pp.110－124, ALA 특별연구팀 보고서(1999) 참고.

료수집(acquisition of materials) 등 주요기능으로까지 확대되었다. 2003년 OMB가 공개한 목록에 의하면 도서관 분야는 도서관 서비스(G102), 도서관 경영 및 관리(G103), 기술적·전문적·법적 도서관 정보 서비스(G104), 도서관의 여가프로그램(G105), 마이크로 필름서비스(Y850) 5개 분야로서 도서관 기능이 대부분 포함되었다.

하지만 도서관 기능의 부분위탁인 아웃소싱보다 광범위한 서비스의 "전면위탁"은 1990년 중반에야 나타난다. 1996년 캘리포니아 주 Riverside County Library System 소속의 25개 공공도서관을 Library Systems and Services Inc.(LSSI)에 전면위탁을 하여 많은 논란이 제기되었고, 그 효과에 관해 검증을 시도하였다. 미국도서관협회(ALA: American Library Association)는 1997년 도서관 프로그램의 아웃소싱 지침서를 발표하고, 민간위탁 대응을 위한 특별연구팀을 구성하여 연구한 결과를 1999년 1월 도서관위원회 동계회의에서 발표하였다. 결정의 주요내용은 도서관협회의 기존의 입장과는 반대로 민간위탁이 증가하는 현실을 반영하여 객관적이고 실증적인 연구를 통해 각 기관별로 민간위탁 적용 가능성을 검증할 수 있는 체크리스트를 제공하고, 가능성이 높으면 위탁경영의 효과를 높일 수 있는 구체적인 실행방법을 제시하기로 한 것이다. 그에 따라 ALA는 텍사스 대학의 Martin, R. S. 교수에게 의뢰하여 "도서관 서비스 및 경영에 있어서의 아웃소싱과 민영화의 영향"을 연구한 결과, Riverside County의 경우는 도서관 경영의 효과를 확실히 높였음을 보여 주었고, 개별 도서관에는 성공적인 위탁을 위한 체크리스트를 제공하였다. 우리의 경우도 이제 미국의 1999년 상황처럼, 민간위탁에 관한 소모적 논란보다는 실증연구를 통해 그 효과와

문제를 검증해 보고, 위탁제도의 실효성을 높일 수 있는 방안 마련
에 의견을 결집할 시점에 이르렀다고 본다.

2) 일본의 공공도서관 민간위탁 사례

일본의 공공도서관 민간위탁 또한 1980년대부터 많은 논란을 거
치며 확대되어 가고 있다. 1980년대 교토 시가 전국에서 처음으로
도서관을 '도쿄시 사회교육진흥재단'에 위탁하였고, 1983년 사이타
마현 와코우 시립도서관은 개관하면서 '와코우시 커뮤니티진흥공
사'를 설립하여 부분 위탁을 추진하였다. 그 후 지방자치단체는 이
러한 방식에 따라 지방공사나 지방자치단체가 전액 출자한 재단법
인을 통하여 도서관을 위탁하였는데, 당시 도서관의 민간위탁은 도
서관법 절차를 거치지 아니하고 도서관조례를 제정하여 추진한 점
때문에 많은 반발이 있었다. 1990년대 들어서는 도서관 민간위탁은
"생애학습진흥법"이 제정되면서 새로운 국면에 돌입하게 된다. 이
생애학습법과 생애학습정책은 수익자부담 원칙하에서 교육문화시
설을 복합시설화함으로써 도서관의 성격이 모호해졌고, 1992년에
는 지방자치법이 개정되어 공공시설의 관리를 위탁받은 지방공사
의 지위를 강화하여 여러 공공도서관의 민간위탁이 확산되었다.
1993년 8월 모리구치 시는 "모리구치시생애학습정보센터"의 운영
을 "모리구치시문화진흥사업단"에 위탁하고, 쵸후 시에서는 도서관
과 공민관, 시청각센터 등의 복합시설로 된 '시민문화플라자'를 전
부 공단에 위탁하려다 철회한 적이 있다. 그 후 1998년 "특정비영
리활동촉진법(NPO법)"과 1999년 "민간자금 등의 활용에 의한 공

공시설정비 등의 촉진에 관한 법률(PFI)"을 제정하여 NPO(Non-Profit Organization)와 PFI(Private Finance Initiative) 사업자가 민간위탁을 통해 관리, 운영할 수 있는 길을 마련하였다. 이에 따라 2000년대에는 NPO에 의한 도서관의 위탁운영[30]과 PFI사업에 의한 민간위탁[31]이 증가하고 있다. 또한 일본은 2003년 9월 지방자치법을 개정하여 공적 시설의 관리에 대해 공적 단체에 한정하던 "관리위탁제도"를 NPO, 주식회사 등 민간사업자를 포함하는 "지정관리제도"로 변경하였다. 지정관리제도는 민간사업자가 지자체를 대신하여 도서관 시설의 운영과 유지관리를 할 수 있게 하는 제도로서 2005~2007년간 이를 도입한 시구읍면 도서관은 129개소나 되며, 지정관리기관은 민간기업이 59개, 공사재단이 46개, NPO가 19개, 기타 5개로서 민간기업의 지정관리제도 참여가 두드러지고 있다(문화체육관광부, 2008: 71-72, 일본도서관정책기획위원회 2008년 조사자료 재인용). 도서관계는 전체적인 효과보다는 결국 사서들의 신분 불안정 등 정보서비스 주체의 위축으로 도서관의 기능 위축을 우려하고 있으나, 지방정부에서는 오히려 사서직종을 폐지하더라도 도서관 서비스가 제공될 수 있다는 주장이 반영되고 있음을 보여 준다. 연대별 민간위탁의 특징을 정리하면 다음과 같다(김영

---

30) NPO(Non-Profit Organization)는 민간이 조직한 비영리의 사회적·공공적 활동을 하는 자발적 단체인데, NPO에 의한 공공도서관 운영은 비영리, 참가자의 자발성, 그리고 수익의 재투자라는 점에서 설득력을 얻고 있다(문화체육관광부, 2008: 67-68).

31) PFI(Private Finance Initiative)는 민간의 자금과 경영능력을 활용해서 공공서비스를 효율적으로 실시하기 위한 정책으로 영국에서 시작되었다. 이 제도는 민간에서 도서관 등 복합시설의 건립과 운영을 맡고, 지자체는 업자에게 서비스료를 지불하고, 사업이 종료되는 30년 후에 시설의 소유권이 지자체에 무상 양도되는 것인데, 이 제도의 도입으로 도서관도 공공시설의 하나로 보고 도서관법에 의하지 않고 위탁할 수 있게 되었다(문화체육관광부, 2008: 69-70).

귀, 2003: 47 - 71).

〈표 2-10〉 일본 공공도서관 민간위탁의 연대별 특징

연대	수탁처	위탁 이유	법적 근거	위탁 형태	사서직 변화
1980년대	① 지방공사 ② 재단	① 지방재정위기 ② 행·재정개혁의 일환 ③ 효율적 운영	① 도서관법 무시 ② 지자체법 적용 ③ 도서관조례	연중 무휴개관, 야간개관	① 개관일수, 시간 연장 ② 인건비 삭감 ③ 비정규직 채용
1990년대	① 지방공사 ② 재단	민간의 활력을 이용(민간 사업자의 능력을 활용)	생애학습 진흥법	① 복합시설 속에 도서관 건립(타 시설과 통합 운영) ② 수익자부담요구(도서 대출은 무료, 기타 시설이용은 유료화)	① 비정규직 증가(고용신분 다양화) ② 시 파견 직원과 공사 직원 간 갈등 ③ 비정규직 노조결성
2000년대	민간사업자	민간자금 등의 활용	① NPO법 ② PFI법	정리업무를 제외한 모든 이용자 서비스업무(카운터-창구업무)	① 사서직종 폐지(도쿄 23구) ② 비정규직 증가 ③ 사서직 감소현상
공통	① 주민반대 운동 ② 도서관협회, 도서관연구회, 관련 잡지 등 도서관계의 반대				

제3장

통합
성과분석
모형

3.1.1. 통합 성과분석의 필요성과 분석 유형

공공서비스의 성과를 실질적으로 평가하기 위해서는 주관적 평가와 객관적 평가를 통합한 통합분석 방법의 활용이 절실히 요구된다. 그간 많은 연구에서는 순수 질적(주관적) 연구 또는 순수 양적(객관적) 연구 어느 한쪽에 치우쳐 연구해 온 경우가 많았다. 하지만 이들 단일의 주관적 또는 객관적 연구방법은 연구결과의 타당도와 신뢰도를 동시에 담보하기 어렵고, 연구의 허점이 있을 수 있으므로 이러한 허점과 결점을 보완하기 위해서는 연구방법을 통합시켜야 한다. 그러나 아직도 이렇게 주관적 연구방법과 객관적 연구방법을 상호 보완적으로 결합하려는 시도는 극히 미미한 수준이다(심준섭 외, 2005). 이처럼 주관적 연구방법과 객관적 연구방법을 결합한 통합방법은 다양한 명칭으로 사용되고 있으나 공통적인 특징은 하나의 연구 내에서 다양한 연구방법들의 결합을 통해 문제 현상을 좀 더 정확하게 규명해 내는 것이다(심준섭 외, 2005). 이 연구에서는 공공도서관 서비스의 민간위탁 성과를 분석함에 있어서 주관적 연구방법과 객관적 연구방법을 통합, 분석하려 하므로 그 분석모형도 '통합 성과분석 모형'이라고 하였다. 수관적 방법이란 질적인 자료를 활용하여 주관적으로 분석하는 방법인데, 여기서는 질적인 자료를 순위척도로 활용해 양적 자료로 변환하여 사용하였지만 그 자료는 근본적으로 질적(예, 만족도의 정도) 특성을 나타내고 있어 주관적 방법이라 하였다. 객관적 방법은 양적 특성을 나타내는 자료를 활용하여 객관적으로 분석하는 연구방법이다. 통합 분석방법에는 등위 분석과 주-부 패러다임 혼합분석, 다층접근 방법을 사용한 분석 방법이 있다. 이 중 주관적, 객관적 연구방법을 거의 동등하게 사용하는 등위 분석은 순차적 분석과 병렬적·동시적 분석이 있고, 주-부 패러다임 혼합분석에는 순차적 분석과 병렬적·동시적 분석 방법(Tashakkori 외, 2001: 40-43)이 있다.

이 연구에서는 공공도서관 서비스의 성과를 서비스 품질 또는 고객만족도 차원에서 주관적 방법으로 분석한 후 그 조사결과의 일부를 활용하여 상대적 효율성을 분석하는 객관적 분석에 반영하는 순차적 방법을 취하려 하지만, 내용적으로는 질적, 양적 자료를 동시에 수집하고, 상호보완적 방식으로 분석하는 병렬적 분석 방법을 적용하려 한다.

3.1.2. 통합 성과분석 모형의 설계

1) 도서관 서비스 성과의 통합분석 모형

주관적 분석과 객관적 분석방법을 통합한 연구는 문화서비스 분야에서는 매우 드물다. 선행 연구에서 보았듯이 문화서비스나 공공도서관 서비스의 성과분석에서도 대부분의 연구는 자료포락분석을 통한 상대적 효율성 평가와 같은 객관적 분석을 하거나, 서비스에 대한 설문조사를 통해 주민만족도나 민간위탁에 대한 관계자의 인식조사 등의 주관적 분석방법 중 어느 하나만을 채택하는 경우가 대부분이다. 하지만 이러한 단일 연구 방식으로는 공공도서관 서비스의 민간위탁 성과를 종합적으로 분석하기에 한계가 있다. 또한 자료포락분석을 이용한 공공도서관의 상대적 효율성 분석 같은 기존 연구들에서도 대부분 도서관 규모, 인력 등 양적 변수만을 활용하고 주민만족도 등의 질적 변수가 포함되지 않아 연구결론에 한계가 있음을 고백하고 있다(김선애, 2007: 252). 또한 도서관 서비스 분야에서는 양적 분석과 동시에 서비스 품질이나 이용자 만족도 같은 질적 분석은 거의 시도되지 않고 있다. 하지만 이러한 통합분석은 지방정부의 공공서비스 분석(송건섭(2005: 467 – 470)이나 사회복지 서비스의 분석(문신용 외, 2004: 203 – 204)에서는 일부 활용되는 사례가 있다. 송건섭은 "지방정부 공공서비스의 성과 평가는 수요자 차원의 질적 평가인 주관적인 평가와 공급자 중심의 양적 평가인 객관적인 평가를 통합하여 평가하는 것이 양 평가방법의 단점을 극복하고 장점을 부각시킬 수 있으므로 바람직하다."고 주장하고, 문신용은 "사회복지 서비스 등 정부기관의 성과평가를 분석함에 있어 1차적으로 조직내적으로 투입 – 전환 – 산출 측면의 평가를, 2차적으로는 서비스 전달 또는 고객의 관점에서의 효과성(만족도)을, 3차적으로는 정부의 산출결과가 정치, 사회, 문화 분야 등 조직외적인 부문에 미치는 영향을 포괄적으로 분석하는 데 초점을 맞추고 있는데, 이는 결국 정부부문의 성과 평가에는 정부기관뿐 아니라 시민들의 측면을 통합적으로 고려해야 함을 의미"한다고 한다.

본 연구에서도 공공도서관 서비스의 민간위탁에 대한 기존연구의 한계를 보완하기 위해 주관적, 객관적 분석방법을 결합, 통합적 관점에서 다음과 같이 통합 성과분석 모형을 설계하려 한다.

먼저, 주관적이고 질적인 평가 방법인 서브퀄(SERVQUAL: Service Quality) 기법을 활용해서 서비스의 품질을 평가하여 고객 만족도를 측정한다. Parasuraman, Zeithaml and Berry(이하 PZB)가 1985년 서비스의 품질 측정기법으로 처음 개발한 서브퀄(SERVQUAL) 기법은 유용성이 검증되고 범용성도 확보되었으나, 도서관 서비스 질 측정에서는 그 특성을 잘 반영치 못하고 있어 미국도서관협회(ALA) 주관으로 도서관의 서비스 질 측정을 위해 개발된 LibQual＋모델과 서울시의 도서관 시민만족도 조사모델, 기타 다양한 연구 모델 등이 제시되고 있다(김선애, 2006; 오동근, 2005; 이종권, 2005). 그러나 서비스의 품질은 개별 서비스에 대한 기대수준과 인지수준의 차이라는 갭(GAP)이론 또는 P－E이론에 바탕을 두고, 측정지표를 도서관 특성에 맞게 변형하고, 세부 측정지표 설정 시 도서관 경영의 3대 요소인 장서, 사람(직원), 시설을 반영하여 서비스의 질을 측정하고자 한다. 서비스 품질의 측정 분야는 직원(전문성, 친절성, 협조성), 정보콘텐츠(인쇄·전자자료, 인터넷 서비스), 프로그램(문화프로그램, 평생학습프로그램 등), 시설 및 열람환경(컴퓨터, 복사기, 장애시설, 열람실환경 등)을 설정하고, PZB의 5가지 서브퀄 구성차원인 유형성(tangibles), 신뢰성(reliability), 반응성(responsiveness), 보증성(assurances), 공감성(empathy)과 연계하여 세부 측정지표를 설정하였다. 여기서 서비스 품질은 서비스에 대한 전반적인 만족도

에 영향을 주어 이용자가 서비스를 재이용하게 하거나, 주위에 이
용을 권장하는 충성도를 반영하므로 전반적인 만족도와 서비스 품
질은 구분하여 측정한다. 서비스 품질의 크기는 기대서비스와 인지
서비스의 차(Performance – Expectation)의 합이며, P－E≧0이면 고
객은 만족하게 된다. 다만, 통합분석 시 효율성과 대비되는 개념으
로 사용하는 "고객 만족도" 개념은 "서비스 품질"과 같이 서비스의
질을 대변하는 개념으로 사용하였다.

　다음으로 객관적이고 양적 분석기법인 자료포락분석(DEA: Data
Envelopment Analysis)을 통해 도서관 서비스 제공의 상대적 효율성
을 측정해 본다. 자료포락분석(DEA)은 Charnes, Cooper and Rhodes
(이하 CCR모델)에 의해 1978년에 개발되어 공공부문처럼 시장가격
이 존재하지 않는 조직의 효율성을 상대적 관점에서 측정할 수 있
는 평가 모델로서 복수의 투입, 산출자료를 사용하고 개별조직의
비효율 정도를 측정할 수 있다. 이 기법은 이미 많은 국내외 연구
를 통해 유효성이 검증된 방식으로서 개별 도서관의 효율성은 0과
1 사이의 점수로 나타나므로 직영과 민간위탁 도서관의 효율성 차
이를 직접 비교해 볼 수 있다(전용수 외, 2002; 이은국 외, 2003).
DEA분석의 투입과 산출지표는 기존 분석에서 한계를 보인 "서비
스의 질"을 추가하고 기존 도서관 자료에도 도서관 본연의 기능인
정보 제공 서비스 정도를 잘 반영하는 지표를 사용하여 측정의 정
확성을 높인다. 투입변수로는 직원 수, 예산, 장서 수를, 산출변수
에는 이용자 수, 이용책수, 서비스 품질(만족도)을 설정한다. 민간위
탁의 장점은 공급비용 절감을 통해 운영 효율성이 증대되고 서비
스의 질이 개선된다는 것인데, 도서관 서비스의 경우는 지방자치단

체마다 적절한 예산을 지원받아 운영하고, 별도의 수입이 없는 상황이므로 쓰레기 수거나 의료서비스처럼 수익성 분석과 비용절감의 효과를 분석하는 것은 매우 어렵다. 또한 공공도서관 서비스는 가격을 산정할 수 없는 무형의 서비스이고 기본적으로 수익성이 전혀 없는 순수한 공공서비스이므로 투입 대비 산출의 비율을 통한 상대적인 효율성을 산출하는 자료포락분석을 활용하는 것이 가장 적절한 분석 방식이다.

마지막으로 위의 기법으로 측정된 질적, 양적 평가 점수를 바탕으로 직영과 민간위탁 도서관의 성과를 비교함으로써 어떤 운영 방식이 성과가 좋은지를 통합적 분석해 본다. 이상에서 정리한 통합 성과분석 모형을 도표로 나타내면 <그림 3-1>과 같다. 공공서비스의 제공절차는 투입→전환→산출→결과의 과성을 거치게 되는데, 이 모형에서 투입과 산출의 관계에서는 효율성을 평가하고, 산출과 결과의 관계에서는 효과성을 평가하며, 이들을 통합하여 서비스의 성과를 분석하게 된다.

<그림 3-1> 공공도서관 서비스 성과 평가 모형

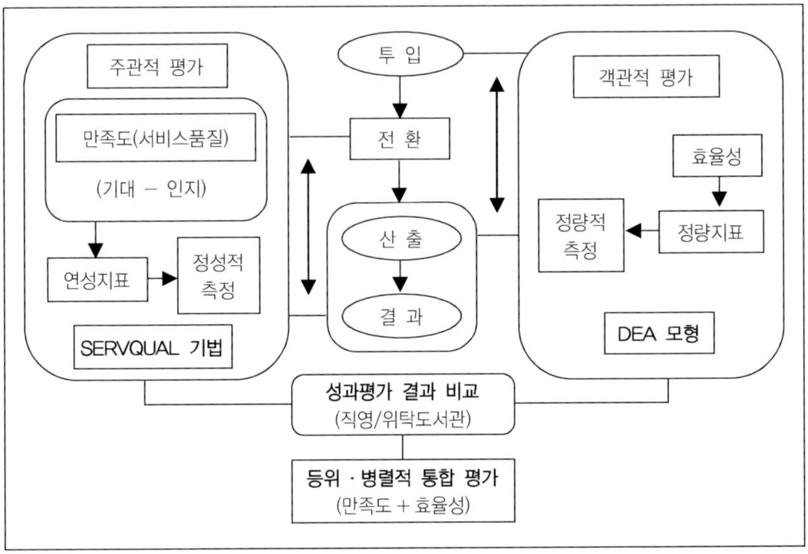

* 송건섭 · 이곤수 · 윤종갑(2005)에서 재인용, 수정보완

2) 서비스 성과 영향 요인 분석 모형

위의 통합 분석 결과 도출된 도서관 서비스의 성과에 대해 각각 그 성과에 영향을 미치는 요인들을 분석하기 위해 다중회귀분석 모형을 사용하였다.

먼저 도서관 서비스의 만족도에 대한 영향 요인을 분석해 보았다. 서비스에 대한 전반적인 만족도를 종속변수로 하고, 만족도에 직접 영향을 줄 것으로 예상되는 서비스 품질의 각 구성요소, 즉 직원 서비스, 정보자료 서비스, 문화프로그램·정보접근서비스, 시설 및 이용환경서비스 차원의 서비스 품질을 각각 독립변수로 한 다중회귀분석을 실시하였다. 또한 위탁 여부가 전반적인 만족도에

영향을 미치는지를 분석하기 위해 더미변수(dum 1, 직영＝0, 위탁
＝1)를 활용하여 회귀분석을 실시하였다. 회귀결과, 유의수준 1%,
또는 5%에서 유의미한 영향이 있는 독립변수를 성과 영향 요인으
로 보았다. 회귀모형은 <식 3-1>과 같다.

<식 3-1>

$$y_i = a + \beta_0 \lambda_0 + \beta_1 X_{1i} + \beta_2 X_{2i} + \beta_3 X_{3i} + \beta_4 X_{4i} + \varepsilon_i$$

y_i는 전반적인 만족도, a는 상수, λ는 더미변수(dum 1), β_i는 회
귀계수, X_i는 직원, 정보자료, 문화프로그램 및 정보접근, 시설과
이용환경 등 서비스 품질의 차원별 평균값, ε_i는 오차항

다음은 도서관 서비스의 효율성에 영향을 미치는 요인을 찾기
위해 다중회귀분석을 실시하였다. 종속변수인 도서관 서비스의 효
율성 값은 규모에 따른 수익 불변 모형인 CCR 모형과 규모에 따른
수익변동 모형인 BCC 모형 값의 평균치로 하였다. 독립변수로는
효율성 분석에 사용된 투입변수(직원 수, 예산, 장서 수), 산출변수
(이용자 수, 이용 책 수, 서비스 품질)와 기타 효율성에 영향을 미
칠 것으로 추정되는 변수(건물면적, 사용연수 등)를 사용하였다. 또
한 도서관 운영 방식이 효율성에 영향을 주는지를 분석하기 위해
더미변수(dum 1, 직영＝0, 위탁＝1)를 사용하여 회귀분석을 실시하
였다. 회귀분석 모형은 <식 3-2>와 같다. 유의수준은 1% 또는
5%수준에서 영향 요인을 분석하였다.

<식 3-2>

$$y_j = a + \beta_0 \lambda_0 + \beta_1 X_{1j} + \beta_2 X_{2j} + \beta_3 X_{3j} + \beta_4 X_{4j} + \varepsilon_j$$

y_j는 효율성 평균값(CCR, BCC모형), a는 상수, λ는 더미변수 (dum 1), β_i는 회귀계수, X_j는 투입·산출변수(회귀 I : 직원 수, 예산, 장서 수, 이용자 수, 이용 책 수, 서비스 품질, 회귀 II : 건물 면적, 사용연수 추가 포함), ε_j는 오차항

3.2.1. 서비스 품질, 고객만족의 개념과 측정 모형

1) 서비스 품질의 개념과 측정 모형

서비스 품질에 대한 정의는 매우 다양하다. Garvin(1984)은 품질을 선험적 접근, 사용자 중심적 접근, 상품 중심적 접근, 제조 중심적 접근, 가치 중심적 접근 등 다양한 관점으로 정의하고 있는데, 이 중 이용자 중심의 접근이 도서관 서비스의 품질을 잘 반영하는 것 같다. 이용자 중심의 접근 차원에서 보면 그는 서비스 품질은 "소비자에 의해 주관적으로 인식되는 것"이라고 정의한다. 또한 Gronoroos(1984)는 품질을 그 제품의 기본적인 특성이 아니라 그 사용목적에 관련되어 성립한다고 본다. Parasuraman, Zeithaml, Berry (1988, 이하 'PZB'라 한다.)는 서브퀄(SERVQUAL) 모형에서 서비스 품질은 "서비스의 우수성과 관련된 전반적인 판단이나 태도"로 정의하고, 서비스 품질은 절대적인 개념이 아니라 고객의 지각에 따라 결정되는 상대적인 개념으로 파악하여 "소비자의 인지와 기대 간 차이의 방향과 정도"라고 본다. 서비스에 대한 과거 경험은 인지된 서비스의 품질에 영향을 미치고, 고객이 인지하는 서비스 품질은 평가과정의 결과이며, 고객은 자신의 기대된 서비스와 제공받은 서비스를 비교하게 되는데, 이러한 과정의 결과가 인지된 '서비스 품질'이라고 본다. 또한 Hernon과 Whitman(2001)은 문헌정보학에서의 서비스 품질은 "이상적인 도서관과 그 도서관이 제공하는 서비스에 대한 전반적인 고객들의 기대와 특정 도서관과 그 도서관이 제공하는 서비스와 관련된 고객들의 인지의 차이(gap)"를 서비스 품질이라고 한다. 이러한 의견들을 종합해 보면, 도서관 서비스의 품질이란 "도서관 이용자가 도서관 서비스에 대해 기대하는 수준과 실제 이용 시 느끼는 수준의 차이"라고 정의하고자 한다.[32]

서비스 품질을 측정하는 주요 모형으로는 서브퀄(SERVQUAL) 모형, 서버퍼프(SERVPERP) 모형, 리브퀄(LibQUAL+^{TM})모형 등이 있다. 서브퀄(SERVQUAL) 모형은 PZB에 의해 개발되고, 확인된 다섯 가지 서비스 품질 차원의 구성요소를 통해 서비스에 대한 지각을 측정하려는 것으로서 현재 서비스 품질 측정을 위한 가장 설득력 있는 도구로 인식되고 있다. 서브퀄(SERVQUAL) 척도는 서비스에 대한 만족도를 서비스 이용 후의 인지수준(perceptive service)에서 이용 전의 기대수준(expected service)을 공제하는 방식을 취하였기 때문에 이 모형을 P-E이론 혹은 Gap이론이라 한다. 이 모형은 다섯 가지 차원(유형성, 신뢰성, 응답성, 공감성, 확신성)의 두 개 세트의 22개 문항으로 구성되는데, 첫째 세트는 고객의 기대(expectation)에 관한 것이고, 다른 세트는 서비스 성과에 대한 고객의 인지(perception)를 확인하는 것이다. 고객은 리커트 7점 척도(1.

---

32) 서비스의 기본적인 특징은 1) 형태가 없고(무형성), 2) 표준화가 어렵고(이질성), 3) 서비스의 생산과 전달과정에서 가변적인 요소가 많아 한 고객에 대한 서비스와 다른 고객에 대한 서비스가 다를 가능성(생산과 소비의 비분리성과 소멸성)이 많으므로(오동근, 2005: 5; 홍현진, 2005: 125) 서비스 품질은 주관적으로 평가될 수밖에 없다.

강한 부동의부터 7. 강한 동의까지)에 답을 한다. 기대수준과 실제 경험(성과)의 차이인 "성과 - 기대수준의 차이(gap)"의 합이 서비스 품질의 크기이며 이 값이 클수록 서비스 품질이 높은 것이다. 표준화된 척도인 차원별 척도의 세부내용은 다음 장에서 정리한다.

한편 서버퍼프(SERVPERP) 모형은 Cronin과 Taylor(1992)가 PZB의 연구를 비판하면서 새로운 품질 척도로 제시한 것인데, 성과만으로 측정한 방법이 가장 우월한 품질 척도라고 주장한다. 그 이유는 소비자들이 제품에 대한 사전 지식이나 경험이 부족한 경우에는 기대감을 갖지 못할 수 있으며 동일한 항목에 대해 반복적으로 성과와 기대감을 측정하는 것은 측정의 실익이 없고, 소비자가 인지하는 성과만으로도 품질 수준을 측정할 수 있고, 설명력도 높기 때문이다.[33] 실제 시브퀄(SERVQUAL)에서 활용되었던 5개 치원 22개 항목에 대해 성과 부분만으로 재구성하여 평가해 본 결과, 서버퍼프(SERVPERP) 모형이 적합한 것으로 나타났다고 한다.

또한 리브퀄(LibQUAL + ^{TM}) 모형은 도서관 및 정보센터의 서비스 품질을 측정하기 위한 대표적인 모형으로 Cook, Heath, Thompson이 서브퀄(SERVQUAL) 측정 도구의 한계를 극복하고 도서관 서비스 품질을 측정하기 위해 개발한 모형으로 실증연구를 통해 이 모형의 유용 가능성을 입증하였다. 이 모형은 1999년부터 2003년까지 4년간 미국연구도서관협회 주관으로 미국 Texas A & M University 도서관연구팀이 개발한 것으로 2004년 최종 모형에서는 3개 차원(서비스 영향력, 장소, 정보제어)의 22개 항목으로 최종 확정하였다

---

33) J. Joseph Cronin Jr. and Steven A. Taylor(1992: 55 - 68), 정용길(1999: 444 - 446)에서 재인용.

(홍현진, 2005: 138 − 141). 22개 항목은 공감성, 응답성, 확신성, 신뢰성(서비스 영향력 차원), 실용적 공간, 상징적 공간, 안락한 공간(장소 차원), 콘텐츠의 범위, 편리성, 정보검색의 용이성, 적시성, 장비, 자기제어(정보제어 차원) 항목이다.

2) 고객만족의 개념과 측정 모형

고객만족은 고객의 기대를 충족하는 것을 의미한다. 기대를 충족하는 것은 소비경험의 결과에서 나올 수도 있고, 소비경험의 평가과정에서 나올 수도 있다. 이를 구분해서 보면, 만족은 소비과정에 대한 고객의 사전 기대와 실제 소비경험 시 느끼는 판단의 일치 여부 등 인지적 평가와 다양한 인지적 처리과정 이후에 형성되는 정서적 반응이 결합된 판단이라 할 수 있다(이근주, 2007). 고객만족을 소비경험의 결과로 보는 입장에서 Oliver(1997)는 "고객의 실제 경험과 기대 간의 불일치로 인해 발생하는 감정과 구매 경험 전의 감정이 결합하여 발생하는 종합적인 심리상태"를 의미한다고 하고, 소비경험의 평가 과정으로 보는 입장에서 Engel과 Blackwell(1982)은 고객만족을 "선택된 대안에 대한 과거의 신념이 그 대안과 일치하게 되는 평가"로 정의하기도 한다. 일반적으로 만족은 특정한 거래에 한정되어 경험되는 것으로서 고객의 감정적 과정에 강하게 영향을 받는다. 만족은 이렇게 주관적인 기대수준에 의해 좌우되므로 객관적으로 낮거나 높은 품질을 가지고도 고객 개인의 기대에 따라 만족을 얻거나 얻지 못하는 경우가 발생한다. 따라서 고객만족이란 "고객의 욕구와 기대에 부응한 결과 서비스의 재구매가 이

루어지고 고객의 신뢰감이 연속되는 상태(원석희, 1998)"라고 정의
할 수 있다.

공공분야에서의 고객은 행정기관의 공공서비스를 이용하는 사람
이다. 공공부문에서의 고객은 민간부문에서와는 달리 서비스 이용
에 따른 사용자 부담의 원칙이 지켜지지 않으며, 수요자 중심의 행
정을 위해서는 공공서비스를 이용하게 될 국민 전체를 고객의 개
념에 포함시켜야 한다는 주장도 있다. 당장 공공서비스를 이용하지
않더라도 향후 이용할 모든 국민도 잠재적인 고객이 될 수 있을 것
이다. 하지만 고객만족도를 측정할 경우에는 직접적인 대상이 되는
고객은 최종 이용자(end - user)가 된다(이근주, 2007).

고객만족도를 측정하는 주요모형은 한국산업의 고객만족도(KCSI:
Korean Customer Satisfaction Index), 국가고객만족지수(NCSI: National
Customer Satisfaction Index) 등이 있다. KCSI는 한국능률협회컨설
팅에서 1992년 국내 최초로 한국산업의 고객만족도 측정방법론을
개발해 발표하고 있으며 현재 KCSI 조사 대상 업종은 전체 GDP에
서 73% 이상을 차지하고 있다. KCSI는 상품, 서비스, 이미지에 대
한 요소별 인지품질과 요소별 가치를 합해 요소만족도를 측정하고,
전반적인 인지품질과 재구입 의향을 합하여 종합만족도를 구하는
방식으로 모형은 <그림 3 - 2>와 같다.[34] 이를 통해 한국산업의
주요제품과 서비스의 고객만족수준을 확인하고 고객의 불만요인을
추출하여 기업의 경쟁력 향상과 고객만족 경영전략수립을 위한 기
초 자료를 제공하는 데 활용되고 있다.

---

34) 자료는 www.kmac.co.kr/certify/certify_01b_3.asp 참조.

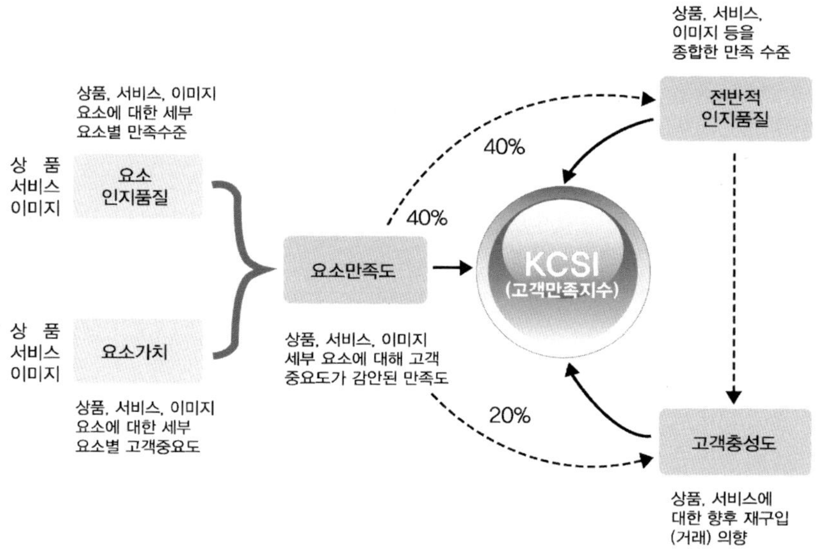

국가고객만족도지수(NCSI)는 미국 고객만족지수(ACSI: American Customer Satisfaction Index)의 국내판으로 한국 생산성 본부와 Michigan 대학의 국가품질연구소가 1998년 공동 개발한 것이다. NCSI는 국내 산업을 한국표준산업분류코드에서 12개의 대산업으로 분류하고 이를 다시 32개의 중산업군으로 분류하여 GDP에 기여도가 높은 산업을 기준으로 선정 조사하게 되며, 경찰, 세무, 쓰레기수거, 구청대민행정 등의 공공행정서비스 부문은 규모가 작아도 대다수 국민이 이용하거나 공공성이 높은 분야는 조사 대상에 포함하고 있다. NCSI는 고객기대수준, 고객의 서비스 인지 품질지수, 고객의 인지 가치지수를 국가고객만족지수에 연결시키고, 국가고객만족지수는 고객의 행동(불평률과 고개충성도)에 직·긴접 영향을 미치는 것으로 보고 있다.35) NCSI모형은 <그림 3-3>과 같다.

〈그림 3-3〉 NCSI 모형

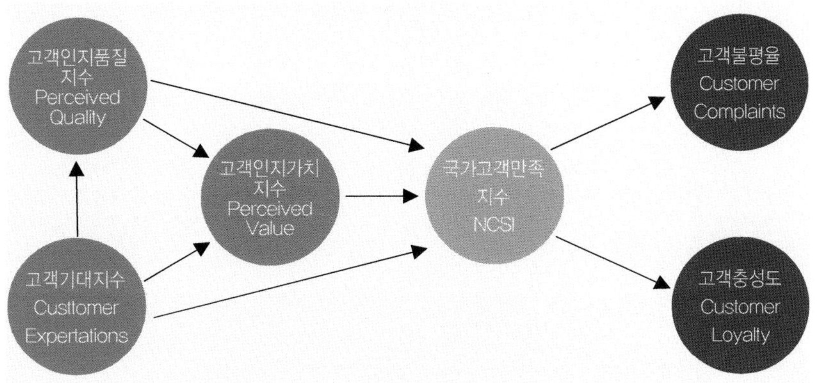

이 외에도 국무총리실 주관으로 정부부처의 서비스를 이용한 국
민들을 대상으로 민원행정서비스 고객만족도 조사와 주요정책 만
속도 조사, 기관행정 이용자 만족도 소사를 실시하고 있다(이근주,
2007).

3) 서비스 품질과 고객만족의 관계

서비스 품질과 고객만족이라는 용어는 대체로 혼용되어 왔다. 그
런데 많은 연구들은 이 두 개념이 서로 밀접한 관련은 있지만 차별
적인 개념이라는 견해가 지배적이다(이유재 외, 1997: 249-283).
고객만족은 불일치된 기대와 사전적 감정이 결합되어 발생한 복합
적 심리상태이며, 일시적이고 특정 상황에 따른 판단으로 장기적인
태도의 선행변수 역할을 한다. 반면에 서비스 품질은 서비스의 상
대적 우수성이나 열등성에 대한 전반적인 인상으로 장기적인 태도

---

35) 자료는 www.ncsi.or.kr/ncsi/ncsi_method.asp 참조.

와 상당히 유사하다. 고객만족에 있어서는 기대의 개념이 예측적인 기준인 데 비해, 서비스 품질에서는 기대가 규범적인 기준이다. 또한 서비스 품질을 구성하는 속성은 한정적인 데 비해 고객만족은 그 속성이 품질과 관련이 있고 없고를 떠나 모든 속성으로부터 유도될 수 있어 구성 속성이 포괄적이다. 대학도서관의 서비스 품질과 이용자의 만족도를 연구한 Hernon과 Altman(1996)은 "서비스 품질은 고객만족도에 선행한다."고 하고, Elliott(1995)는 "서비스 품질이 이용자 만족에 선행"하며, "높은 수준의 서비스 품질은 이용자 만족도를 증가시킨다."고 한다.

이상의 견해를 종합하면, 도서관 서비스에 대한 고객만족도 또는 이용자 만족도에는 도서관 서비스의 품질 평가 요소와 서비스 외적인 요소를 포함하여 이용자들의 도서관 이용에 요구되는 모든 요소가 포괄되어야 한다. 실제로 공공도서관의 서비스 품질을 측정한 연구나 고객만족도를 측정한 기존 연구는 변수 선정에 있어서 서비스 품질 측정이냐 고객만족도 측정이냐에 상관없이 도서관을 둘러싼 모든 영역을 평가요소로 선정하였다. 이는 기본적으로 도서관 서비스를 분류함에 있어서 도서관 경영의 3대 요소인 장서, 시설, 사람을 기본요소로 사용하였기 때문이다(김선애, 2006: 202－205). 높은 서비스 품질은 고객만족을 향상시켜 서비스 구매량을 증가시키고 재구매 의도(충성도)에도 긍정적인 영향을 미친다. Martensen과 Gronholdt(2003)는 유럽의 고객만족도지수(ECSI)의 평가모델과 선행 연구를 토대로 도서관 서비스의 품질과 이용자의 만족도, 충성도를 통합적으로 평가할 수 있는 모델을 제시하고, 덴마크 코펜하겐 경영학교 도서관을 대상으로 실증 분석한 바가 있다. 오동근(2005)도 KCSI와 NCSI를 참고하여 인과관계 연구모형을 개발하고 공공도서관을 대상으로 서비스 품질과 고객만족, 불평의도, 충성도의 관계를 실증 분석한 바 있다.

본 연구에서는 서브퀄 모형을 활용하여 공공도서관 서비스에 대한 서비스 품질을 측정하고, 직영 도서관과 민간위탁 도서관의 서비스 품질 차이의 비교를 통해 민간위탁의 성과를 분석해 보는 데 중점을 두었다. 서비스 품질과 충성도의 관계에 대한 분석은 이미 기존 연구에서 규명된 만큼 이번 연구에서는 별도로 분석하지 않았다.

3.2.2. 도서관 서비스의 품질 평가 모형

1) 도서관 서비스의 품질 평가 모형

먼저 도서관 서비스의 품질은 서비스에 대한 기대수준(expected service)과 인지수준(perceived service)의 차이로 설명하는 갭(Gap)이론을 바탕으로 이미 유용성이 검증된 서브퀄(SERVQUAL) 모형의 기본 개념과 도서관 서비스의 특성을 감안하여 기존에 개발된 모형들[36]을 연구목적에 맞게 일부 변형, 활용하였다. 본 연구에서는 서

---

36) 외국의 도서관 서비스 평가모델은 SERVQUAL(5차원 22개 항목), LibQUAL＋(3차원 22개 항목), Martensen & Gronholdt(6차원), 미국도서관협회(ALA) 연구 모델(2000, Riverside County; 12항목) 등을 참고하였고, 국내 평가모델로는 이종권(2002, 9차원 45개항), 이지영(2002, 5차원 20개항), 강혜경(2003, 6차원 42개항), 오동근(2005, 4차원 43개항), 문성빈·이지연(2006, 9차원 53개항), 김선애(2006, 6차원, 26개항), 김순양(2006, 5차원 22개항), 서울시(2007, 3차원 17개항; 2001년 평가항목), 기타 홍현진(2005), 유병장(2004), 문화부(2003) 등의 평가 항목과 자료를 참고하였다.

비스 품질의 차원과 항목은 기본적으로 도서관 경영의 3요소인 사람, 자료(장서), 시설을 중심으로 하고 SERVQUAL(1988), LibQUAL＋(2004), 이종권(2002), 오동근(2005), 문성빈·이지연(2006), 김선애(2006)의 연구와 김순양(2006)의 사회복지관을 대상으로 한 서브퀄 조사 항목을 참고하여 작성하였다. 따라서 이 연구 모형에서는 우선 표본도서관별로 직원, 정보자료, 문화프로그램, 열람환경(시설과 장비), 도서관 이용환경의 5가지 분야로 구성된 서비스 품질을 측정하여, 직영 도서관과 민간위탁 도서관, 민간위탁 도서관은 공단위탁과 순수 민간위탁 도서관 간의 품질 차이를 통해 민간위탁의 성과를 비교, 분석하였다. 또한 이들 각 도서관의 서비스 품질을 독립변수로 하고 전반적인 만족도를 종속변수로 하여 서비스 품질과 전반적인 만족도의 인과관계를 분석하여, 도서관 서비스의 질 향상 방안을 찾아보았다. 서비스 품질 평가 모형은 다음 <그림 3-4>와 같다.

<그림 3-4> 공공도서관 서비스 품질 평가 모형

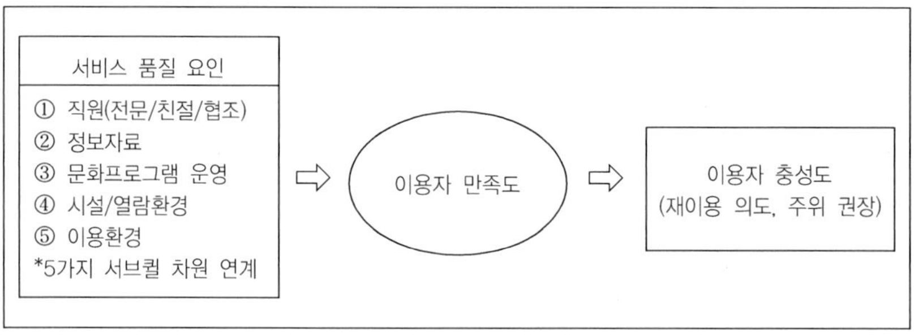

2) 도서관 서비스 품질 평가 지표 구성

도서관 서비스의 품질을 측정하는 대부분의 선행연구에서는 서브퀄 모형을 도서관 특성을 감안하여 일부 수정하는 형식을 취하는 경우가 대부분이나 구성 차원과 지표는 다양하다. 본 연구에서의 측정지표들은 다음과 같은 점에 중점을 두고 재구성하였다. 첫째, 공공도서관은 주민들에게 지식정보 제공과 문화프로그램 제공을 통한 정보문화센터로서의 기능이 가장 중요한 기능임에 초점을 맞추어 직원들과 열람 및 이용환경들이 여기에 얼마나 부응하고, 이용자들의 만족도에 기여하는지를 중점 평가하도록 구성 차원과 지표를 설정하였다. 따라서 이메일 또는 모바일을 통한 이용정보 제공 여부와 홈페이지에서의 전자저널과 자료열람이 가능한지, 정보검색과 이용안내가 충실한지 등의 항목을 추가하였고, 문화프로그램 제공 여부를 별도 차원에 포함시켰다. 둘째, 도서관이 공부방으로의 기능을 하던 부분은 도서관의 본질적인 기능이 아니므로 평가요소에서 배제하였다. 셋째, 도서관의 접근성이나 건물의 신축 등으로 인한 쾌적성 등이 이용자 만족도에 영향을 줄 수 있지만, 지식정보 제공이라는 본질적 기능을 중심으로 평가하기 위해 이러한 요소들은 평가 항목에서 제외하였다. 서비스 품질 평가 지표를 정리하면 다음 <표 3-1>과 같다.

<표 3-1> 공공도서관 서비스의 품질 평가 지표

구성 차원	평가 지표	SERVQUAL 관련	LibQUAL + 관련
직원 서비스	예의 바르고 친절함	보증성	서비스 영향 (직원의 자세, 역량)
	질의에 충분한 답을 할 지식과 전문성 구비	보증성	
	이용자에 관심을 갖고 적극 도우려는 태도	공감성	
	건의나 질의에 신속히 응답	대응성	
정보자료 서비스	인쇄출판 자료가 다양함	신뢰성	정보제어
	전자출판 자료가 충분함	〃	〃
	최신의 인쇄, 전자자료 구비됨	〃	〃
	자료의 보존 상태가 좋음	〃	−
	희망 자료가 신속히 확보됨(구입, 상호대차 등)	대응성	〃
	홈페이지에서 전자저널과 자료열람 가능	보증성	〃
문화프로그램 서비스	문화프로그램(강좌, 교실, 이벤트)이 다양함	공감성	정보제어
	문화프로그램 운영이 충실함	공감성	
시설 및 열람환경	자료검색용 컴퓨터가 충분하고 이용 편리함	유형성	정보제어
	멀티미디어 장비가 충분하고 이용이 편리함	〃	〃
	복사기가 충분하고 이용이 편리함	〃	〃
	내부열람시설(책상, 의자, 냉·난방 등)이 구비되고 쾌적함	〃	공간
	편의시설(휴게실, 식당, 매점, 화장실 등)이 청결함	〃	〃
도서관 이용환경	자료열람실은 연구·학습의욕 고취 분위기	공감성	공간
	자료열람실 개관시간이 충분하고 이용 편리	공감성	정보제어
	홈페이지를 통한 정보검색과 이용안내 충실	공감성	〃
	이메일·모바일 메시지로 이용정보 제공	대응성	〃
	자료의 대출과 반납이 신속히 처리됨	대응성	〃

PZB(1988)가 개발한 5가지 구성 차원은 유형성(tangibles), 신뢰성(reliability), 대응성(responsiveness), 보증성(assurances), 공감성(empathy)인데, 연구자에 따라 구성 차원에 대한 이해와 분석 지표는 다양하다(김순양, 2006, 241-244). 유형성은 대체로 서비스를 제공하는

기관의 시설과 안내, 직원들의 용모 등 외부에서 보이는 사항들로 구성되고, 신뢰성은 약속한 서비스를 정확하고 믿을 만하게 수행하는 능력과 관련된 사항을 다룬다. 또한 대응성은 고객들의 요구에 신속하게 반응하고 즉각 도우는 능력과 기꺼이 도우려는 자세 등을 나타낸다. 보증성은 서비스 관련 종사자들의 지식과 능력, 업무 처리 면에서 믿음과 확신을 주는 능력을 나타내며, 공감성은 개별적인 관심, 특수한 욕구의 이해 등 고객에 대한 배려와 개별적인 관심사항 등을 평가 항목에 포함시킨다.

한편, LibQUAL + 모형에서는 서비스 영향(service effect), 정보 제어(information control), 공간(place)의 3가지 차원에서 서비스 품질을 측정하고 있다. 서비스 영향(service effect) 차원에서는 직원들이 이용자에게 서비스히는 태도와 능력 등의 공감성, 대응성, 보증성, 신뢰성 관련 9개 항목을 설정했고, 정보 제어(information control) 차원에서는 정보자료를 제공하는 원천과 서비스 수단 등을 망라하여 8개 항목으로 편성하고, 공간(place)으로서의 도서관은 학습, 연구, 커뮤니티로서의 쾌적한 이용환경 관련 5개 항목을 평가요소로 정리하고 있다. 본 서비스 품질 평가 지표를 SERVQUAL이나 LibQual + 항목들과 관련하여 정리하면 위의 <표 3-1>과 같다.

한편, 이용자 만족도와 관련해서는 대부분의 선행연구에서 취한 방식대로 도서관 서비스에 대한 전반적인 만족도, 도서관을 다시 이용하고 싶은 의도와 주위 사람들에게 도서관 이용을 권하고 싶은지 여부라는 세 가지 측정 항목을 설정하여 만족 정도와 충성도를 측정하였다.

3) 설문 구성 및 측정 방법

설문은 세 부문으로 작성하였다. 먼저, 공공도서관을 이용하는 주민들에게 서비스에 대한 전반적인 만족도와 충성도에 대해 질문하였다. 충성도는 앞으로도 재이용 의사가 있는지와 다른 사람에게도 도서관 이용을 권장할 것인지를 나타낸다. 둘째, 위에서 설명한 서비스 품질을 구성하는 5개 차원의 22개 문항에 대해 "도서관에서 제공받고 싶은 서비스의 기대 수준"과 "도서관 이용 시에 실제 제공받은 서비스의 인지 수준(성과)"에 대해 답을 하도록 하였다. 셋째는 통계처리를 위한 일반적인 질문으로서 응답자의 성별, 연령, 직업, 학력, 경제수준, 도서관 방문 목적, 도서관 이용정보를 얻는 방법, 도서관 이용 빈도에 대한 것이다.

서비스에 대한 만족도는 이용자들의 서비스 수준을 기대수준과 실제 인지 수준별로 각각 "1. 매우 낮다, 2. 낮다, 3. 보통이다, 4. 높다, 5. 매우 높다"의 리커트 5점의 등간척도로 측정하였다.

4) 자료 수집과 분석 방법

이용자 만족도에 대한 설문조사는 2007년 12월 13일부터 12월 31일까지 서울시 와 지방 S시 공공도서관 39개관에서 이루어졌다. 당초에는 '07년 이전에 설립된 서울과 지방 S시 소재 공공도서관 중 어린이, 청소년 등 특수계층용 또는 대출 중심의 작은 도서관을 제외한 45개관(서울 40개관, 지방 S시 5개관)을 대상으로 추진하였으나, 설문배포 및 협의과정에서 휴관 중인 2개관과 민간위탁에서 공단위탁으로 운영체제 전환을 이유로 조사를 거절한 1개관, 그리고 자료상에서는 규모가 있는 도서관이나 실제 대출만 전담하는 작은 도서관 2개관은 설문지를 반송받아서 당시 조사가 가능한 40개관만을 대상으로 조사를 실시하였다.

설문지는 각 관별 100매를 시청과 교육청, 구청의 행정 계통과 직접 각 도서관 열람담당관을 통해 이용자들에게 배포하고, 이용자들의 설문 응답 결과를 수집하는 방식으로 실시하였다. 조사과정에서는 서울시 교육청과 서울 및 S 시청, 서울시 각 구청 행정담당자와 개별 도서관장의 협조를 얻어 최대한 신뢰성 있는 설문을 받도록 하였다. 결과적으로 총 40개관(4,000매) 중 응답에 신뢰가 없는 1개관(100매)을 제외한 39개관(3,900매)에서 3,345매를 회수하였고(회수율 83.6%), 이 중 응답이 부적절하거나 해독이 어려운 경우를 제외한 3,255의 유효 응답지를 대상으로 분석을 실시하였다.

공공도서관 서비스의 품질은 이용자들의 서비스 만족도 조사 결과로 나타나는데, 조사 목적은 직영 도서관과 민간위탁 도서관 서비스의 품질을 비교하고, 서비스 품질과 이용자 만족도에 영향을 주는 요인을 추출하기 위한 것이다. 따라서 분석은 먼저 빈도분석을 통해 인구통계적인 특성을 정리하고, 둘째, 요인분석을 통해 측정지표에 대한 타당성 검증과 Cronbach의 α값을 통해 신뢰성 검증을 실시하며, 셋째 기대치와 지각(인지)치 차이의 합인 서비스 품질값을 도서관별, 운영주체별(직영, 공단위탁, 순수 민간위탁), 5개 차원별로 측정하였다. 넷째, 서비스 품질이 전반적인 만족도에 미치는 영향을 회귀분석을 통해 측정하였다. 이 분석에는 spss win(version 12) 프로그램을 사용하였다.

▦▦■ 3.3. 객관적 성과분석 모형

3.3.1. 자료포락분석(DEA) 모형 개요

1) 공공부문에서의 효율성 측정 방법

공공부문에서 효율성 평가는 민간부문에서와 달리 매우 어렵다. 민간부문에서는 이윤극대화라는 단일 목표를 달성하므로 투입된 자원 대비 산출량의 비를 구하면 되고, 이를 위한 계량적 측정이 가능하다. 하지만 공공부문에서는 효율성과 효과성, 민주성과 형평성 등 다원화된 목표를 추구해야 하고 기관마다 산출물이 다르며 시장가격을 통한 산출물의 가치 측정이 어렵고 업무의 독과점성으로 인해 산출물의 비교도 곤란하다. 설령 업무가 민간부문과 유사하다 해도 공공부문에서는 의회나 법률의 통제 속에 인사, 예산제도의 구속을 받고 있어서 업무성과를 민간부문과 단순히 비교하는 것은 곤란하다(김재홍 외, 2003: 47 − 78). 따라서 공공부문에서는 투입 대비 산출물이 얼마나 많은가보다는 공공부문의 산출을 통하여 국민들이 얼마나 만족을 얻었는가를 평가해 봐야 된다. 또한 공공서비스는 투입과 산출을 단일 단위, 즉 화폐단위로 환산하기 어려우므로 사적재에서와 같은 효율성 측정 방식을 적용할 수가 없다.

공공부문에서 효율성을 평가하는 방식은 비프론티어 접근법과 프런티어 접근법이 있다(이은국 외, 2003, 35 - 42). 비프론티어 접근법에는 비용 - 편익분석, 회귀분석 등이 있다. 비용 - 편익분석은 각 대안에 대해 투입되는 비용과 이로 인한 편익을 종합·검토함으로써 최적의 대안을 결정하게 되며, 이는 어떤 주어진 목표를 달성함에 있어서 사회의 희소한 자원을 가장 효율적으로 사용할 수 있는 대안, 즉 사회적 순 편익을 극대화할 수 있는 대안을 선정하는 방식이다. 하지만 이 방식은 비용과 편익을 화폐단위로 환산해야 하는데 공공부문의 산출은 화폐단위로 표시하기 어려운 한계 때문에 비율분석의 일종인 비용 - 효과분석을 사용하기도 한다. 비용 - 효과분석은 산출을 반드시 금액으로 표시하지 않고 물리적 단위를 그대로 사용함으로써 비용 - 편익분석의 한계를 다소 극복할 수 있다. 하지만 이 기법도 중요 비율을 선정하고, 가중치를 부여해야 하며 각각 산출에 드는 비용을 계산하여 효율성을 측정하고 이 각각의 비율을 다시 서비스 조직 간에 비교, 평가하여야 하므로 지표 선정에 자의성이 개입되기 쉽고, 평가의 공정성이 결여되기 쉬워서 효율성 측정방법으로는 한계가 있다.

다음으로 회귀분석이 있는데, 이는 함수적 접근법으로서 비용과 산출의 함수가 존재한다는 가정하에 평균적 효율성을 추정하고 이러한 평균적 효율성과의 관련 속에서 각 조직이나 서비스의 효율성을 측정한다. 통상 회귀분석은 한 변수의 변이를 다른 변수의 변이를 통해 설명하는 방법으로서 단일 산출지표의 경우 사용 가능하며 복수의 산출이 있는 경우에는 적용이 곤란하다.

공공부문의 효율성을 측정하는 또 다른 방법인 프런티어 접근법에는 확률전선모형과 자료포락분석(Data Envelopment Analysis: DEA)

이 있다.

확률전선모형은 현재의 기술수준하에서 일정한 양의 생산요소를 투입했을 때, 생산 가능한 최대의 생산량을 나타내 주는 확률전선 생산함수를 전제하고, 이 생산함수에서 최대 생산량을 전선(frontier)으로 정의하여, 이러한 프런티어로부터 실제의 관찰치와의 차이를 기술적 비효율성으로 본다. 확률전선모형에서는 오차항을 확률오차와 비효율로 인한 오차로 구분하기 때문에, 여기서의 전선은 확률오차를 포함하게 되어 확률전선(stochastic frontier)이라고 불리며, 비효율로 인한 오차에 의해서 개별 단위들의 기술적 비효율성을 추정할 수 있다.

다음으로 자료포락분석(DEA)은 Charnes, Cooper, and Rhodes(1978, 429 – 444) 등이 Farrell의 효율성 개념을 도입하여 주로 비영리조직에서 다수의 투입요소를 사용하여 다수의 산출물을 생산하는 개별 의사결정단위(Decision Making Unit: DMU)[37]의 상대적 효율성 정도를 측정하기 위한 모형이다. 특히 자료포락분석은 다투입·다산출 관계에 대한 특수한 함수형태와 선험적인 가중치를 필요로 하지 않는다는 점, 투입요소나 산출물의 가격에 대한 정보가 없어도 물리적인 단위로도 효율성을 측정할 수 있어서 다차원적인 구조를 잘 반영할 수 있다.

확률전선분석과 DEA는 모두 프런티어와의 거리에 입각하여 생산주체의 상대적 효율성을 측정하지만, DEA에서는 프런티어와의 거리를 모두 "비효율성"으로 간주하지만, 확률전선모형에서는 프런

---

37) DMU는 투입요소를 결합하여 산출물들을 만들어 내는 과정에서 독자석 의사결정 능력을 갖는 식별 가능한 조직의 단위를 의미하며, DEA분석에서 효율성 평가의 기본단위를 지칭한다. DMU는 어떤 한 조직의 한 부서가 될 수도 있고, 조직 전체가 될 수도 있다.

티어와의 거리를 생산주체가 통제할 수 없는 오차부분과 비효율성 부분으로 분리하고 있고, DEA는 효율성 측정을 위한 모형의 타당성을 검증할 수단이 없으나 확률전선모형에서는 통계적 유의성 검증이 가능하다는 데 차이가 있다. 다만, 확률전선모형에서는 생산함수를 잘못 설정할 경우 효율성 측정에 심각한 편의가 발생할 소지가 있다(김재홍 외, 2003: 61).

2) DEA 모형에서의 효율성 개념

DEA 모형에 의한 효율성 측정의 기본 논리는 Farrell(1957)이 제시한 기술적 효율성(Technical Efficiency: TE)과 배분적 효율성(Allocative Efficiency: AE)의 측정모형에서 찾을 수 있으며, 그 측정의 기본적인 방식은 <그림 3-5>에서처럼 투입 측면(input-orientated)과 산출 측면(out-orientated)에서 각각 살펴볼 수 있다.

이 중 투입 측면에서만 살펴보자. <그림 3-5>의 (a)에서 볼 수 있는 것처럼 두 가지 투입요소(X1, X2)를 가지고 하나의 산출물(Y)을 생산하는 규모의 수익불변(constant returns to scale: CRS)의 조건에 있는 기업 A를 예로 들어 보자. aa′는 A 기업이 달성할 수 있는 최소한의 투입사용 수준을 의미하는, 즉 가장 효율적으로 운영되는 A 기업의 등량곡선이며, 이때 기업 ⓐ의 기술적 효율성은 OC′/OC로, 기술적 비효율성은 C′C($=1-OC′/OC$)로 표현된다. 결국 기술적 효율성 측정은 효율성 값이 '0'에서 '1' 사이의 어느 지점에 있게 되며, 가장 효율적인 상태는 효율성 점수가 '1'을 나타내는 경우이다.

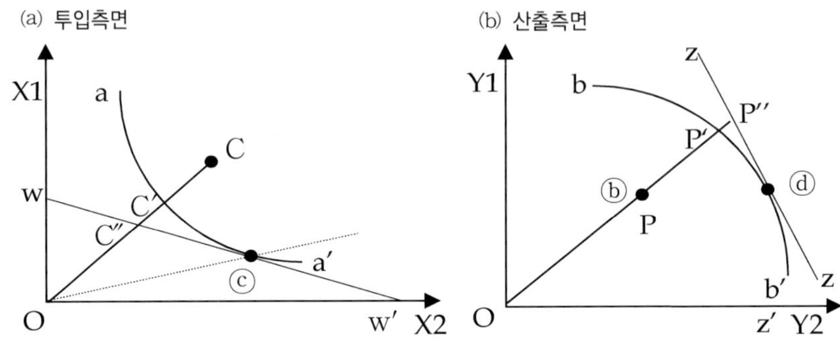

만일 투입요소의 가격비율이 ww′으로 알려져 있다면 기술적 효율성과 함께 배분적 효율성도 측정될 수 있는데, <그림 3-5>의 (a)에서 기업 A의 효율성 프론티어상에 위치하는 C′와 ⓒ는 모두 기술적 효율성을 갖지만, 배분적 효율성 측면에서 보면 등량곡선과 가격선이 접하는 점에서 운영되는 ⓒ만이 기술적 효율성과 배분적 효율성을 동시에 달성하고 있다. 즉 동일한 투입요소의 가격비율이 변하지 않는다면 ⓒ에서는 기업 A 생산비의 OC''/OC'의 수준으로 동일한 산출량을 생산할 수 있으며, $C'C''$의 거리는 생산비용의 감소를 의미하는 기업 A의 배분적 비효율성을 나타낸다.

결국 기업 A의 기술적 비효율성은 CC'의 거리에 의해 측정되고 배분적 비효율성은 $C'C''$의 거리에 의해 측정된다. 그리고 이때 기업 A의 경제적 효율성(economic efficiency)[38]은 <식 3-3>과 같이 기술적 효율성과 배분적 효율성의 곱에 의해서 계산되며, 기술적 효율성과 배분적 효율성의 값이 '0'에서 '1' 사이의 값을 나타내기

---

38) 원래 Farrell은 allocative efficiency라는 용어 대신 price efficiency를, 그리고 economic efficiency 대신 overall efficiency를 사용했다(Coelli, 1996:4).

때문에 경제적 효율성의 값도 '0'에서 '1' 사이의 값을 갖는다.

<식 3-3>

점 C의 경제적 효율성＝기술적 효율성×배분적 효율성

(비용 효율성)＝(OC′/OC)×(OC″/OC′)＝OC″/OC

그런데 이러한 효율성 측정은 완전히 효율적인 기업의 생산함수를 가정한 것으로, 실제로는 효율적인 프론티어(등량곡선)가 평가대상 집단의 관찰치들에 의해 측정되기 때문에 <그림 3-6>에서처럼 곡선이 아닌 분절적 선형(piecewise linear)의 모습을 지니게 된다. 이렇듯 DEA는 평가대상 집단의 투입·산출자료에 근거해 경험적 효율성 프론티어를 결정하고, 효율성 프론티어 표면과 각 평가대상의 원점기준 방사상 거리(radial distance)를 체계적으로 평가하여 그 효율성을 측정하는 것이다.

〈그림 3-6〉 분절적 선형의 볼록한 프론티어(등량곡선)

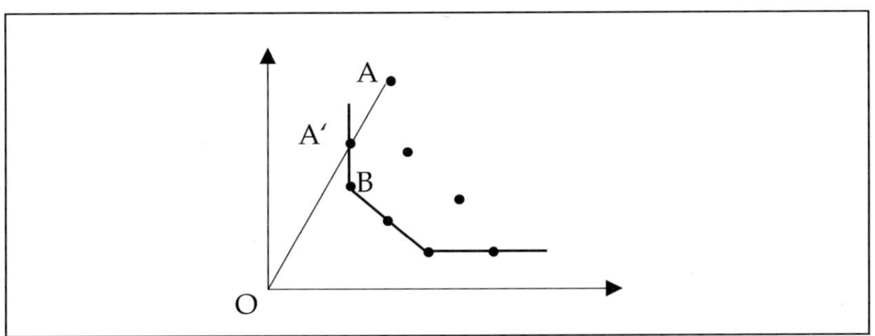

3) DEA 모형 개요

Farrell의 연구 이후 Charnes, Cooper & Rhodes(1978)는 투입 측면에서 규모에 따른 수익불변(CRS)모형을 개발하였고, Banker, Charnes & Cooper(1984)는 규모에 따른 수익변동(VRS)모형을 개발했다. 연구자들의 이름과 특성을 따서 전자의 경우를 CCR 모형 혹은 CRS 모형, 후자의 경우를 BCC 모형 혹은 VRS 모형이라 한다.

먼저 Charnes, Cooper, and Rhodes가 개발한 DEA의 기본모형인 CCR모형은 복수의 투입과 산출요소들을 일정한 가중치에 의해 합산함으로써 단일투입과 단일산출 상황으로 만든다. 여기서 DEA는 가중된 투입에 대한 가중된 산출의 비율을 극대화하는 일련의 가중치들을 도출해 낸다. CCR모형은 최초에는 분수계획의 형태(Fractional DEA)로 출발하여 전형적인 선형계획(Linear DEA)의 형태로 변환시키는 과정에서 이해할 수 있다.

<식 3-4>

$$MAX \frac{\sum_{i=1}^{n} U_i Y_{ij}}{\sum_{k=1}^{m} V_k X_{kj}} \qquad \text{subject to} \qquad \frac{\sum_{i=1}^{n} U_i Y_{ic}}{\sum_{k=1}^{m} V_k X_{kc}} \leq 1$$

(모든 i와 k에 대해서 투입가중치 V_k, 산출가중치 $U_i > 0$, 그리고 c = 1, ……, j, ……, n)

<식 3-4>의 분수계획은 n개의 최적 가중치집합을 산출해 내

며, 평가대상이 되는 DMUj는 가중치 V_k, U_i값에 각각의 투입요
소와 산출요소의 값을 곱하여 상대적 효율성을 계산한다. 여기서
제약조건에 나타나 있듯이 각 투입산출요소에 가중치 벡터 V_k,
U_i를 곱한 비율은 '1'보다 작거나 같아야 하기 때문에 목적함수
값은 '0'과 '1' 사이의 값을 취한다. 그러나 이러한 분수계획은 비
선형성과 비볼록성(non-convex)을 가지고 있기 때문에 실제 계산
을 위해서는 사용되지 않고, 이를 일반적인 선형계획으로 변형하게
된다. 따라서 이를 두 개의 제약조건과 두 개의 비음수조건(non-
negativity)을 가진 목적함수 z로 전환하면 <식 3-5>와 같은 선형
계획 식으로 표현할 수 있다.

<식 3-5>

$$\max z = \mu' y_j$$

s.t. $\upsilon' x_j = 1$, $\mu' y_i - \upsilon' x_i \leq 0$, $\mu' \geq 0$, $\upsilon' \geq 0$

(y_i: i번째 DMU의 산출벡터, x_i: i번째 DMU의 투입벡터, i=1,
2, 3, ……, n, μ': 산출요소에 대한 가중치의 벡터, υ': 투입요
소에 대한 가중치의 벡터)

그런데 이러한 비모수적 프론티어의 분절적 선형형태는 모수적
함수형태에서는 발생하지 않는 슬랙(slack)이 발생한다. 즉 <그림 3
-6>에서 DMU A의 효율성은 OA′/OA로 표현된다. 그런데 A′
이나 B, 모두 똑같은 산출량을 낳는 효율성 프론티어지만, B는 A′
에 비해 A′B만큼 투입의 양을 줄일 수 있다. 따라서 A′가 효율성

프론티어가 되지 않고, A′B만큼의 투입 슬랙(input slack)이 발생하며, 이는 분절적 선형 프론티어가 축과 평행함으로써 발생하는 것이다.[39] 결국 DMUj가 효율적이기 위한 조건은 효율성 점수가 '1'이 되고, 투입과 산출의 모든 슬랙들이 '0'이 되는 경우이며, 투입 측면에서의 슬랙들이 모두 '0'이 된다는 것은 효율적 DMUj가 다른 DMU에 비해 투입의 낭비가 없었다는 것을 의미하게 된다.

Banker et al.(1984)는 CCR모형을 확장해 BCC모형을 설명하고 있다. 즉 CRS가정은 모든 DMU들이 최적 규모에서 운영되고 있다는 것인데, 이들은 모든 DMU들이 최적 규모에서 운영되지 않을 경우에 기술적 효율성(TE)은 규모의 효율성(Scale Efficiency)과 혼합된 것이라고 설명한다. 즉 CCR모형과 BCC모형에서 동일한 자료를 사용하여 효율성을 분석하였을 때 기술적 효율성의 효율계수의 값 차이는 규모의 효율성의 유무로 구분할 수 있다. 따라서 비효율적으로 판명된 DMU가 순수한 기술적 요인에 의해 비효율적으로 평가되는지 아니면 규모의 요인에 의해 비효율적으로 평가되었는지를 비교해 볼 수 있게 된다.

---

39) 이러한 슬랙은 투입뿐만 아니라 산출 측면에서도 발생할 수 있으며, 이로 인해 Farrell의 기술적 효율성은 반드시 슬랙이 제시되어야 한디. 그러나 슬랙은 DEA의 프론티어 구성에 유한한 표본크기(sample size)로 인해 자연스레 생기는 부산물이기 때문에 표본크기를 늘릴수록 치유될 수 있다.

3.3.2. 도서관 서비스의 DEA분석 모형과 투입산출 변수

1) 도서관 서비스의 DEA분석 모형

자료포락분석은 공공부문의 효율성을 측정하는 데 유용한 도구이지만 유의해야 할 사항이 있다. 먼저 대상기관들 간 상대적인 효율성을 측정하게 되므로 분석대상기관이 충분히 확보되어야 한다. 또한 투입물과 산출물의 수가 많으면 효율성이 1인 기관이 많아지고, 그만큼 효율성의 변별력이 떨어질 수 있기 때문에 투입·산출물의 변수는 적더라도 선정된 변수들이 투입요소나 기관의 성과를 포괄하는 변수라야 한다. 따라서 자료포락분석이 의미가 있으려면 평가기관의 수를 늘려야 하고, 투입과 산출의 지표수가 적어야 하며, 평가대상기관들의 투입과 산출의 결합 방식이 유사해야 준거집단의 비율이 적어진다.

공공도서관의 상대적 효율성이 직영과 위탁의 운영 방식에 따라 유의미한 차이가 있는지를 보기 위해 <그림 3-7>과 같이 DEA 모형을 설정하였다.

<그림 3-7> 공공도서관 서비스의 DEA 모형

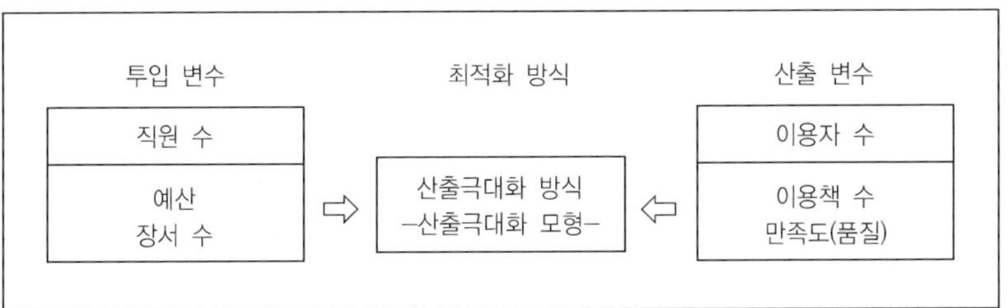

2) 도서관 서비스 DEA 모형의 변수 선정

도서관 서비스의 효율성 측정을 위해 국내외 선행연구에서 사용한 DEA 모형의 투입과 산출 변수는 <표 3-2>와 같다.

〈표 3-2〉 DEA 선행연구에서 사용된 투입 및 산출변수

저자(연도)	도서관 유형	투입변수	산출변수	비고(*환경변수)
Chen (1997)	대학도서관	직원수, 도서구입비 면적	이용자수, 상호대차수, 참고봉사수	
Vitaliano (1998)	공공도서관	장서수, 정기간행물수, 구입도서수, 총개관시간	총이용건수	
Worthington (1999)	공공도서관	총운영비용	이용책수	*거주인구수, 연령대별인구수, 면적, 학생수, 문맹인구, 사회경제지수
Hammond (2002)	공공도서관	장서수, 개관시간, 정기간행물수, 구입도서수	이용책수, 조회수 정보요구수	*거주인구, 인구밀도 면적
Stancheva & Angelova (2004)	공공도서관	직원수, 인쇄자료구입비, 전자자료구입비, 면적, 임금, 시설	등록이용자수, 봉사대상자수, 대출책수	
Reichmann & Sommersguter_Reichmann (2006)	대학도서관	정규직원수, 장서수	연속간행물구독종수, 총이용책수, 연간증가책수, 개관시간/주	
곽영진 (1992)	대학도서관	이용대상자수, 관리비및도서구입비, 직원수, 면적	이용자수, 이용책수	
곽영진(1999)	공공도서관	좌석수, 장서수, 직원수	이용자수, 이용책수	
한두완·홍봉영 (2002)	대학도서관	면적, 직원수, 장서수	이용자수, 이용책수	
김선애 (2005)	공공도서관	장서수, 연속간행물수, 연간증가책수	이용자수, 이용책수	서울시내 21개 공공도서관
김선애 (2007)	공공도서관	직원, 자료구입비, 장서수, 면적	연간증가책수, 연속간행물구독종수, 이용자수, 이용책수	서울 및 6대광역시 102개 공공도서관
함요상 (2007)	공공도서관	인력, 도서관면적, 장서, 예산	이용자수, 열람책수, 대출책수	177개 광역시, 시군구 도서관 177개(공단/지사제 식영비교)

* 김선애(2005) 자료를 수정, 보완

본 연구에서는 위의 선행연구에서 사용된 변수들과 미흡한 점으로 지적된 부분을 보완하여 다음과 같이 변수를 선정하였다. 공공도서관의 핵심기능을 주민들에게 지식정보와 문화프로그램을 제공하는 것으로 보고 도서관의 특성을 대표할 수 있는 투입요소로는 직원 수, 예산, 장서 수를 선정하였다.

여기서 직원 수는 도서관 서비스에 직접 기여하는 현원을 기준으로 하고, 비정규직도 포함하였다. 예산은 도서관 운영예산으로서 인건비와 자료구입비, 운영비를 합한 금액으로 하였다. 자료구입비가 주요지표일 수도 있지만, 도서관 서비스를 위해서는 소요 인력을 확보하고, 문화프로그램 운영과 시설유지관리 비용도 서비스에 직접적으로 필요하므로 총예산을 변수로 정하였다. 또한 장서 수는 주요한 도시관 시비스 지표인데, 여기에는 도서자료와 전자자료를 포함하였으나 연속간행물은 제외하였다. 연속간행물은 선호도나 비중에 서로 차이가 있음에도 종수로 구분하거나 종별 부수도 포함해서 구분해야 하는데 도서관별로 이를 통일되게 정리하는 데 한계가 있기 때문이다. 아울러 시설면적으로는 건물 또는 대지 전체 면적보다는 공부방 공간을 제외한 열람좌석 수가 도서관 본질적 기능에 부합되지만 식당 등 편의시설 공간을 배제하기도 문제가 있고, 이용공간을 좌석 수 또는 면적, 어느 쪽으로 하는 것도 대표성을 나타내기 어렵다고 판단하여 변수에서 제외하였다.

또한 산출변수에서는 이용자 수, 이용 책 수, 서비스 품질을 선정하였다. 서비스의 가장 대표적인 산출은 얼마나 많은 사람이 이용하는가와 이용 책 수이다. 그런데 도서관 서비스를 이용하는 사람 중, 공부방 이용자[40]는 도서관의 본질적인 기능을 이용하는 것이 아니므로 제외[41])하였고, 자료실과 열람실 이용자, 문화프로그램 또는 학습프로그램 참석자를 합산하였다. 이용 책 수는 크게 대출 책 수와 열람 책 수(대출하지 않은), 그리고 전자열람이 가능한 경우는 전자열람 책(건) 수를 포함해야 하나, 열람 책 수는 통계가 도서관마다 달리 계산하고 있어 통일된 기준으로 집계할 수가 없고, 전자열람의 경우도 이용 책 수를 계산하기가 현실적으로 어려움이 있어, 비교적 비교 가능하고, 정확한 통계인 대출 책 수를 이용 책 수로 보았다. 여기에는 이동도서관, 순회 대출 등의 경우도 다 포함하였다.

마지막으로 도서관 서비스의 품질을 포함하였다. 다수의 도서관 관련 DEA분석 시 서비스의 질을 반영하는 변수가 포함되지 않아 한계가 있음을 지적하고 있음(김선애, 2005: 236; 2007: 253)에 비추어 본 연구에서는 서비스의 품질을 별도로 조사하여 반영하였다. 분석대상 도서관별로 서브퀄 기법을 활용한 서비스 품질을 조사하였고, 그 결과 측정된 서비스 품질을 주요한 변수로 채택하였다. 이 점은 현재까지 연구된 어느 논문에도 반영된 적이 없는 최초의 시도이고, 질적 평가요소를 반영하고 있으므로 상대적 효율성 분석도 그만큼 신뢰성이 높아질 것이다. 이상의 내용을 정리하면 이 분

---

40) 이용자 수는 연간 도서관을 이용한 사람들의 수를 말하지만, 도서관의 본질적 기능과 관련 없는 이용자인 단순 공부방 이용자 수는 제외하였다. 이 경우 공부방 이용자는 별도로 계산되지 않는 경우도 많아서 열람좌석 수*개관일수*1일 좌석 회전율(1.27)의 곱으로 계산하였다. 이때 1일 좌석회전율은 2004년 성북정보도서관에 대한 한국자치경영평가원의 연구 시 조사되고 인용된 자료로서 이를 대체할 다른 통계가 없으므로 이를 전체 도서관에 일률적으로 적용하여 계산하였다.

41) 이용남(2002)은 도서관의 활성화를 위해서는 '공부방' 기능을 분리해야 하며, 도서관 이용자 만족도 조사의 경우에도 도서관 출구조사 시 상당수는 공부방 이용자이므로 주로 열람서 부족이나 냉난방, 시설에 대한 평가의 비중이 많아 도서관 서비스의 본질적 기능에 대한 평가가 왜곡될 수 있다고 지적한다.

석에 사용된 변수와 정의는 <표 3-3>과 같다.

<표 3-3> DEA분석에 사용된 투입-산출변수와 정의

구 분	변 수	변수의 개념적 정의	변수의 조작적 정의	단위
투입요소	직원수	도서관 근무자의 수	현원(비정규직 포함)	명
	예산	도서관 운영예산	인건비 + 자료구입비 + 운영비	천 원
	장서수	도서관이 보유한 장서	도서자료 + 전자자료 (연속간행물은 제외)	권 (건)
산출요소	이용자수	도서관 이용자수	연간 도서관 이용자 (자료실 이용자 + 열람실 이용자 + 문화·학습 프로그램 이용자 - 공부방 이용자)	명
	이용책수	대출된 책의 수	연간 대출된 책의 수 (움직이는 도서관, 순회문고 대출이용자 포함)	권
	만족도	서비스 이용자 만족도	도서관별 서비스 품질 (기댓값과 인지 값의 차의 합)	점

3) 자료수집 및 분석방법

DEA분석을 위한 투입-산출변수 관련 자료는 2008년 국립중앙도서관에서 집계한 2007년 전국도서관통계를 이용하였다. DEA분석을 위해 표본으로 선정된 도서관은 질적 분석을 위해 서비스의 품질조사 시 대상으로 한 도서관과 동일한 39개관이다. 서울의 35개 공공도서관(교육청 직영 도서관과 구청소유지만 민간에 위탁 중인 구립도서관)과 지방 A시에 소재하는 4개 도서관(지자체 직영 2개, 공단위탁 2개관)을 대상으로 하였다.

본 연구에서는 공공도서관 서비스의 민간위탁 성과를 질적, 양적으로 통합 분석하기 위하여 같은 시점에 같은 도서관을 대상으로 한 질적 조사 자료와 양적 자료를 동시에 활용할 자료가 절대적으로 필요하였다. 따라서 양적 분석 자료는 2007년 연말을 기준으로 해당 도서관들의 투입-산출변수 등 관련 통계를 수집하였고, 질적 분석 자료는 별도로 설문조사를 하여 확보하였다. 통합분석을 위한 질적, 양적 분석 자료를 동시에 병렬적으로 수집, 생산하고 통계에 이용한 것도 다른 연구와 차별화된 점 중의 하나이다.

또한 DEA분석은 규모에 대한 수익불변 모형(CCR 모형)과 규모에 대한 수익변동 모형(BCC 모형)별로 상대적 효율성을 측정하여 도서관 운영 방식별 효율성을 비교하였다. 또한 모형별로 벤치마킹한 참조횟수를 분석하여 비교하였다. 분석 대상은 우선 전체 조사 대상 도서관의 직영과 위탁의 효율성을 비교하고, 위탁의 경우는 공단위탁과 순수 민간위탁 간의 효율성 차이를 비교해 보았다. 이어서 동일 자치구에 있는 직영 도서관과 위탁 도서관을 비교하고, 지자체의 재정자립도와 도서관 규모(인력, 예산) 등 생활환경이 유사한 지역별로 직영과 위탁운영 도서관의 효율성을 비교하여 어느 운영 방식이 더 효율적인지를 분석하였다.

이 연구에 사용한 DEA분석 프로그램은 Scheel(2000)이 개발한 EMS(Efficiency Measurement System) 전용 프로그램[42]으로 EMS version 1.3을 활용하였다.

---

42) EMS프로그램은 http://www.wiso.uni-dortmund.de/lefg/or/scheel/ems에서 다운받아 사용했다.

제4장

도서관 서비스 성과의 통합분석 결과

■■■■ 4.1. 도서관 서비스의 품질 분석

4.1.1. 서비스의 품질과 만족도 분석 개요

1) 서비스 만족도와 품질 설문조사 개요

본 연구는 공공도서관 서비스의 민간위탁 성과를 평가하기 위해 도서관 이용자들의 서비스 질에 대한 만족 정도를 서브퀄 기법을 통해 분석하였다. 아직 전체 공공도서관을 대상으로 한 이용자들의 서비스 만족도 조사는 이루어지지 않고 있다. 서울시의 경우는 최근 2005년, 2007년 2월, 2007년 9월 등 간헐적으로 구립도서관을 대상으로 조사를 해 오고 있으나, 서울시 교육청 소속의 공공도서관은 전체적으로 만족도 조사를 하지 않고, 개별 도서관별로, 계기별로 조사를 하고 있어 본 연구 목적에 맞는 자료를 구할 수가 없었다. 따라서 본 연구는 전술하였듯이 서울시와 지방 A시의 일정 기준에 부합하는 모든 도서관(39개관: 서울시 35개관, 지방 A시 4개관)을 대상으로 2007년 12월 13일부터 31일까지 설문조사를 실시하였다. 서울시 도서관은 교육청에서 직영하는 19개 도서관과 서울시 각 구청에서 민간위탁으로 운영하는 16개 도서관, 지방 A시의 4개 도서관(직영 2개관, 시설공단위탁 2개관)을 대상으로 각 100매, 총 3,900매의 설문지를 배부하였다. 설문은 연구자가 서울시교육청과 서울시, 지방 A시의 행정계통과 도서관장을 통해 열람담당직원에게 전달하였고, 각 도서관의 열람담당 사서직원의 협조를 받아 각 도서관의 자료실이나 열람실, 디지털도서관, 문화프로그램실시 장소 등 지식정보 및 문화·학습프로그램 공간에 비치토록 하여 이용자가 직접 작성하도록 하였고, 공부방만을 이용하는 경우는 설문대상에서 배제하였다. 설문지는 총 3,345매를 회수(회수율 85.8%)하였고, 이 중 응답이 불량한 경우를 제외한 유효 응답지 3,255매(83.5%)를 활용하여 분석하였다.

2) 설문응답자의 인구통계학적 특성

유효한 설문응답자 3,255명의 행정기관별, 운영주체별, 위탁기관별, 지역별 특성을 살펴보았다. 공공도서관 관할 행정기관별로는 교육청 소속 1,625명(49.9%), 시(구)청 소속 1,630명(50.1%)이 비슷한 비율로 참여하였고, 도서관 운영주체별로는 직영(교육청, 시(구)청)이 1,852명(56.9%), 위탁 1,403명(43.1%)이 응답하였으며, 수탁기관별로는 시설공단 수탁이 977명(30.0%), 비영리법인, 대학 등 순수 민간 수탁이 426명(13.1%)으로 되어 있고, 지역별로는 서울 2,897명(89.0%), 지방 358명(11.0%)으로 분포되어 있다.

인구통계학적인 분포를 보면, 우선 성별비율 측면에서는 남성이 1,274명(39.1%), 여성이 1,956명(60.1%)으로 여성 이용자들이 더 많았고, 연령별 분포를 보면, 10대 10.8%, 20대 28.8%, 30대 30.8%, 40대 20.2%, 50대 6.1%, 60대 이상 8.3%로서 20대와 30대가 가장 많다. 이용자들의 직업은 주부가 23.5%, 직장인 18.9%, 대학 또는 대학원생이 14.3%, 중·고등학생이 10% 순이고, 방문 목적은 도서열람 및 대여가 55%, 자료조사 및 연구가 13.8% 문화교실 또는 평생학습 교실 참가 7.7%, 시험공부 등이 16.7%이다. 또한 방문빈도를 보면 주 1회 이상이 43.7%, 거의 매일이 21%, 한 달 2∼3회가 29.5%이다.

　도서관 이용자의 이러한 특징들을 종합해 보면, 주 이용자는 20대∼40대(79.8%) 여성이고, 도서열람 및 자료연구 등을 위해 방문하며, 일주일에 1회 이상 자주 방문하는 이들이 다수(64.7%)이므로 도서관 서비스의 질에 대한 평가도 진지하게 했을 것으로 생각한다. 응답자들의 일반적인 특성은 <표 4-1>과 같다.

〈표 4-1〉 설문응답자의 일반적인 특성

구 분	응답 항목	빈 도(명, %)				
		전체	직영	위 탁		
				소계	공단위탁	민간위탁
성 별 (n = 3230)	남 성	1,274(39.4)	740(40.4)	534(38.2)	332(34.0)	202(47.8)
	여 성	1,956(60.6)	1091(59.6)	865(61.8)	644(66.0)	221(52.2)
연령 (n = 3235)	10대	350(10.8)	191(10.4)	159(11.3)	100(10.2)	59(13.9)
	20대	936(28.9)	510(27.8)	426(30.4)	291(29.9)	135(31.7)
	30대	1,002(31.0)	509(27.8)	493(35.2)	363(37.2)	130(30.6)
	40대	657(20.3)	423(23.1)	234(16.7)	172(17.6)	62(14.6)
	50대	199(6.2)	136(7.4)	63(4.5)	40(4.1)	23(5.4)
	60대	73(2.3)	54(2.9)	19(1.4)	6(0.6)	13(3.1)
	70대 이상	18(0.6)	11(0.6)	7(0.5)	4(0.4)	3(0.7)
직업 (n = 3233)	주부	766(23.7)	415(22.7)	351(25.1)	275(28.2)	76(17.9)
	취업·진학준비	485(15.0)	270(14.7)	215(15.3)	159(16.3)	56(13.2)
	중·고등학생	334(10.3)	183(10.0)	151(10.8)	93(9.5)	58(13.6)
	대학(원)생	464(14.4)	253(13.8)	211(15.0)	142(14.5)	69(16.2)
	직장인	616(19.1)	349(19.1)	267(19.1)	185(19.0)	82(19.3)
	자영업	215(6.7)	132(7.2)	83(5.9)	40(5.0)	34(8.0)
	기타	353(10.9)	230(12.6)	123(8.8)	73(7.5)	50(11.8)

구 분	응답 항목	빈 도(명, %)				
		전체	직영	위 탁		
				소계	공단위탁	민간위탁
학력 (n = 3223)	중졸(중학생) 이하	211(6.5)	124(6.8)	87(6.2)	53(5.5)	34(8.0)
	고졸(고등학생)	643(20.0)	339(18.6)	304(21.8)	218(22.4)	86(20.2)
	대졸(대학생)	2,133(66.2)	1229(67.3)	904(64.7)	636(65.4)	268(63.1)
	대학원졸(대학원생)	236(7.3)	134(7.3)	102(7.3)	65(6.7)	37(8.7)
경제수준 (n = 3203)	상	261(8.1)	148(8.2)	113(8.1)	82(8.5)	31(7.3)
	중	2577(80.5)	1449(79.8)	1128(81.2)	787(81.6)	341(80.4)
	하	365(11.4)	217(12.0)	148(10.7)	96(9.9)	52(12.3)
방문목적 (n = 3232)	도서열람 · 대여	1,790(55.4)	989(54.0)	801(57.2)	572(58.7)	229(53.9)
	자료조사 · 연구	449(13.9)	251(13.7)	198(14.2)	121(12.4)	77(18.1)
	문화교실, 평생학습	251(7.8)	154(8.4)	97(6.9)	74(7.6)	23(5.4)
	시험공부	545(16.9)	303(16.5)	242(17.3)	173(17.7)	69(16.2)
	기타	197(6.1)	135(7.4)	62(4.4)	35(3.6)	27(6.4)
이용 빈도 (n = 3232)	거의 매일	684(21.2)	346(18.9)	338(24.1)	238(24.4)	100(23.5)
	일주일 1회 이상	1,422(44.0)	753(41.1)	669(47.8)	475(48.7)	194(45.7)
	한 달 2~3회	960(29.7)	616(33.6)	344(24.6)	230(23.5)	114(26.8)
	1년 2~3회	100(3.1)	73(4.0)	27(1.9)	21(2.2)	6(1.4)
	오늘 처음	66(2.0)	43(2.3)	23(1.6)	12(1.2)	11(2.6)

* n은 유효응답자수(설문응답 총수 3,255)
* 직영 1,852(56.9%), 위탁 1,403(43.1%); 위탁은 공단 977(30.0%), 민간 426(13.1%)

4.1.2. 타당성 및 신뢰성 검증

1) 요인분석을 통한 타당성 검증

서비스 질에 관한 측정 방식은 서브퀼 기법을 활용했지만, 일부 지표들은 도서관 서비스의 특성을 반영하여 선정하였으므로 측정 항목의 타당성을 평가하기 위해 요인분석을 실시하였다. 요인추출을 위해 주성분 분석을 하고 직교회전 방식인 베리맥스(varimax)를 사용하였다. 요인분석 결과, 4개의 고윳값(아이겐 값)[1]이 1 이상으로 추출되었고, 요인적재량이 0.4 이하인 변수가 없기 때문에 모든 문항이 타당성이 있어 22개 문항 전체를 본 연구에서는 활용하였다. 또한 변수쌍들 간의 상관관계가 다른 변수에 의해 설명되는 정도를 나타내 주는 KMO(Kaiser − Meyer − Olkin) 측도는 0.952로 상당히 높게 나타났고, 요인분석 모형의 적합성 여부를 나타내는 Bartlett의 구성형 검정치 $x^2 = 33570.36$, 유의확률이 p(= 0.000) 〈 0.001로 요인분석의 사용에 적합하며, 공통요인이 존재한다고 할 수 있다. 타당성 검증 결과는 <표 4 − 3>과 같다.

각각의 요인을 보면, 직원과 정보자료 서비스 요인에는 각각 4개, 6개 문화프로그램과 정보접근 요인에는 4개 변수가 적재되었고, 시설 및 이용환경 관련 요인에는 8개 변수가 적재되었다. 그 요인이 설명하는 분산의 양을 나타내는 초기 고유값은 모두 5.0 이상을 나타내고 있는데, 이 중 시설 및 이용환경 요인이 9.580로서 가장 높은 아이겐 값을 나타내고 있다. 또한 베리맥스법에 의해 7차례 반복 계산된 성분행렬은 22개 변수가 4개 요인으로 묶여서 당초의 묶음(차원)은 다소 변경되었다. 따라서 구성차원을 4개 차원으로 묶는 것이 타당도를 유지할 수 있으므로 이후에는 그에 맞게 활용하였다. 당초 차원 5의 성분은 차원 3과 차원 4의 성분으로 분산 해체되어 차원 3의 성분은 4항목(c11, c12, e13, e14)으로 변경되었고, 차원 4의 성분은 8항목(d11, d12, d13, d14, d15, e11, e12,

---

1) 초기 고유값 또는 아이겐 값은 설명된 총분산을 의미하며, 이 값이 큰 요인일수록 중요한 요인으로 1.0 이상이면 좋다. 또한 KMO 값은 0.7 이상이면 적합하다고 보고, 공통성은 요인의 설명력을 의미하므로 수치가 높을수록 좋다(0.4 이하이면 낮게 평가). 통계분석의 이해 및 활용(김렬 등 6인, 2005, 151 − 157) 참고.

e15)으로 변경 구성되었다. 요인분석으로 변경된 차원과 항목은 <표 4-2>와 같다.

〈표 4-2〉 요인분석 결과 변경된 차원과 항목

차원	설문 문항	코드번호		비고
		기대 수준	지각 수준	
1. 직원 서비스	1. 직원들이 예의 바르고 친절함	a01	a11	변동 없음
	2. 이용자의 질의나 건의사항에 신속히 응답	a02	a12	
	3. 이용자 개인에 관심을 갖고 적극 도우려는 태도	a03	a13	
	4. 이용자 질의에 충분히 답할 지식과 전문성 겸비	a04	a14	
2. 정보 자료 서비스	5. 인쇄출판 자료가 다양함	b01	b11	〃
	6. 전자출판 자료도 충분함	b02	b12	
	7. 최신의 자료(인쇄, 전자출판)도 구비됨	b03	b13	
	8. 자료의 보존 상태가 좋음	b04	b14	
	9. 희망 자료가 신속히 확보됨(구입, 대차 등)	b05	b15	
	10. 홈페이지에서 전자저널과 자료의 열람도 가능	b06	b16	
3. 문화 프로그램 및 정보접근 서비스	11. 문화 프로그램(강좌, 교실, 이벤트 등)이 다양함	c01	c11	〃
	12. 문화프로그램 운영이 충실함	c02	c12	
	13. 이메일 또는 모바일 메시지를 통해 이용정보를 제공함	e03	e13	이용환경 항목 이동
	14. 홈페이지를 통한 정보검색과 이용안내가 충실	e04	e14	
4. 시설 장비 및 이용환경 서비스	15. 자료검색용 컴퓨터가 충분하고 이용이 편리함	d01	d11	변동 없음 (열람지원환경)
	16. 멀티미디어 장비가 충분하고 이용이 편리함	d02	d12	
	17. 복사기가 충분하고 이용이 편리함	d03	d13	
	18. 내부 열람시설(책상, 의자, 냉·난방 등)이 구비되고 쾌적함	d04	d14	
	19. 편의시설(휴게실, 식당, 매점, 화장실 등)이 청결함.	d05	d15	
	20. 자료열람실 개관시간이 충분하고 이용이 편리함	e01	e11	이용환경 항목 이동
	21. 자료열람실은 연구나 학습의욕을 고취시키는 분위기	e02	e12	
	22. 자료대출과 반납이 용이함	e05	e15	

※ 요인분석 시 5개 차원이 4개 차원으로 묶임(차원 5는 차원 3과 차원 4로 분산 해체됨)
※ 설문문항 13, 14번은 당초 20, 21번이 변경, 15~21은 당초 13~19번이 변경된 항목임

〈표 4-3〉 요인분석 결과

요인	요인적재 값 (공통성)		아이겐 값	% 분산	% 누적	평균	표준편차
시설장비 및 이용환경 서비스	d11	0.572(0.518)	9.580	43.546	43.546	3.544	0.923
	d12	0.603(0.600)					
	d13	0.646(0.534)					
	d14	0.729(0.614)					
	d15	0.700(0.550)					
	e11	0.572(0.491)					
	e12	0.620(0.545)					
	e15	0.413(0.455)					
정보자료 서비스	b11	0.678(0.619)	1.357	6.168	49.714	3.390	0.890
	b12	0.749(0.670)					
	b13	0.708(0.658)					
	b14	0.583(0.521)					
	b15	0.552(0.539)					
	b16	0.570(0.519)					
직원 서비스	a11	0.776(0.734)	1.269	5.769	55.483	3.670	0.830
	a12	0.771(0.726)					
	a13	0.768(0.727)					
	a14	0.679(0.664)					
문화프로 및 정보접근 서비스	c11	0.682(0.670)	1.010	4.593	60.076	3.460	0.918
	c12	0.690(0.663)					
	e13	0.662(0.571)					
	e14	0.591(0.628)					

2) 서브퀄 구성 차원의 신뢰성 검증

연구목적으로 작성된 설문지 설문항목들의 신뢰도를 확인하기 위해 신뢰도 분석을 실시하였다. 신뢰도 분석에서 가장 널리 사용되는 신뢰도 계수는 크론바하 알파(Cronbach' alpha) 계수인데, 이 계수는 변수들 간의 평균 상관관계에 근거해시 설문문항들이 동질적 요소로 구성되어 있는지를 나타내는 값으로서 0과 1 사이의 값을 가지는데, 일반적으로 사회과학 연구에서는 0.6 이상이면 측정 항목에 대한 신뢰도는 내적 일관성을 갖는 것으로 본다. 본 연구에서 설문항목들의 알파 값은 <표 4-4>[2]에서 보는 것처럼 0.78 이상이므로 내적 일관성을 가지고 있다고 볼 수 있다.

〈표 4-4〉 Cronbach's α 값

차 원	전체	직원 서비스	정보자료	문화프로그램 및 정보접근	시설장비 및 이용환경
Cronbach의 α값	0.937	0.877	0.857	0.784	0.860
표준화된 α값	0.938	0.877	0.857	0.788	0.860

4.1.3. 전반적인 만족도와 서비스 품질 총괄 분석

1) 운영 방식별 전반적인 만족도와 서비스 품질 비교

표본도서관의 전반적인 만족도와 서비스 품질은 대체로 높은 편이다. 또한 직영, 위탁 등 도서관 운영 방식에 따라 전반적인 만족도와 서비스 품질은 서로 차이가 있음을 알 수 있다. 여기서 만족도는 전반적인 만족도과 충성도로 구분해 볼 수가 있고, 충성도는 도서관을 다시 이용하겠다는 의지가 있는 경우와 앞으로 다른 사람에게 도서관 이용을 권장하는 경우를 포함하고 있는데, 충성도는

---

2) 각 설문문항은 기대(E)와 인지(P)를 구분해서 만족 정도를 묻고 있으므로 기대치 문항(a01~e05)의 Cronbach's α 값은 0.954(표준화된 값은 0.955)이고, 인지치 문항(a11~e15)의 Cronbach's α 값은 0.937(표준화된 값은 0.938)이다.

만족도보다 더 높게 나타났다. 즉, 전반적인 만족도의 평균은 5점 척도 중 3.99로서 매우 만족하는 수준에 근접하고, 이 중 직영 도서관의 경우는 3.90(만족)이고, 위탁의 경우는 4.11(매우 만족)로서 위탁 도서관이 직영보다 만족도가 더 높다. 또한 위탁의 경우에도 공단위탁은 4.09인 데 비해 순수 민간위탁은 4.15로서 순수 민간위탁이 공단위탁보다 더 높게 나타났다.

서비스의 품질은 기댓값에서 실제 인지 값을 뺀 값으로서 − 값은 서비스 품질에 대한 만족의 표시이고, + 값은 서비스 품질에 대한 불만의 표시이므로, + 값은 작을수록 불만이 작고, 만족에 가깝다는 의미이다. 본 연구에서는 전반적인 서비스 품질 값의 평균은 0.397로서, 품질 값의 변역이 −4에서 +4 사이이고, 전체 평균값은 0에 가까운 수치이므로 만족하지는 못하지만 큰 불만이 있다고도 볼 수 없는 상태이다. 그러나 운영 방식 간의 서비스 품질을 비교해 보면, 직영은 0.456이고, 위탁은 0.325로서 위탁이 직영보다 더 높으며, 위탁 방식의 경우에는 공단위탁은 0.358인 데 비해 순수 민간위탁은 0.249로서 순수 민간위탁이 공단위탁보다 더 서비스 품질 값(서비스에 대한 만족 정도)이 높은 것으로 나타났다.

또한 서비스 품질의 구성 차원별 만족도를 보면, 특히 주민의 요구가 있을 때 즉시 또는 단기적 대응이 가능한 요소인 "직원과 프로그램 운영" 부분에 대한 서비스 품질이 "도서자료 제공과 이용환경" 항목보다 더 높다. 운영 방식별로 보면, 특히 순수 민간위탁의 경우에는 평가가 확실히 좋은 것을 보면, 고객을 위한 서비스가 직영→공단위탁→민간위탁으로 갈수록 좋아지고 있음을 잘 보여 주고 있다.

〈표 4-5〉 운영 방식별 전반적인 만족도와 서비스 품질 비교

구 분		만족도				서비스 품질(E-P)				
		계	전반	재이용	권장	평균	직원	자료	프로그램	환경
전 체		3.99 (0.65)	3.77	4.19	4.02	0.397 (0.65)	0.310	0.529	0.307	0.431
직 영		3.90 (0.66)	3.67	4.11	3.93	0.456 (0.66)	0.377	0.589	0.344	0.490
위탁	소계	4.11 (0.60)	3.90	4.29	4.13	0.325 (0.62)	0.224	0.451	0.259	0.354
	공단	4.09 (0.60)	3.87	4.28	4.12	0.358 (0.65)	0.246	0.481	0.301	0.392
	민간	4.15 (0.61)	3.98	4.31	4.15	0.249 (0.56)	0.171	0.383	0.161	0.268

※ ( ) 안은 표준편차
※ 서비스 품질(E-P)의 값은 +값이 불만(작을수록 만족도 높음), -값이 만족

2) 운영 방식별 전반적인 만족도와 충성도 비교

공공도서관 서비스에 대한 전반적인 만족의 정도와 향후 재이용 의도나 다른 사람에게 권장할 의도를 분석해 보면 아래 <표 4-6>, <표 4-7>과 같다. 전반적인 만족도와 재이용 의도, 다른 사람에게 권장할 의도를 나타내는 충성도의 경우, 각각 5점 척도 중 4.19, 4.01로서 매우 높게 나타났고, 이 중 직영은 4.11, 3.93인 데 비해 위탁운영은 4.29, 4.13으로 더 높게 나타났다. 위탁의 경우도 공단위탁은 4.28, 4.12인 데 비해 순수 민간위탁은 4.31, 4.15로서 경미하지만 더 높게 나타나서 전반적으로 직영 방식보다는 위탁 방식이, 위탁 방식 중에서는 공단위탁보다는 순수 민간위탁이 만족도와 충성도가 더 높은 것으로 나타났다.

<표 4-6> 운영 방식별(직영, 위탁) 서비스 만족도와 충성도의 차이

설문 항목	도서관 서비스 전체 빈도(명, %)					만족도 점수 평균(표준편차)		
	매우 낮다	낮다	보통이다	높다	매우 높다	전 체	직영	위탁
전반적인 만족도	9 (0.3)	39 (1.2)	1159 (35.6)	1526 (46.9)	519 (15.9)	3.77 (0.728)	3.67 (0.740)	3.90 (0.701)
재이용 의도	13 (0.4)	47 (1.4)	470 (14.4)	1511 (46.4)	1212 (37.2)	4.19 (0.753)	4.11 (0.790)	4.29 (0.703)
타인에게 권장의도	17 (0.5)	74 (2.3)	659 (20.2)	1585 (48.7)	917 (28.2)	4.01 (0.782)	3.93 (0.815)	4.13 (0.739)

<표 4-7> 위탁기관별(공단, 순수민간) 서비스 만족도와 충성도의 차이

설문 항목	위탁기관 서비스 전체 빈도(명, %)					만족도 점수 평균(표준편차)		
	매우 낮다	낮다	보통이다	높다	매우 높다	전 체	공단	민간
전반적인 만족도	2 (0.1)	7 (0.5)	385 (27.4)	738 (52.6)	271 (19.3)	3.90 (0.701)	3.87 (0.703)	3.98 (0.691)
재이용 의도	4 (0.3)	11 (0.8)	145 (10.3)	656 (46.8)	587 (41.8)	4.29 (0.703)	4.28 (0.699)	4.31 (0.714)
타인에게 권장의도	4 (0.3)	16 (1.1)	229 (16.3)	693 (49.4)	461 (32.9)	4.13 (0.739)	4.12 (0.736)	4.15 (0.745)

4.1.4. 서비스 차원별, 운영 방식별 서비스 품질 분석

1) 표본도서관 전체의 차원별 서비스 품질 총괄

가) 직원 서비스 차원

직원 서비스에 대한 기대수준과 인지수준의 차이는 전체 평균이 0.31로서 다른 4가지 차원의 평균인 0.39보다는 낮아 다른 평가 요인보다는 나은 편이지만, 직원 서비스 차원만 살펴본다면, 여전히 서비스 품질 값이 양의 값을 나타내므로 이용자들의 기대 수준에 못 미친다고 볼 수 있다. 세부 내용을 보면, 도서관 이용자들의 요구에 신속히 응대하는 자세는 상대적으로 나은 상황이지만 이용자의 질문에 답하는 능력이 오히려 낮은 평가를 받는 것을 보면 직원들의 역량강화가 필요하고, 이용자를 적극 도우려는 자세와 친절한 자세를 요구하고 있다고 볼 수 있다.

<표 4-8> 직원 서비스 차원별 서비스 품질

항목	기대수준(E)	지각수준(P)	GAP(E - P)
직원들이 예의 바르고 친절	4.03(0.76)	3.74(0.83)	0.29
이용자 요구에 신속히 응답	4.06(0.75)	3.76(0.80)	0.29
이용자를 적극 도우려는 자세	3.87(0.83)	3.58(0.89)	0.30
질문에 충분히 답변할 능력	3.95(0.78)	3.60(0.82)	0.35
전 체	3.98(0.65)	3.67(0.71)	0.31

※ 수치는 평균값, ( )은 표준편차

나) 정보자료 차원

도서관의 핵심적인 기능인 정보자료 서비스 차원에서 이용자들의 품질 만족도는 0.53으로, 4개 차원 전체 평균인 0.39보다 훨씬 낮아 기대보다는 정보자료 제공이 미흡한 것으로 나타났다. 특히 최신 자료를 구비하는 항목(0.56)과 인쇄자료의 다양성(0.55)은 더욱 낮게 나타났고 희망 자료의 확보(0.54)도 신속히 이루어지지 못하고 있다고 평가되었다. 이는 도서관마다 도서자료의 다양성에 대한 욕구에 비해 실제 서비스가 매우 낮고, 도서구입의 경우에도 이용자들의 희망을 들어 구입하지만 도서구입 예산이 부족하거나 구입담당자들의 구입 우선순위에 대한 판단이 이용자의 욕구와 다를 수 있을 것으로 해석된다. 상대적으로 도서관 홈페이지에서 전자저널까지 구독할 수 있는 데 대해 이용자들의 불만이 크지 않았다.

〈표 4-9〉 정보자료 차원별 서비스 품질

항목	기대수준(E)	지각수준(P)	GAP(E-P)
인쇄출판 자료의 다양성	4.01(0.87)	3.48(0.87)	0.53
전자출판 자료의 충분성	3.76(0.90)	3.24(0.87)	0.52
최신 자료(인쇄·출판) 구비	3.96(0.89)	3.41(0.91)	0.55
자료보존 상태의 양호성	3.96(0.83)	3.43(0.90)	0.53
희망자료 확보의 신속성	3.99(0.86)	3.45(0.92)	0.54
홈페이지에서 전자저널과 자료의 열람 가능성	3.79(0.88)	3.32(0.89)	0.47
전 체	3.92(0.70)	3.39(0.68)	0.53

※ 수치는 평균값, ( )은 표준편차

다) 문화프로그램 및 정보접근 차원

문화프로그램과 정보접근성 차원의 경우도 여전히 기대수준에는 많이 미흡하지만, 전체 차원 평균인 0.39보다는 낮아 다른 서비스 차원보다는 상대적으로 만족 수준이 나은 수준이다. 하지만 이 분야도 세부내용을 보면, 운영 프로그램의 다양성이나 메일이나 문자 서비스 등을 통한 이용안내 등은 더 개선할 필요가 있는 것으로 나타났다. 다만, 문화 또는 교육 프로그램 운영은 충실히 추진되고 있는 것으로 평가되었다.

〈표 4-10〉 문화프로그램 및 정보접근 차원별 서비스 품질

항목	기대수준(E)	지각수준(P)	GAP(E-P)
문화, 교육프로그램의 다양성	3.75(0.93)	3.42(0.922)	0.33
문화, 교육프로그램 운영의 충실성	3.72(0.88)	3.46(0.852)	0.26
메일, 문자서비스 등을 통한 이용 정보 제공	3.71(0.97)	3.39(1.02)	0.32
홈페이지를 통한 정보검색과 이용안내가 충실함	3.85(0.85)	3.55(0.88)	0.30
전 체	3.76(0.74)	3.46(0.72)	0.31

※ 수치는 평균값, ( )은 표준편차

라) 시설장비 및 이용환경 차원

시설과 장비 등 열람지원환경에 있어서는 차원별 전체 평균인 0.39보다 높은 수준인 0.43으로서 정보자료 서비스 다음으로 만족도가 낮은 것으로 나타났다. 특히 편의시설에 대한 서비스와 열람시설 환경에 대한 기대에 현실 여건은 낮이 못 미치고 있음을 알 수 있다. 이는 개별 도서관마다 건립연도에 따라 다소 차이가 있을 것으로 보이지만 시설의 청결성이나 운영의 이용자 편의성 차원에서는 공통적으로 미흡한 것으로 보인다. 또한 멀티미디어 장비, 복사기 등 열람지원 장비의 확충이 필요하고, 자료실의 열람 분위기도 연구의욕을 고취시키는 노력이 요구되고 있다. 상대적으로 도서자료의 대출과 반납 서비스는 신속히 처리되고 있어 가장 불만이 적은 분야임을 알 수 있다.

<표 4-11> 시설장비 및 이용환경 차원별 서비스 품질

설문 항목	기대수준(E)	지각수준(P)	GAP(E – P)
자료검색용 컴퓨터가 충분하고 이용이 편리함	3.95(0.82)	3.52(0.93)	0.43
멀티미디어 장비의 충분성과 이용이 편리함	3.86(0.86)	3.38(0.89)	0.48
복사기가 충분하고 이용이 편리함	3.78(0.88)	3.33(0.94)	0.45
내부 열람시설(책걸상, 냉난방 등)이 잘 구비되고 쾌적함	4.05(0.85)	3.53(0.97)	0.52
편의시설(휴게실, 매점, 식당, 화장실 등)이 청결함	3.98(0.88)	3.40(0.99)	0.58
자료실 개관시간이 충분하고 이용에 편리함	4.08(0.81)	3.70(0.94)	0.38
자료실은 연구나 학습의욕을 고취시키는 분위기	3.95(0.85)	3.52(0.90)	0.43
자료의 대출, 반납이 신속히 처리됨	4.13(0.78)	3.98(0.84)	0.15
전 체	3.97(0.67)	3.54(0.66)	0.43

※ 수치는 평균값, ( )은 표준편차

2) 운영 방식별(직영, 위탁) 서비스 품질 비교

가) 직원 서비스 차원

이제 본 연구의 관심사항인 서비스 차원별 운영 방식에 따른 품질 차이를 살펴본다. 먼저 직원 서비스의 경우 전체 평균이 0.31임에 비해 직영은 0.38, 위탁은 0.22로서 위탁운영이 직원 서비스가 현저히 나음을 알 수 있다. 이는 위탁의 경우 대응성이 더 좋아지며 이용자 서비스에 대한 직원들의 자세가 공무원 신분인 직원들의 자세와 다름을 잘 나타내 주고 있어, 운영 방식에 따라 도서관 서비스 성과에 차이가 있음을 분명히 보여 주고 있다.

<표 4-12> 운영 방식별 직원 서비스의 품질 비교

설문 항목	직영			위탁		
	기대(E)	지각(P)	갭 (E-P)	기대(E)	지각(P)	갭 (E-P)
직원들이 예의 바르고 친절	3.99 (0.75)	3.63 (0.83)	0.36	4.09 (0.76)	3.89 (0.80)	0.20
이용자 요구에 신속히 응답	4.02 (0.74)	3.67 (0.81)	0.35	4.10 (0.75)	3.89 (0.78)	0.21
이용자를 적극 도우려는 자세	3.83 (0.83)	3.46 (0.88)	0.37	3.93 (0.82)	3.72 (0.87)	0.21
질문에 충분히 답변할 능력	3.90 (0.78)	3.49 (0.81)	0.41	4.01 (0.78)	3.73 (0.80)	0.28
전 체	3.94 (0.64)	3.56 (0.71)	0.38	4.03 (0.66)	3.81 (0.69)	0.22

※ 수치는 평균값, ( )은 표준편차

나) 정보자료 차원

정보자료 서비스 차원에서도 직영과 위탁 방식 간 서비스 품질이 크게 차이가 났다. 최신 도서자료의 구비 여부의 경우, 직영은 기대와 인지의 차이가 0.63인 데 비해 위탁의 경우 0.47로서 직영의 경우가 훨씬 서비스 만족도가 낮은 것을 확인할 수 있고, 전반적으로 정보자료 서비스는 직영의 경우 갭이 0.55~0.63인 데 비해 위탁은 0.35~0.50으로 직영보다 위탁운영이 만족도가 높은 것으로 나타났다.

〈표 4-13〉 운영 방식별 정보자료 차원의 서비스 품질 비교

설문 항목	직영			위탁		
	기대(E)	지각(P)	갭 (E-P)	기대(E)	지각(P)	갭 (E-P)
인쇄출판 자료의 다양성	3.99 (0.87)	3.41 (0.88)	0.58	4.04 (0.86)	3.57 (0.86)	0.47
전자출판 자료의 충분성	3.74 (0.90)	3.18 (0.85)	0.56	3.80 (0.90)	3.33 (0.88)	0.47
최신 자료(인쇄·출판) 구비	3.95 (0.87)	3.32 (0.89)	0.63	3.99 (0.91)	3.52 (0.92)	0.47
자료보존상태의 양호성	3.90 (0.84)	3.28 (0.88)	0.62	4.03 (0.81)	3.61 (0.88)	0.42
희망자료 확보의 신속성	3.96 (0.85)	3.39 (0.93)	0.57	4.03 (0.87)	3.53 (0.91)	0.50
홈페이지에서 전자저널과 자료의 열람 가능성	3.76 (0.87)	3.21 (0.89)	0.55	3.81 (0.88)	3.46 (0.87)	0.35
전 체	3.89 (0.70)	3.31 (0.67)	0.58	3.95 (0.71)	3.50 (0.68)	0.45

※ 수치는 평균값. ( )은 표준편차

다) 문화프로그램 및 정보접근 차원

문화프로그램과 정보접근 차원의 경우, 다른 차원보다는 갭이 작은 편이긴 하나 직영과 위탁 방식 중 여전히 위탁 방식이 직영 방식보다 만족도가 높게 나타났다. 문화교육프로그램의 다양성 측면에서 상대적으로 기대와 인지 간의 차이가 직영은 0.38, 위탁은 0.27로서 위탁 방식이 0.11이나 만족도가 높다는 것을 보여 준다. 상대적으로 문화프로그램 운영의 충실성 측면에서는 운영 방식에 상관없이 기대와 인식의 차이가 가장 적어 만족도가 다른 측정 항목에 비해 좋은 실정이다.

〈표 4-14〉 운영 방식별 문화프로그램 및 정보접근 차원의 서비스 품질 비교

설문 항목	직영			위탁		
	기대(E)	지각(P)	갭 (E-P)	기대(E)	지각(P)	갭 (E-P)
문화, 교육프로그램의 다양성	3.71 (0.93)	3.33 (0.93)	0.38	3.80 (0.92)	3.53 (0.91)	0.27
문화, 교육프로그램 운영의 충실성	3.68 (0.88)	3.39 (0.85)	0.29	3.78 (0.88)	3.56 (0.84)	0.22
메일, 문자서비스 등을 통한 이용 정보 제공	3.68 (0.95)	3.34 (0.99)	0.34	3.74 (0.99)	3.45 (1.05)	0.29
홈페이지를 통한 정보검색과 이용안내가 충실함	3.82 (0.86)	3.47 (0.88)	0.35	3.90 (0.85)	3.65 (0.87)	0.25
전 체	3.73 (0.73)	3.38 (0.71)	0.35	3.81 (0.74)	3.55 (0.72)	0.26

※ 수치는 평균값, ( )은 표준편차

라) 시설장비 및 이용환경 차원

시설과 도서관 이용환경 차원에서도 직영 방식과 위탁 방식의 서비스 품질은 각각 평균 0.49, 0.36으로 위탁 방식이 더 높다. 특히 휴게실, 매점, 식당, 화장실 등 편의시설의 청결은 직영의 경우 0.68인 데 비해 위탁은 0.45로 위탁운영의 경우가 훨씬 청결한 것으로 평가되었다. 내부 열람시설의 쾌적함의 경우도 직영은 0.62인 데 비해 위탁운영은 0.38로 차이가 많은데 위탁운영의 경우 그만큼 더 이용자를 위한 배려가 높다는 것을 반증한다고 볼 수 있다. 정보검색을 위한 장비, 시설 이용은 대체로 다른 서비스 차원보다는 만족도가 낮아 개선점이 많다. 하지만 이 중 자료의 대출과 반납이 신속히 처리되는지에 대한 평가에는 가장 대체로 불만이 적다고 인식하고 있으나 이 경우에도 직영의 경우보다 위탁의 경우가 만족도가 더 높게 평가되고 있음은 주목할 필요가 있다.

<표 4-15> 운영 방식별 시설장비 및 이용환경 차원의 서비스 품질 비교

설문 항목	직영			위탁		
	기대(E)	지각(P)	갭 (E - P)	기대(E)	지각(P)	갭 (E - P)
자료검색용 컴퓨터가 충분하고 이용이 편리함	3.91 (0.82)	3.45 (0.94)	0.46	4.00 (0.82)	3.61 (0.91)	0.39
멀티미디어 장비의 충분성과 이용이 편리함	3.81 (0.86)	3.28 (0.89)	0.53	3.92 (0.86)	3.51 (0.89)	0.41
복사기가 충분하고 이용이 편리함	3.74 (0.87)	3.27 (0.94)	0.47	3.82 (0.90)	3.41 (0.93)	0.41
내부 열람시설(책걸상, 냉난방 등)이 잘 구비되고 쾌적함	3.98 (0.87)	3.36 (0.98)	0.62	4.13 (0.81)	3.75 (0.91)	0.38
편의시설(휴게실, 매점, 식당, 화장실 등)이 청결함	3.90 (0.91)	3.22 (0.97)	0.68	4.08 (0.84)	3.63 (0.97)	0.45
자료실 개관시간이 충분하고 이용에 편리함	4.01 (0.82)	3.57 (0.92)	0.44	4.16 (0.80)	3.86 (0.93)	0.30
자료실은 연구나 학습의욕을 고취시키는 분위기	3.90 (0.87)	3.41 (0.92)	0.49	4.02 (0.83)	3.66 (0.85)	0.36
자료의 대출과 반납이 신속히 처리됨	4.09 (0.79)	3.91 (0.85)	0.18	4.18 (0.76)	4.07 (0.82)	0.11
전 체	3.92 (0.67)	3.43 (0.65)	0.49	4.04 (0.66)	3.68 (0.64)	0.36

※ 수치는 평균값. ( )은 표준편차

3) 위탁기관별(공단, 순수민간) 서비스 품질 비교

이번에는 위탁기관들 간에 서비스 품질에 차이가 있는지를 살펴본다. 먼저 시설관리공단과 비영리법인, 복지단체, 대학 등 순수민간위탁(이하 '민간위탁'이라 한다.) 기관들 간의 서비스 품질을 비교해 보면, 4가지 차원 모두 공단위탁보다는 민간위탁의 경우가 더 높았다. 차원별 품질 차이를 비교해 본다.

가) 직원 서비스 차원

직원 서비스에 대한 이용자 만족도의 경우도 공단위탁(평균 0.25)보다 민간위탁(평균 0.17)이 더 높다. 특히, 이용자의 질문에 답변하는 능력은 공단과 민간위탁 기관 모두 다른 항목보다 낮은 편이지만, 그 경우에도 공단위탁(0.31)은 민간위탁(0.20)보다 더 낮은 것으로 나타나 직원들의 역량강화가 시급하고, 절실히 필요한 과제로 보인다. 또한 이용자들을 적극 도우려는 자세 차원에서는 민간위탁의 경우(0.13)가 훨씬 높게 평가되고 있는 데 반해 공단위탁의 경우(0.23) 많이 부족한 것으로 나타나 기본적으로 고객에 대한 관심과 도와주려는 서비스 정신에서부터 차이가 있음을 보여 주고 있다.

〈표 4-16〉 직원 서비스 차원의 위탁기관별 서비스 품질

설문 항목	공단위탁			민간위탁		
	기대(E)	지각(P)	갭 (E-P)	기대(E)	지각(P)	갭 (E-P)
직원들이 예의 바르고 친절	4.08 (0.76)	3.87 (0.79)	0.21	4.09 (0.75)	3.94 (0.82)	0.15
이용자 요구에 신속히 응답	4.08 (0.76)	3.86 (0.77)	0.22	4.14 (0.71)	3.96 (0.78)	0.18
이용자를 적극 도우려는 자세	3.94 (0.82)	3.71 (0.86)	0.23	3.90 (0.84)	3.77 (0.91)	0.13
질문에 충분히 답변할 능력	4.03 (0.79)	3.72 (0.78)	0.31	3.95 (0.76)	3.75 (0.84)	0.20
전 체	4.04 (0.66)	3.79 (0.68)	0.25	4.02 (0.64)	3.85 (0.72)	0.17

※ 수치는 평균값. ( )은 표준편차

나) 정보자료 차원

정보자료 지원의 경우에도 공단위탁 평균은 0.48이고 민간위탁은 0.38로서 민간위탁의 서비스 품질이 높게 나타났다. 이 차원에서도 거의 모든 항목에서 민간위탁이 우세한 평가를 받았지만, 특이한 점은 희망자료 확보의 신속성에 대한 이용자 만족도는 경미한 차이이긴 하지만 민간위탁이 공단위탁보다 더 못했다. 반면에 홈페이지에서 전자저널과 자료의 열람 가능성에 대한 부분과 전자 자료의 충분성에 대한 만족도에서는 민간위탁이 0.23～0.26만큼 공단보다 높게 나타났다.

〈표 4-17〉 정보자료 차원의 위탁기관별 서비스 품질

설문 항목	공단위탁			민간위탁		
	기대(E)	지각(P)	갭 (E-P)	기대(E)	지각(P)	갭 (E-P)
인쇄출판 자료의 다양성	4.04 (0.87)	3.57 (0.84)	0.47	4.02 (0.86)	3.56 (0.90)	0.46
전자출판 자료의 충분성	3.80 (0.92)	3.26 (0.87)	0.54	3.78 (0.87)	3.47 (0.89)	0.31
최신 자료(인쇄·출판) 구비	4.00 (0.92)	3.51 (0.89)	0.49	3.97 (0.90)	3.55 (0.97)	0.42
자료보존상태의 양호성	4.03 (0.82)	3.57 (0.87)	0.46	4.03 (0.79)	3.70 (0.90)	0.33
희망자료 확보의 신속성	4.04 (0.86)	3.55 (0.90)	0.49	3.98 (0.90)	3.47 (0.94)	0.51
홈페이지에서 전자저널과 자료의 열람 가능성	3.79 (0.89)	3.38 (0.86)	0.41	3.88 (0.83)	3.63 (0.86)	0.25
전 체	3.95 (0.72)	3.47 (0.65)	0.48	3.95 (0.69)	3.57 (0.73)	0.38

※ 수치는 평균값. ( )은 표준편차

다) 문화프로그램 및 정보접근 차원

문화프로그램 운영 측면에서도 공단위탁보다 민간위탁에 대한 만족도가 훨씬 높았다. 특히 문화, 교육프로그램 운영의 충실성 측면에서는 불만이 가장 적었으며, 각 항목별로 민간위탁이 공단위탁의 경우보다 2배 이상 만족도가 높게 나타난 점을 보면, 도서관의 주요 기능인 문화프로그램 제공 차원은 민간위탁의 경우가 더 적극적임을 알 수 있다.

〈표 4-18〉 문화프로그램 및 정보접근 차원의 위탁기관별 서비스 품질

설문 항목	공단위탁			민간위탁		
	기대(E)	지각(P)	갭 (E-P)	기대(E)	지각(P)	갭 (E-P)
문화, 교육프로그램의 다양성	3.79 (0.93)	3.47 (0.92)	0.32	3.83 (0.90)	3.67 (0.88)	0.16
문화, 교육프로그램 운영의 충실성	3.78 (0.88)	3.50 (0.85)	0.28	3.79 (0.87)	3.68 (0.82)	0.11
메일, 문자서비스 등을 통한 이용 정보 제공	3.72 (1.01)	3.36 (1.07)	0.36	3.81 (0.94)	3.66 (0.99)	0.15
홈페이지를 통한 정보검색과 이용 안내가 충실함	3.87 (0.87)	3.60 (0.86)	0.27	3.97 (0.80)	3.76 (0.89)	0.21
전 체	3.79 (0.76)	3.49 (0.72)	0.30	3.85 (0.71)	3.69 (0.70)	0.16

※ 수치는 평균값. ( )은 표준편차

라) 시설장비 및 이용환경 차원

시설과 이용환경 차원에서는 대체로 이용자의 불만이 높은 편이지만, 그렇더라도 공단보다는 민간위탁기관의 경우 불만이 더 낮았다. 특히 자료의 대출과 반납이 신속히 이루어지는 상황에 대한 평가부분은 공단과 민간위탁 기관 모두 이 차원 내에서 만족도가 가장

높았지만, 그 경우에도 민간위탁이 좀 더 높은 만족도를 나타냈다.

<표 4-19> 시설장비 및 이용환경 차원의 위탁기관별 서비스 품질

설문 항목	공단위탁			민간위탁		
	기대(E)	지각(P)	갭 (E-P)	기대(E)	지각(P)	갭 (E-P)
자료검색용 컴퓨터가 충분하고 이용이 편리함	3.99 (0.83)	3.56 (0.91)	0.43	4.01 (0.80)	3.71 (0.90)	0.30
멀티미디어 장비의 충분성과 이용이 편리함	3.91 (0.88)	3.42 (0.86)	0.49	3.95 (0.81)	3.71 (0.91)	0.24
복사기가 충분하고 이용이 편리함	3.82 (0.92)	3.35 (0.92)	0.47	3.83 (0.84)	3.55 (0.96)	0.28
내부 열람시설(책걸상, 냉난방 등)이 잘 구비되고 쾌적함	4.14 (0.83)	3.74 (0.92)	0.40	4.12 (0.77)	3.77 (0.89)	0.35
편의시설(휴게실, 매점, 식당, 화장실 등)이 청결함	4.08 (0.86)	3.55 (0.97)	0.53	4.09 (0.82)	3.80 (0.96)	0.29
자료실 개관시간이 충분하고 이용에 편리함	4.17 (0.79)	3.85 (0.91)	0.32	4.13 (0.83)	3.89 (0.98)	0.24
자료실은 연구나 학습의욕을 고취시키는 분위기	4.01 (0.83)	3.63 (0.85)	0.38	4.05 (0.82)	3.73 (0.86)	0.32
자료의 대출과 반납이 신속히 처리됨	4.16 (0.78)	4.04 (0.81)	0.12	4.23 (0.74)	4.13 (0.84)	0.10
전 체	4.03 (0.67)	3.64 (0.63)	0.39	4.05 (0.62)	3.79 (0.65)	0.26

※ 수치는 평균값. ( )은 표준편차

4.1.5. 서비스 기관별, 운영 방식별 품질 분석

1) 운영 방식별, 도서관별 서비스 품질

〈표 4-20〉 운영 방식별, 공공도서관별 서비스의 품질

운영 방식	도서관 명	서비스 품질(평균, 표준편차)
직 영	L01	0.477(0.66)
	L03	0.315(0.52)
	L04	0.407(0.69)
	L05	0.474(0.58)
	L06	0.488(0.65)
	L07	0.273(0.55)
	L08	0.337(0.65)
	L09	0.464(0.55)
	L10	0.469(0.61)
	L11	0.496(0.76)
	L12	0.548(0.61)
	L13	0.279(0.64)
	L14	0.530(0.74)
	L15	0.496(0.68)
	L16	0.846(0.64)
	L17	0.488(0.67)
	L18	0.247(0.58)
	L19	0.657(0.67)
	L20	0.363(0.70)
	L34	0.582(0.74)
	L35	0.491(0.72)
	L38	0.232(0.72)
	직영 전체 계	0.456(0.66)

운영 방식		도서관 명	서비스 품질(평균, 표준편차)
위탁 운영	공단 위탁	L21*	0.350(0.73)
		L24*	0.011(0.61)
		L25*	0.565(0.54)
		L26*	0.061(0.69)
		L27*	0.435(0.71)
		L28*	0.442(0.49)
		L30*	0.361(0.60)
		L31*	0.471(0.62)
		L32*	0.703(0.66)
		L36*	0.359(0.64)
		L37*	0.314(0.60)
		L39*	0.648(0.41)
		소 계	0.358(0.65)
	민간 위탁	L02**	0.075(0.35)
		L22**	0.535(0.67)
		L23**	0.228(0.54)
		L29**	0.374(0.58)
		L33**	−0.019(046)
		소 계	0.249(0.56)
위탁 전체 계			0.325(0.62)

※ L은 분석용으로 부여한 도서관코드, *는 공단위탁, **는 민간위탁

도서관 운영 방식별 서비스 품질을 종합해 보면, 전술한 바와 같이 직영은 0.456이고, 위탁 평균은 0.325로서 직영보다는 위탁운영이 서비스 품질 값이 크다. 또한 위탁기관별로는 공단위탁이 0.358이고, 민간위탁이 0.249로서 순수 민간위탁이 더 서비스 만족도가 높게 나타났다.

도서관별 분포는 직영 도서관 22개관, 위탁 도서관 17개관(공단위탁 12개관, 민간위탁 5개관)인데, 직영 도서관부터 살펴보자. 전체적으로 보면 직영 도서관의 서비스 품질은 0.2에서 0.8까지 분포

되어 있다. 서비스에 대한 기대치와 인지치를 리커트 5점 척도로 측정했으므로 품질 값은 -4에서 +4까지 분포하게 되는데 위의 품질 값을 보면 1점대의 좁은 구간 내에서 상대적인 차이를 나타내고 있다. 직영의 경우, 서비스 품질은 마이너스 값이 있는 도서관이 하나도 없다. 이는 모두 불만족 상태임을 나타내며, 0.4점대가 10개관으로 가장 많고, 0.1과 0.7대의 값을 가지는 도서관은 없으나 0.8대 값을 가지는, 가장 만족도가 낮은 도서관이 1개관이 분포해 있다. 특이한 점은 도서관 설립 연도가 오래된 L03(1920년 7월), L09(1922년 10월), L16(1971년 3월), L20(1974년 6월), L07(1977년 1월) 도서관 등의 경우도 대부분 0.2점대에서 4점대 사이인 걸 보면(L16 도서관만 0.846), 서비스 품질은 도서관의 설립 연도와 직접적인 관련이 적고, 도서관 운영자들의 인식과 노력이 더 큰 영향을 미치는 것으로 볼 수 있다. 또한 지역적인 분포를 보면, 서울 지역 도서관(20개관)과 A지역 도서관(2개관)을 비교해 보면, A지역 도서관은 수가 적지만 0.4와 0.5점대에 분포되어 있어 서울지역도서관보다 서비스 품질이 더 좋다고 할 수는 없다.

위탁운영 도서관의 경우는 서비스 품질이 마이너스 값을 가져 현재 서비스에 대해 만족을 표시하는 도서관이 1개관이 있으며, 품질 값이 0.1점 이하인 도서관도 3개관이 있다는 점이 직영 도서관과 직접 비교되는 점이다. 즉 위탁 방식으로 운영하는 도서관 이용자의 만족도가 훨씬 높게 나올 가능성을 보여 주고 있고, 직영보다는 위탁 운영도서관에 대한 이용자 만족이 더 높게 나타났다. 이를 세부적으로 살펴보면, 공단위탁 12개관은 대부분 0.3에서 0.4점대에 7개관이 분포해 있고, 0.5에서 0.7점대에도 각각 1개관이 분포해 있어 직영 도서관 평균과 큰 차이는 없다. 하지만, 2개관은 0.011, 0.061으로 도서관 서비스에 대한 기대만큼 서비스가 이루어지고 있음을 나타내고 있다. A지역 소재 2개 도서관은 0.3점대에 있어 품질 값이 평균적인 수준이다. 반면, 순수 민간위탁 도서관의 경우는 1개관이 −0.019, 다른 1개관은 0.075이고, 2개관은 0.228, 0.374로서 0.535인 1개관만 제외하면 직영은 물론이고 공단위탁보다 서비스 품질이 훨씬 좋음을 잘 보여 주고 있다. 물론 민간위탁의 경우도 서비스 품질이 훨씬 좋아질 가능성을 보이고는 있으나 운영자나 환경여하에 따라서는 만족할 만한 서비스의 질적 개선이 안 되는 경우도 있음을 보여 주고 있다. 도서관별 서비스 품질 값 분포대를 표로 나타내면 다음과 같다.

〈표 4-21〉 도서관별 서비스 품질 분포

서비스 품질값		−0.01 이하	0.01− 0.099	0.1− 0.199	0.2− 0.299	0.3− 0.399	0.4− 0.499	0.5− 0.599	0.6− 0.699	0.7− 0.799	0.8− 0.899
직영		−	−	−	L07 L13 L18 L38	L03 L08 L20	L01,L04 L05,L06 L09,L10 L11,L15 L17,L35	L12 L14 L34	L19	−	L16
위탁	공단	−	L24 L26	−	−	L21,L30 L36,L37	L27 L28 L31	L25	L39	L32	−
	민간	L33	L02	−	L23	L29	−	L22	−	−	−

※ 서비스 품질 값(기대−지각)은 −값이 만족, +값이 불만

2) 운영 방식별, 차원별 서비스 품질 종합

<표 4−22>에서 보듯이, 도서관 운영 방식별 서비스 품질을 종

합적으로 비교해 보면, 서비스의 각 차원에서 모두 직영보다는 위탁 운영이 서비스 품질이 높았다. 또한 위탁기관들 간의 비교에서는 공단위탁보다는 순수 민간위탁의 경우가 서비스 품질이 더 높게 나타났다.

먼저 직원 서비스 차원을 살펴보면, 직원들이 예의 바르고 친절한 정도에 대해서는 그 품질 값이 직영 도서관은 0.36, 공단위탁은 0.21, 민간위탁은 0.15로서 민간위탁의 경우가 직영이나 공단위탁의 경우보다 더 예의 바르고 친절하게 도서관 이용자들에게 서비스하는 것으로 나타났다. 특히, 이용자들을 적극 도우려는 자세를 보면, 직영은 0.37인 데 비해 공단위탁은 0.23, 민간위탁은 0.13으로 민간위탁의 직원 서비스가 직영보다 훨씬 좋았다. 또한 직원 서비스 중 상대적으로 불만이 많은 항목인 "이용자들이 질문에 충분히 답변할 능력이 있는가"에 대한 항목에서도 직영은 0.41, 공단위탁은 0.31, 민간위탁은 0.20으로 민간위탁이 훨씬 좋게 나타났다.

다음으로 정보자료 서비스를 살펴보면, 공공도서관의 가장 중요한 기능인 지식정보 제공 서비스 차원의 경우에는 운영 방식에 관계없이 모두 불만이 높게 나타났지만, 그럼에도 운영 방식별로 서비스 품질을 비교해 보면, 직영이 0.58, 공단위탁이 0.48, 민간위탁이 0.38로서 민간위탁의 경우가 직영보다는 훨씬 좋은 평가를 받고 있다. 도서자료 등 장서의 소장 수량을 보면, 교육청 소속의 직영 도서관이 위탁 운영 중인 구립도서관들보다 훨씬 많음에도 불구하고 정보서비스가 좋지 않게 나타난 것을 보면, 위탁 운영 도서관이 전자출판자료를 더 소장하거나 최신자료를 더 잘 구비하고 있으며, 홈페이지에서도 전자자료의 열람이 가능토록 하는 등 이용자 서비스에 더 적극적임을 잘 나타내 주고 있다. 이러한 현상은 결국 서비스 제공자들이 얼마나 수요자의 요구에 부응하려고 하느냐 하는 데 대한 인식과 노력의 차이를 잘 보여 주는 것으로서, 현 단계에서는 직영 도서관보다는 위탁 운영도서관이 더욱 이용자의 눈높이에 맞는 서비스에 더 관심이 있음을 잘 보여 주고 있다고 하겠다. 인쇄출판, 전자출판 자료의 다양성이나 충분성, 보존상태의 양호성, 최신자료의 구비 정도 및 희망자료 확보의 신속성 등 모든 항목에서 이용자의 지식정보 욕구를 제대로 충족시켜 주지 못하는 것으로 나타났지만, 그래도 직영보다는 위탁 운영이 불만이 적음은 도서관 운영 방식의 개선과 관련하여 시사하는 바가 크다.

다음으로 문화, 학습프로그램 운영과 관련된 차원을 보면, 직영의 경우에도 다른 차원에서보다는 서비스에 대한 불만이 상대적으로 적고, 공단위탁의 경우와 만족도가 비슷하게 나타났다. 프로그램 운영의 다양성과 충실성은 직영이 각각 0.38, 0.29인데, 공단위탁의 경우도 0.32, 0.28로 큰 차이가 없다. 하지만 이 경우에도 민간위탁의 경우는 각각 0.16, 0.11로서 직영과 공단위탁보다 만족도가 훨씬 높다. 공공도서관의 주요한 기능 중의 하나인 문화와 학습센터로서의 기능 역시 민간위탁 방식이 더 잘 수행하고 있는 것으로 나타나, 앞의 정보서비스 기능과 함께 공공도서관의 주요기능 수행에는 민간위탁 도서관이 이용자 만족도가 더 높았다.

마지막으로 시설, 이용환경과 정보 접근 차원에서도 운영 방식에 따른 서비스 만족도의 차이가 컸다. 자료검색용 컴퓨터, 멀티미디어 장비, 복사기 등의 충분성과 이용 편리성 부분에서는 직영과 공단이 경미한 차이를 보이거나 유사한 평가를 받고 있음에도 민간위탁의 경우는 훨씬 좋은 평가를 받고 있다. 또한 내부 열람시설이나 외부 편의시설 등에서는 직영 도서관이 공단과 민간위탁에 비해 매우 좋지 않은 평가를 받았는데, 이는 앞으로 도서관 시설과 공간을 이용자를 위해 더 많이 배려할 필요가 있음을 나타낸다고 할 수 있다. 아직도 자료실 이용시간이나 분위기가 연구나 학습의 욕을 고취시키기에는 매우 부족한 것으로 나타났는데, 이 또한 경미하지만 직영보다는 위탁 운영이 더 좋게 나타났다. 특히, 자료실 이용시간 연장을 통한 공공도서관 서비스 확대는 2007년부터 실시하였는데, 2009년에는 200개관까지 확대 운영해 나가고 있다.

〈표 4-22〉 도서관 서비스의 차원별, 운영 방식별 품질 비교

차원	설문 항목	직영	공단 위탁	민간 위탁
직원	직원들이 예의 바르고 친절	0.36	0.21	0.15
	이용자 요구에 신속히 응답	0.35	0.22	0.18
	이용자를 적극 도우려는 자세	0.37	0.23	0.13
	질문에 충분히 답변할 능력	0.41	0.31	0.20
	소 계	0.38	0.25	0.17
정보자료	인쇄출판 자료의 다양성	0.58	0.47	0.46
	전자출판 자료의 충분성	0.56	0.54	0.31
	최신 자료의 구비	0.63	0.49	0.42
	자료보존 상태의 양호성	0.62	0.46	0.33
	희망자료 확보의 신속성	0.57	0.49	0.51
	홈페이지에서 전자저널과 자료의 열람 가능성	0.55	0.41	0.25
	소 계	0.58	0.48	0.38
문화프로그램/정보접근	문화, 교육프로그램의 다양성	0.38	0.32	0.16
	문화, 교육프로그램 운영의 충실성	0.29	0.28	0.11
	메일, 문자서비스 등을 통한 이용 정보 제공	0.34	0.36	0.15
	홈페이지를 통한 정보검색과 이용안내가 충실함	0.35	0.27	0.21
	소 계	0.35	0.30	0.16

차원	설문 항목	직영	공단 위탁	민간 위탁
시설/ 이용환경	자료검색용 컴퓨터가 충분하고 이용이 편리함	0.46	0.43	0.30
	멀티미디어 장비의 충분성과 이용이 편리함	0.53	0.49	0.24
	복사기가 충분하고 이용이 편리함	0.47	0.47	0.28
	내부 열람시설(책걸상, 냉난방 등)이 잘 구비되고 쾌적함	0.62	0.40	0.35
	편의시설(휴게실, 매점, 식당, 화장실 등)이 청결함	0.68	0.53	0.29
	자료실 개관시간이 충분하고 이용에 편리함	0.44	0.32	0.24
	자료실은 연구나 학습의욕을 고취시키는 분위기	0.49	0.38	0.32
	자료의 대출과 반납이 신속히 처리됨	0.18	0.12	0.10
	소 계	**0.49**	**0.39**	**0.26**

4.2.1. 투입산출변수의 통계량

공공도서관 서비스의 상대적 효율성을 측정하기 위한 자료포락분석(DEA)에 사용한 투입, 산출변수의 통계량은 <표 4-23>과 같다.

〈표 4-23〉 투입산출변수의 통계량

구 분	N	최솟값	최댓값	평균	표준편차
직원수	39	4	66	24.49	11.90
예산	39	345,530	4,323,732	1,645,503	922,280.10
장서수	39	21,001	499,880	162,337.51	97,954.73
이용자수	39	98,576	1,703,708	735,682.23	400,078.50
이용책수	39	60,790	668,880	305,823.28	136,728.60
만족도(품질)	39	39.43	52.38	44.97	2.45

본 연구는 공공도서관 서비스의 민간위탁 성과를 직영 도서관의 성과와 비교, 분석하되 질적, 양적 측면에서 통합, 분석하려고 하므로 이 분석에서 사용하는 통계는 서비스 품질 분석을 위해 추출된 표본 도서관 39개관과 동일한 도서관을 대상으로 각 도서관의 양적, 질적 통계를 변수로 사용하였다. 먼저 투입변수로는 각 도서관

의 직원 수와 예산, 장서 수를 사용하였다. 직원 수는 최저 4명인 도서관을 포함하여 10인 미만이 3개관, 최대 66명 등 40인 이상이 3개관이고, 30명 이상은 5개관이며, 대부분은 20~30명 수준으로 평균 24.49명이다. 예산규모도 직원 수 차이처럼 규모에 따라 차이가 있으며 평균 16억 원이고, 장서량은 평균 16만 권(건)이다. 산출변수로는 도서관 이용자 수, 이용 책 수, 만족도(서비스 품질)를 선정하였다. 먼저 이용자 수는 평균 73만 명으로 이동도서관, 순회도서관의 대출자, 문화프로그램 이용자를 포함한 숫자이나 수험공부 등을 위해 공부방만 이용한 사람의 수는 제외하였다. 이용 책 수는 평균 30만 권으로 작은 도서관이나 순회문고 등에서의 대출권수도 포함하였지만, 도서관에서 열람만 한 책 수는 통계 산정에 정확성이 없어 제외하였다.

또한 본 연구에서는 DEA를 활용한 공공서비스의 효율성 측정시 처음으로 서비스의 질을 산출변수로 사용하였다. 표본도서관의 서비스 품질 값은 전술하였듯이 서브퀼 방식으로 조사한 도서관별 서비스 품질 값을 100으로 환산하여 활용하였다. 예를 들면, A도서관의 서비스 품질을 환산한 방식은 다음과 같다. A도서관의 각 차원별 품질은 측정항목별 서비스에 대한 이용자의 기대와 실제 이용 후의 인지치의 차이를 합하여 평균한 값으로 그 범위는 -4와 4 사이의 값을 가진다. 따라서 A도서관의 품질 값은 이처럼 각 차원별 품질 값을 합한 값이다. 앞의 통계에서는 이 값을 4개 차원으로 나누어서 평균 품질 값을 사용하였는데, 이번에는 이를 4로 나누지 않고 그대로 사용하였다. 이 수치를 100을 기준으로 환산하였기 때문이다. 4개 차원으로 확대하면 각 도서관의 품질 값은 -16

과 16 사이에 있는데, −16을 0에, 0은 50에, 16은 100에 매칭시켜 서비스 품질 값(이하 품질 '수정 값'이라 한다.)을 환산하여 각 도서관의 서비스 품질 수정 값을 작성,3) 사용하였다. 참고로 리커트 5점 척도를 이용하여 도서관 이용자의 이용 후의 만족 정도(P)가 이용 전의 기대치(E)보다 더 크면, 차이 값은 양(+)의 값을 가질 것이고 만족한다는 표시이며 그 차이 값이 클수록 만족 정도가 크다고 해석한다. 그런데 그 값이 음수(−) 값이면, 불만 상태를 나타내고 그 값이 클수록 불만이 큰 상태를 반영한다.

4.2.2. 모형별 효율성 측정결과

1) CCR모형에 의한 효율성 분석

Charnes, Cooper, Rhodes(1978)에 의해 개발된 CCR모형은 규모에 대한 수익 불변(Constant Return to Scale)을 가정하고 효율성을 측정하며, 효율성 값은 0에서 1의 값을 가진다. 또한 DEA모형은 산출극대화를 위한 Output Orientation 방식과 투입을 최소화하는 Input Orientation 방식이 있는데, 본 연구에서는 투입요소는 일정한 것으로 보고 산출을 극대화하기 위한 Output Orientation 방식으로 분석하였다. CCR모형에 의한 상대적 효율성을 측정한 결과는

---

3) 서비스 품질의 수정 값은 (50 + x)로서 x 값은 (50*도서관별 품질 값)/16으로 환산할 수 있다. 예를 들어 가장 서비스 만족도가 높은 L33 도서관은 서비스 품질(ΣP − E)이 0.076으로 수정 값은 52.38이고, 가장 만족도가 낮은 L16도서관은 서비스 품질(ΣP − E)이 − 3.384로서 수정 값은 39.43이다. 제4장의 서비스 품질(ΣP − E) 값이 대부분이 음수 값이라서 보기 쉽게 품질 값을 (ΣE − P)로 계산하여 사용하였지만, 수정 값 산정에서는 모두 양수로 환산되므로 다시 (ΣP − E) 값으로 계산하였다.

<표 4-24>와 같다. 여기서 DMU는 최소 의사결정단위(Decision Making Unit)이다. 연구목적상 표본도서관을 L01부터 L39까지 코드를 부여하였는데, DEA모형에서는 이를 DMU01에서 DMU39로 코드를 부여하였다.

<표 4-24> CCR모형 측정 결과

DMU	위탁 여부	효율성 (%)	준거집단(Benchmarks)	참조횟수
DMU01	0	47.96	23(0.5) 24(1.0) 25(0.5)	
DMU02	1	69.74	23(1.4) 24(0.0) 32(0.1)	
DMU03	0	47.35	23(1.4) 24(0.6)	
DMU04	0	48.64	23(0.5) 32(0.1) 33(1.2) 34(0.4)	
DMU05	0	76.57	23(0.5) 24(0.2) 25(0.4) 33(0.1) 34(0.1)	
DMU06	0	35.69	23(0.0) 24(1.1) 25(1.0) 33(0.1) 34(0.5)	
DMU07	0	19.46	23(0.2) 24(1.8) 25(2.1) 34(1.2)	
DMU08	0	50.81	23(1.3) 24(0.3) 25(0.3) 34(0.0)	
DMU09	0	19.16	23(1.3) 24(2.2) 25(1.0) 34(0.4)	
DMU10	0	58.31	23(0.7) 24(0.4) 25(0.3) 34(0.2)	
DMU11	0	45.17	23(0.1) 24(1.2) 25(0.7) 34(0.1)	
DMU12	0	90.01	23(1.6) 32(0.0) 33(0.3) 34(0.0)	
DMU13	0	64.18	23(1.1) 24(0.3) 25(0.2)	
DMU14	0	52.38	23(0.1) 24(0.6) 25(0.7) 34(0.5)	
DMU15	0	63.09	23(0.6) 27(0.3) 30(0.1) 33(0.4)	
DMU16	0	40.75	23(1.4) 24(0.3) 32(0.1) 34(0.3)	
DMU17	0	55.90	23(0.9) 24(0.3) 25(0.3) 34(0.1)	
DMU18	0	44.39	23(1.1) 24(0.5) 25(0.5) 34(0.1)	
DMU19	0	61.20	32(1.0) 33(1.1)	
DMU20	0	50.23	23(1.2) 24(0.2) 25(0.4) 34(0.2)	
DMU21	1	87.18	23(0.6) 30(0.2) 32(0.2) 33(0.2)	
DMU22	1	69.06	25(0.1) 27(0.2) 33(0.2) 39(0.9)	
DMU23	1	100.00		25
DMU24	1	100.00		21
DMU25	1	100.00		17
DMU26	1	99.01	23(1.4)	

DMU	위탁 여부	효율성 (%)	준거집단(Benchmarks)	참조횟수
DMU27	1	100.00		2
DMU28	1	64.98	23(0.1) 25(1.6) 34(0.0)	
DMU29	1	66.23	23(0.5) 24(0.2) 25(0.4) 33(0.3) 34(0.1)	
DMU30	1	100.00		3
DMU31	1	95.42	23(0.2) 24(0.4) 25(0.0) 30(0.2) 39(0.2)	
DMU32	1	100.00		8
DMU33	1	100.00		10
DMU34	0	100.00		18
DMU35	0	100.00		1
DMU36	1	55.62	24(0.9) 32(0.2) 34(0.2) 35(0.5)	
DMU37	1	49.04	24(0.5) 32(0.0) 33(0.8) 34(0.7)	
DMU38	0	99.30	23(0.1) 24(0.9)	
DMU39	1	100.00		2

* 위탁 여부의 0은 직영, 1은 위탁(공단/민간)

분석결과 효율성이 1인 도서관은 전체 39개관 중 10개관으로 전체의 26%만이 효율성이 1로 나타났다. 이 중 직영 도서관은 2개관이고, 위탁도서관은 8개관으로 위탁도서관이 효율성이 훨씬 많았다. 이를 세분해 보면, 직영 도서관은 전체 22개관 중 2개관만 효율성이 1이어서 9%만이 효율적이었고, 위탁도서관은 전체 17개관 중 8개관으로 47%가 효율성이 1인 도서관이었다. 즉 직영보다는 위탁도서관이 각각의 운영 방식을 취하는 도서관 중에서도 효율성이 높은 도서관의 비율이 6배나 높았다. 위탁운영 도서관 중 공단위탁은 12개관 중 효율성이 1인 도서관이 6개관으로 50%, 민간위탁은 5개관 중 2관으로 40%가 효율성이 1인 도서관이다. 위탁기관들 간에는 공단위탁의 경우가 민간위탁의 경우보다 효율성이 1인 도서관 비율이 더 높게 나타났다. 또한 효율성이 19%대인 2개 도

서관(직영)을 포함하여 50% 이하인 8개 도서관의 분포를 분석해
보아도, 7개관이 직영 도서관이고, 1개관이 공단위탁 도서관으로서,
효율성 측면에서 위탁도서관이 더 높았다.

〈표 4-25〉 CCR분석 결과 효율성이 1인 도서관

구 분	전체	직영	위탁		
			소계	공단	민간
효율성이 100%인 기관	10개관	2개관	8개관	6개관	2개관
운영 방식별 비중	26%(10/39)	9%(2/22)	47%(8/17)	50%(6/12)	40%(2/5)

한편, 효율성이 1로 나타난 도서관의 수가 몇 개인지에 대한 양
적 분석도 중요하지만, 효율성 1인 도서관의 상대적 효율성 분석에
몇 번이나 참조(Benchmark)되었는지 분석하는 것도 효율성의 질적
측면을 파악해 볼 수 있는 중요한 기준이 된다.[4] 참조횟수가 많을
수록 최적의 벤치마킹 대상이라고 할 수 있다. 효율성이 1인 도서
관의 참조횟수는 <표 4-26>와 같다. 참조횟수가 2회 이하인 도
서관을 제외하면 효율성이 1인 도서관 10개관 중 3개관을 제외한
7개관(직영 1개관, 위탁 6개관) 중 참조횟수가 18회 이상 많은 도
서관은 3개관으로 위탁 2개관(공단 1개관, 민간 1개관), 직영 1개관
으로 위탁도서관이 더 효율성이 높고, 위탁기관 중에는 공단위탁과
민간위탁이 참조횟수가 같게 나타났다.

---

4) 효율성이 1로 나온 DMU의 참조횟수가 1회라면 이 DMU는 오직 자신하고만 비교되고 있음을
   의미하기 때문에 큰 의미가 없다. 참조횟수가 얼마나 되어야 효율적인 DMU로 평가받을 수 있
   는지는 명확한 기준은 없으나 보통 2회 이하를 기준으로 사용한다(윤경준, 1995, 김성종
   2000, 김건위 2006, 함요상 2007).

DMU	위탁 여부	효율성(%)	준거집단(Benchmarks) 참조횟수
DMU23**	1	100.00	25
DMU24*	1	100.00	21
DMU25*	1	100.00	17
DMU27*	1	100.00	2
DMU30*	1	100.00	3
DMU32*	1	100.00	8
DMU33**	1	100.00	10
DMU34	0	100.00	18
DMU35	0	100.00	1
DMU39*	1	100.00	2

* 위탁 여부의 0은 직영, 1은 위탁(*는 공단, **는 민간)

2) BCC모형에 의한 효율성 분석

BCC모형은 Banker, Chanrnes, Cooper(1984)이 개발한 모형으로서 규모에 대한 수확 체증(Variable Return to Scale)을 가정하며, CCR 모형에서 비효율적으로 판명된 의사결정단위(DMU)라고 할지라도 순수한 기술적 요인에 의한 것인지 아니면 규모에 의한 것인지를 판명해 준다(문신용·윤기찬, 2004; 이은국 외, 2003). BCC 모형에서는 효율성이 1인 도서관이 CCR모형에서보다 2개 많은 13개관으로 나타났다. 추가된 2개관은 직영 도서관으로 CCR 모형에서는 비효율적이었는데 BCC모형에서는 효율적으로 나타난 것을 보면 이들 도서관의 비효율은 인적 요인, 기술적 요인 등에 따른 것이 아니라 규모에 따른 비효율이 발생하고 있음을 알 수 있다. 따라서 이들은 서비스 공급 규모에 대한 조정을 통해 CCR에서 나타난 비효율을 제거할 수 있을 것이다. 반면, 위탁 방식의 도서관은 규모로 인해 효율성이 높아지는 경우는 없는데, 이것은 위탁 방식으로 운영되는 도서관의 효율성은 모두 기술적 효율성이라는 의미이기도 하다. 즉, 효율성이 1인 위탁도서관들은 현재의 투입요소로 산출을 최대화시키고 있다고 할 수 있다. BCC모형에 의한 효율성 측정결과는 <표 4-27>과 같다.

<표 4-27> BCC모형 측정 결과

DMU	위탁 여부	효율성 (%)	준거집단(Benchmarks)	참조 횟수
DMU01	0	85.76	24(0.4) 33(0.6)	
DMU02	1	96.62	24(0.0) 26(0.5) 33(0.5)	
DMU03	0	88.34	24(0.1) 33(0.9)	
DMU04	0	91.41	12(0.3) 33(0.6) 34(0.0)	
DMU05	0	90.42	24(0.3) 25(0.0) 33(0.4) 34(0.3)	
DMU06	0	83.82	33(1.0)	
DMU07	0	88.89	33(1.0)	
DMU08	0	87.87	24(0.1) 26(0.0) 33(0.9)	
DMU09	0	84.39	33(1.0)	
DMU10	0	85.98	24(0.2) 26(0.2) 33(0.6)	
DMU11	0	85.25	24(0.4) 33(0.6)	
DMU12	0	100.00		4
DMU13	0	91.32	24(0.2) 26(0.3) 33(0.5)	
DMU14	0	84.75	24(0.0) 25(0.1) 33(0.9)	
DMU15	0	84.96	12(0.0) 26(0.2) 33(0.8)	
DMU16	0	77.10	26(0.4) 33(0.6)	
DMU17	0	85.40	24(0.2) 26(0.2) 33(0.7)	
DMU18	0	89.53	33(1.0)	
DMU19	0	92.34	12(0.7) 26(0.3)	
DMU20	0	87.41	26(0.1) 33(0.9)	
DMU21	1	92.76	23(0.4) 24(0.1) 26(0.3) 33(0.3)	
DMU22	1	88.73	24(0.2) 25(0.3) 33(0.5)	
DMU23	1	100.00		2
DMU24	1	100.00		14

DMU	위탁 여부	효율성 (%)	준거집단(Benchmarks)	참조 횟수
DMU25	1	100.00		4
DMU26	1	100.00		12
DMU27	1	100.00		1
DMU28	1	96.15	25(0.4) 27(0.3) 33(0.3)	
DMU29	1	88.18	24(0.2) 26(0.0) 33(0.8) 34(0.1)	
DMU30	1	100.00		1
DMU31	1	95.51	23(0.2) 24(0.3) 30(0.2) 33(0.0)	
DMU32	1	100.00		0
DMU33	1	100.00		25
DMU34	0	100.00		5
DMU35	0	100.00		0
DMU36	1	87.26	26(0.1) 33(0.9)	
DMU37	1	90.83	12(0.2) 33(0.8) 34(0.0)	
DMU38	0	100.00		0
DMU39	1	100.00		1

* 위탁 여부의 0은 직영, 1은 위탁(공단/민간)

위의 <표 4-27>과 앞 장의 <표 4-24>를 비교해 보면, 특이한 점은 CCR 모형에서 효율성이 19%에서 50% 이하이던 8개 도서관을 포함하여 거의 모든 도서관(대부분 직영 도서관)의 효율성이 BCC모형에서는 80%대 이상으로 크게 향상되었다는 점이다. 대체로 직영 도서관의 경우는 규모가 변동됨에 따라 효율성이 높게 나타났는데, 직영 도서관의 효율성은 기술적 요인보다는 규모에 더 큰 영향을 받고 있음을 보여 주고 있다고 할 수 있다.

또한 BCC 모형으로 측정된 효율성 1인 도서관 수는 <표 4-28>과 같다. 이 경우에도 공단위탁이 전체의 58%로 효율성이 가장 높으며, 민간위탁이 40%이고, 직영은 19%로 나타났다.

〈표 4-28〉 BCC분석 결과 효율성이 1인 도서관

구 분	전체	직영	위탁		
			소 계	공단	민간
효율성이 100%인 기관	13개관	4개관	9개관	7개관	2개관
운영 방식별 비중	33%(13/39)	19%(4/22)	53%(9/17)	58%(7/12)	40%(2/5)

효율성이 1인 도서관의 참조횟수는 <표 4-29>와 같다. 참조횟수가 10 이상인 DMU 3개 모두 위탁 도서관으로 직영 도서관보다 더 효율적임을 나타내고 있으며, 위탁기관 간에는 공단위탁이 2개관, 민간위탁 1개관으로 공단위탁이 순수 민간위탁보다 더 참조횟수가 많아 더 효율적으로 나타났다. 그런데 CCR모형에서는 민간위탁 도서관인 DMU23이 참조횟수가 25회로 제일 많았으나 규모변동을 가정한 BCC모형에서는 2회만 참조했을 뿐이고, 오히려 CCR모형에서 참조횟수가 10회이던 DMU33은 BCC모형에서는 제일 많은 25회로 가장 효율적인 도서관으로 나타났다.

DMU23은 기술적인 요인에 의한 효율성이 높고, DMU33은 규모에 따른 효율성이 가장 높다는 의미이다. 효율성 1인 도서관의 참조횟수는 <표 4-29>와 같다.

<표 4-29> BCC분석 결과 효율성 1인 도서관 참조횟수

DMU	위탁 여부	효율성(%)	준거집단(Benchmarks) 참조횟수
DMU12	0	100.00	4
DMU23**	1	100.00	2
DMU24*	1	100.00	14
DMU25*	1	100.00	4
DMU26*	1	100.00	12
DMU27*	1	100.00	1
DMU30*	1	100.00	1
DMU32*	1	100.00	0
DMU33**	1	100.00	25
DMU34	0	100.00	5
DMU35	0	100.00	0
DMU38	0	100.00	0
DMU39*	1	100.00	1

* 위탁 여부의 0은 직영, 1은 위탁(*은 공단, **은 민간)

4.2.3. 운영 방식별 효율성 분석 종합

1) 효율적인 기관수 및 참조횟수 비교

CCR모형과 BCC모형에 의한 효율성 분석 결과는 <표 4-30>과 같다. CCR모형에서 효율성이 낮게 나타난 DMU들은 BCC모형에서는 효율성이 매우 높게 나타났고, CCR모형에서 효율성이 높은 DMU들은 오히려 BCC모형에서는 미미한 효율성 향상이 있는 것으로 나타난 것을 보면, CCR에서 비효율적인 도서관들은 규모 요인에 따라 비효율성이 높은 것으로 볼 수 있고, 이미 효율적인 도서관들은 규모와 관계없이 기술적 요인들에 의해 효율이 높다고 볼 수 있다.

〈표 4-30〉 CCR모형과 BCC모형의 결과 비교

DMU	위탁 여부	효율성(%)			참조횟수		비고
		CCR모형	BCC모형	평균	CCR모형	BCC모형	
DMU01	0	47.96	85.76	66.86			
DMU02	1	69.74	96.62	83.18			
DMU03	0	47.35	88.34	67.85			
DMU04	0	48.64	91.41	70.03			
DMU05	0	76.57	90.42	83.50			
DMU06	0	35.69	83.82	59.76			
DMU07	0	19.46	88.93	54.20			
DMU08	0	50.81	87.87	69.34			
DMU09	0	19.16	84.39	51.78			
DMU10	0	58.31	85.98	72.15			
DMU11	0	45.17	85.25	65.21			
DMU12	0	90.01	100.00	95.01		4	
DMU13	0	64.18	91.32	77.75			
DMU14	0	52.38	84.75	68.57			
DMU15	0	63.09	84.96	74.03			
DMU16	0	40.75	77.10	58.93			
DMU17	0	55.90	85.40	70.65			
DMU18	0	44.39	89.53	66.96			
DMU19	0	61.20	92.34	76.77			
DMU20	0	50.23	87.41	68.82			
DMU21	1	87.18	92.76	89.97			
DMU22	1	69.06	88.73	78.90			
DMU23	1	100.00	100.00	100.00	25	2	
DMU24	1	100.00	100.00	100.00	21	14	
DMU25	1	100.00	100.00	100.00	17	4	
DMU26	1	99.01	100.00	99.51		12	
DMU27	1	100.00	100.00	100.00	2	1	
DMU28	1	64.98	96.15	80.57			
DMU29	1	66.23	88.18	77.21			
DMU30	1	100.00	100.00	100.00	4	1	
DMU31	1	95.42	95.51	95.32			
DMU32	1	100.00	100.00	100.00	8	0	
DMU33	1	100.00	100.00	100.00	10	25	

DMU	위탁 여부	효율성(%)			참조횟수		비고
		CCR모형	BCC모형	평균	CCR모형	BCC모형	
DMU34	0	100.00	100.00	100.00	18	5	
DMU35	0	100.00	100.00	100.00	1	0	
DMU36	1	55.62	87.26	71.44			
DMU37	1	49.04	90.83	69.94			
DMU38	0	99.30	100.00	99.65		0	
DMU39	1	100.00	100.00	100.00	2	1	

* 위탁 여부의 0은 직영, 1은 위탁(공단/민간)

효율성이 1인 도서관의 수를 보면, 직영 도서관보다는 위탁도서관이 훨씬 많다. 또한 직영 도서관 중 효율성이 1인 도서관을 소재 지역별로 비교해 보면, CCR모형에서는 지방소재 A시의 2개 도서관만 해당되었고 서울지역 도서관은 하나도 해당되지 않았으나, BCC모형에서 서울지역 도서관도 2개관이 포함되어, 서울지역 도서관이 A시 지역의 도서관보다 더 규모 요인에 영향을 받고 있다고 볼 수 있다.

⟨표 4-31⟩ CCR/BCC모형 분석결과 비교

구 분		전체		직영		위탁	
		CCR모형	BCC모형	CCR모형	BCC모형	CCR모형	BCC모형
효율성 100% 기관	전체 기관수 (공단/민간위탁)	10개	13개	2개	4개	8개(6/2)	9개(7/2)
	전체 비중	26% (10/39)	33% (13/39)	9% (2/22)	19% (4/22)	47% (8/17)	53% (9/17)
	서울소재 기관수	8개	11개	–	2개	8개	9개
	지방소재 기관수	2개	2개	2개	2개	–	–

효율성이 1인 도서관의 참조횟수는 <표 4-32>와 같다. 참조횟수에 있어서도 측정모형에 관계없이 위탁도서관이 직영 도서관보다 훨씬 많이 참조되는 것으로 나타났다. 또한 측정 모형에 따라 효율성이 1인 도서관의 참조횟수도 달라지는데 CCR모형에서는 DMU23, DMU24, DMU25, DMU34가 높게 나타났고, BCC모형에서는 DMU33, DMU24, DMU26이 높게 나타난 것을 보면 참조횟수는 운영 방식보다는 규모에 의해 영향을 받는다는 것을 알 수 있다. 위탁 도서관 간 참조횟수를 비교해 보면, 최다 참조 도서관은 모형에 관계없이 민간위탁 도서관이 25회로 가장 많지만, 3회 이상 참조한 도서관 수는 공단위탁이 민간위탁보다 많고, 직영보다 훨씬 많았다. 한편 직영 도서관 DMU34의 경우는 두 모형에서 상대적으로 참조횟수가 높지만, 전체적으로는 위탁 도서관보다는 낮게 나타났다.

〈표 4-32〉 모형별 효율성 1인 도서관 참조횟수

DMU	위탁 여부	효율성(%)			준거집단(Benchmark) 참조횟수	
		CCR모형	BCC모형	평균	CCR모형	BCC모형
DMU12	직영	90.01	100.00	95.01	–	4
DMU23	위탁**	100.00	100.00	100.00	25	2
DMU24	위탁*	100.00	100.00	100.00	21	14
DMU25	위탁*	100.00	100.00	100.00	17	4
DMU26	위탁*	99.01	100.00	99.51	–	12
DMU27	위탁*	100.00	100.00	100.00	2	1
DMU30	위탁*	100.00	100.00	100.00	3	1
DMU32	위탁*	100.00	100.00	100.00	8	0
DMU33	위탁**	100.00	100.00	100.00	10	25
DMU34	직영	100.00	100.00	100.00	18	5
DMU35	직영	100.00	100.00	100.00	1	0
DMU38	직영	99.30	100.00	99.65	–	0
DMU39	위탁*	100.00	100.00	100.00	2	1

* 공단위탁, **민간단체위탁

2) 운영 방식별 효율성 분석 소결

DEA모형을 활용한 공공도서관의 상대적 효율성 분석결과는 다음과 같다.

첫째, CCR모형에서 효율성이 1인 도서관 수를 운영 방식별 전체 도서관 수의 비율로 표시하면, 직영은 9%, 공단위탁은 50%, 민간위탁은 40%로서, 위탁 방식이 직영보다, 위탁 중에는 공단위탁이 민간위탁보다 효율성이 높았다. 또한 BCC모형에서도 같은 방식으로 비교해 보면, 직영이 19%, 공단위탁이 58%, 민간위탁이 40%로서, 같은 결과가 나왔다.

둘째, 효율성 1인 도서관의 참조횟수를 비교해 보면, CCR모형과 BCC모형 모두 민간위탁 도서관(DMU23, DMU33)이 각각 25회로 최다 참조횟수를 보였다. 또한 참조횟수 3회 이상의 도서관은 CCR모형에서 6개관(직영 1개관, 공단위탁 3개관, 민간위탁 2개관)이고, BCC모형에서도 6개관(직영 2개관, 공단위탁 3개관, 민간위탁 1개관)인데, 참조 도서관 수만을 보면, 공단위탁이 민간위탁과 직영보다 더 많았다.

따라서 도서관의 상대적 효율성은 직영보다는 위탁 방식이, 위탁 방식 간에는 공단위탁이 민간위탁 방식보다 더 효율적이었다. 참조횟수에서도 공단위탁이 민간위탁보다 많았는데, 다만 최다 참조횟수는 민간위탁 도서관만 해당되었다.

3) 운영 방식별 효율성 점수 차이 검증

도서관 운영 방식별 효율성 점수를 CCR모형과 BCC모형의 결과

값을 평균하여 도출하고 운영 방식별 효율성 점수의 평균 차이가 있는지를 t-test를 통해서 분석해 보았다. 직영 방식의 도서관과 위탁 방식으로 운영하는 도서관의 효율성 점수의 통계량은 <표 4-33>과 같다. 직영 도서관의 효율성 값의 평균은 73.54이고, 위탁운영 도서관의 효율성 값은 90.94이다. 집단 간 이러한 차이가 단순한 수치상의 차이인지 아니면 통계적으로 의미가 있는 차이인지 검정을 실시하였다.

<표 4-33> 집단별 통계량

위탁 여부		N	평 균	표준 편차	평균의 표준오차
효율성 점수	직영	22	73.5373	14.13933	3.01452
	위탁	17	90.9435	11.38178	2.76049

아래 <표 4-34>는 운영 방식별 효율성 점수 차이의 t검정결과이다. 먼저 두 집단 간의 등분산 여부를 확인하기 위해 Levene의 등분산 검정결과를 보면, F값의 확률치가 유의수준보다 크므로(p > 0.05), 두 집단은 분산이 유의하지 않기 때문에 등분산 가정을 이용할 수 있고, F값의 p(0.764)값이 유의수준(0.05)보다 크므로 등분산 가정이 충족된다. 따라서 등분산 가정하의 t-검정결과, 5% 유의수준에서 두 집단 간의 효율성 평균값 차이가 유의미한 것으로 분석되었다. 즉 직영 도서관과 위탁 방식의 도서관 간의 효율성의 평균값 차이는 약 17.41 정도로 위탁 방식으로 운영하는 공공도서관의 효율성이 높은 것으로 나타났으며, 이러한 차이는 유의수준 5%에서 통계적으로 유의미한 것으로 해석할 수 있다.

	Levene의 등분산 검정		평균의 동일성에 대한 t-검정					차이의 95%신뢰구간	
	F	유의 확률	t	자유도	유의확률 (양쪽)	평균차	차이의 표준오차	하한	상한
등분산 가정	0.091	0.764	−4.140	37	.000	−17.40 626	4.20403	−25. 92443	−8.88 808
등분산 가정되지 않음			−4.258	36.916	.000	−17.40 626	4.08749	−26. 68894	−9.12 357

■ ■ ■ ■ 4.3. 도서관 서비스 성과의 통합분석

4.3.1. 서비스 품질과 만족도, 효율성의 통합 분석

이제 공공도서관 서비스의 민간위탁 성과를 종합적으로 분석하기 위해, 앞에서 SERVQUAL기법과 DEA모형에서 각각 보여 준 서비스의 질적 측면의 평가와 양적 평가를 통합하여 입체적으로 분석해 보았다. 우선 질적 평가에서는 공공도서관 이용자들의 전반적인 만족도와 서비스의 품질 값을 활용하였다. 여기서 서브퀼을 통해 조사된 서비스 품질과 만족도의 통계는 양적으로 표시되어 있지만, 이는 이용자들의 주관적 평가를 등위척도로 나타낸 질적인 측정치이다. 따라서 서비스 품질과 만족도가 양적 자료로 표기되고 있지만, 이는 본질적으로 질적인 특성을 나타내는 자료이므로 동 자료를 활용한 분석은 질적 분석이라고 표현하였다. 또한 양적인 평가에서는 DEA기법을 적용해 분석한 각 공공도서관의 상대적 효율성 지표를 활용하였다. 이제 이러한 세 가지 질적, 양적 평가치를 기준으로 높은 점수를 받은 도서관부터 낮은 평가를 받은 도서관을 내림차순으로 배열하고, 평가치를 상호 비교하여, 직영과 민간위탁 방식의 성과를 분석해 보았다. 이상의 평가치를 내림차순으로 정리한 내용은 다음 <표 4-35>와 같다.

1) 효율성 1인 도서관을 기준으로 한 평가(10위권 내)

먼저, CCR모형과 BCC모형의 효율성을 평균하여 효율성이 100%인 도서관 10개를 기준으로 서비스 품질 값과 도서관 이용에 대한 전반적인 만족도를 높은 점수부터 내림차순으로 정리해 보았다. 이 경우 3가지 지표 모두에서 상위 10위권에 드는 도서관은 L23(민간단체), L24(공단), L33(민간단체)으로 3개관인데, 이들 모두 위탁 방식으로 운영하는 도서관이다. 위탁 방식을 보면 민간위탁이 2개관, 공단위탁이 1개관으로서 이 중 전반적인 만족도 측면에서는 민간위탁이 훨씬 높고, 효율성은 100%로 같으며, 서비스 품질은 민간위탁 〉 공단위탁 〉 민간위탁 순으로 섞여 있었다.

〈표 4-35〉 서비스 만족도(SERVQUAL)와 효율성(DEA) 통합분석

순번	효율성		품질(100점 환산 값)		만족도(5점 척도)		비고
	DMU명	점수(%)	DMU명	점수	DMU명	점수	
1	L23**	100.00	L33**	52.38	L23**	4.43	
2	L24*	100.00	L24*	49.87	L38	4.33	
3	L25*	100.00	L26*	49.24	L33**	4.29	
4	L27*	100.00	L02**	49.06	L18	4.27	
5	L30*	100.00	L23**	47.15	L31*	4.27	
6	L32*	100.00	L39*	47.10	L28*	4.23	
7	L33**	100.00	L18	46.91	L19	4.20	
8	L34	100.00	L07	46.58	L24*	4.20	
9	L35	100.00	L13	46.51	L26*	4.16	
10	L39*	100.00	L37*	46.08	L30*	4.15	
11	L38	99.65	L03	46.07	L37*	4.12	
12	L26*	99.51	L08	45.79	L21*	4.11	
13	L31*	95.32	L21*	45.62	L22**	4.10	
14	L12	95.01	L36*	45.51	L34	4.09	
15	L21*	89.97	L30*	45.49	L17	4.07	

순 번	효율성		품질(100점 환산 값)		만족도(5점 척도)		비 고
	DMU명	점수(%)	DMU명	점수	DMU명	점수	
16	L05	83.05	L20	45.47	L27*	4.05	
17	L02**	83.18	L29**	45.33	L02**	4.05	
18	L28*	80.57	L04	44.91	L25*	4.00	

※ * 공단위탁 도서관, **민간위탁 도서관, 표시 없는 경우는 직영 도서관
※ 효율성(10위권 - 위탁 8(공단 6, 민간 2), 직영 2//18위권 - 위탁 13(공단 10, 민간 3), 직영 5
※ 서비스 품질(10위권 - 위탁 7(공단 4, 민간 3), 직영 3//18위권 - 위탁 11(공단 7, 민간 4), 직영 7
※ 만족도(10위권 - 위탁 7(공단 5, 민간 2), 직영 3//18위권 - 위탁 13(공단 9, 민간 4), 직영 5

또한 효율성, 만족도, 서비스 품질 등 세 가지 지표 중 어느 것이든 2가지 지표가 10위권에 드는 도서관을 추가로 살펴보면 L26(공단위탁), L30(공단위탁), L39(공단위탁) 등 3개관이 있는데, 여기에는 모두 공단위탁으로 위탁 방식이 직영 방식보다는 우수한 것으로 나타났다. 다시 위 세 가지 지표 중 2개 이상의 평가점수가 높은 순으로 정리해 보면 각각 10위권 이내에 속한 도서관은 총 6개관으로 모두 위탁 방식으로 운영되고 있고 직영 방식으로 운영하는 도서관은 하나도 없다. 또한 위탁 방식 중에서도 공단이 4개관, 민간이 2개관으로 공단위탁이 민간위탁 도서관보다 더 많이 나타났다.

결론적으로 3가지 기준 모두를 충족하는 경우를 기준으로 하면, 민간위탁 도서관이 공단위탁 도서관보다 더 많았고, 직영 도서관은 한 관도 없었다. 이는 전체적으로 민간위탁이 직영보다 성과가 좋음을 확실히 보여 주었다.

2) 전반적인 만족도 4점 이상인 도서관을 기준으로 평가(18위권 이내)

이번에는 이를 확대하여 도서관별 서비스에 대한 전반적인 만족

도(5점 만점)의 평균이 4.00 이상이고, 효율성이 80% 이상인 도서 관(18개관)을 기준으로 효율성이 100%인 도서관부터 내림차순으로 18개관을 배열하고, 서비스 품질 값도 최고 높은 52.38점부터 낮은 순으로 18개관을 배열해 보았다.

만족도, 서비스 품질, 효율성의 세 가지 지표 모두 18위권 이내에 모두 포함되는 도서관은 L02(민간위탁), L21(공단위탁), L23(민간 위탁), L24(공단위탁), L26(공단위탁), L30(공단위탁), L33(민간위탁) 등 7개관으로 모두 위탁 방식으로 운영되는 도서관으로 직영체제 보다 효율성과, 서비스 품질, 만족도 모두 높게 나타났다. 또한 위 탁 방식으로 운영되는 도서관의 경우는 공단위탁이 4개관, 순수 민 간위탁이 3개관으로 위탁운영 표본도서관 전체 17개관 중 공단운 영이 12개관, 순수 민간위탁이 5개관이므로 그 비율로 볼 때 공단 운영은 30%, 민간위탁은 60%로서 세 가지 지표 모두에서 민간위 탁 도서관이 우수한 것으로 나타났다.

이 중 2가지 지표만 18위권 이내에 포함된 도서관은 L18(직영), L25(공단위탁), L27(공단위탁), L28(공단위탁), L31(공단위탁), L34 (직영), L37(공단위탁), L38(직영), L39(공단위탁) 등 9개관이다. 2가 지 지표만 우수한 도서관의 운영 방식을 보면 전체 9개관 중 위탁 은 6개관(공단위탁), 직영이 3개관으로 위탁 방식의 도서관이 직영 도서관보다 훨씬 성과가 좋게 나타났다.

한 가지 특이한 현상은 효율성이 100%인 도서관도 품질과 만족 도 측면에서는 너무 낮은 평가를 받아 18위권에서도 탈락하는 도 서관이 L32(공단위탁), L35(직영)로 2개관이 된다는 점이다. 또한 서비스 품질 값은 10위권에 들지만 효율성과 만족도가 18위권에 들지 못하여 탈락한 도서관도 2개관(L07, L13)이 있는데, 모두 직영으로 운영되는 도서관이고, 만족도 측면에서 10위권에 들지만 효율성과 서비스 품질이 18위권에 미치지 못하는 도서관은 1개관(L19)으로 직영으로 운영되는 도서관이다. 전반적으로 직영 도서관은 비교평가 기준 중 어느 하나에서는 평가가 높지만 세 가지 기준 모두에서 좋은 평가를 받는 도서관은 위탁 운영 도서관보다 적다고 할 수 있다.

결론적으로 위의 서비스 품질, 만족도, 효율성 세 가지 지표를 기준으로 10위권 내에 드는 도서관은 3개관으로 민간위탁이 2개관, 공단위탁이 1개관이었고, 18위권까지 확대할 경우에는 모두 7개관이 포함되는데, 이 중 공단위탁이 4개관(공단위탁 전체의 30%), 민간위탁은 3개관(민간위탁 전체의 60%)임을 보면, 전체적으로 민간위탁의 경우가 공단위탁의 경우보다 성과가 좋으며, 직영 방식은 1개관도 순위권에 들지 못해 상대적으로 성과가 좋지 않음을 알 수 있다.

4.3.2. 유사한 환경에 있는 도서관의 운영 방식별 성과 비교

1) 여건이 유사한 지역 도서관의 성과 비교

이번에는 서울지역 도서관 중에 재정여건과 도서관 규모가 유사한 도서관을 중심으로 비교[5]를 해 본다. 2007년 말 기준으로 재정

---

5) 노서관 서비스의 질에 영향을 미칠 환경으로는 재정지원규모, 도서관당 서비스 인구, 서비스 면적 등을 들 수 있으나, 여기서는 재정자립도만을 고려하였다. 왜냐하면, 각 자치구 인접의

자립도 30~40%, 도서관 인력 20~35명, 예산 10~20억 원 규모 기준에 해당되는 도서관은 7개관(L02, L06, L14, L16, L22, L27, L28)으로 그중 직영이 3개관(L06, L14, L16), 위탁이 4개관(L02, L22, L27, L28)이다. 아래 <표 4-36>에서 보듯이 환경이 유사한 도서관 간의 효율성, 서비스 품질 및 만족도 값을 비교해 본 결과, 직영 도서관은 효율성 평균이 62.04%, 서비스 품질은 42.23, 전반적인 만족도 평균은 3.73이고, 위탁 도서관은 효율성 평균이 83.82%, 서비스 품질은 45.35이고, 전반적인 만족도 평균은 4.10으로서 세 지표 모두 위탁 운영하는 도서관이 좋은 평가를 받고 있다.

또한 위탁도서관 중 공단위탁운영의 경우는 효율성 평균이 90.30%, 서비스 품질 값은 44.52, 전반적인 만족도는 4.14이고, 민간위탁 운영의 경우는 효율성 평균이 77.34%, 서비스 품질 값은 46.18, 전반적인 만족도는 4.07로서, 효율성과 전반적인 만족도는 공단위탁의 경우가 높은 평가를 받는 반면, 서비스 품질은 민간위탁이 공단위탁의 경우보다 더 좋은 평가를 받고 있다.

<표 4-36> 유사한 환경에 있는 도서관의 성과 비교

도서관	운영 구분	효율성 평균(%)	서비스 품질 (환산값)	만족도 (5점 척도)	재정 자립도(%)	도서관 규모	
						인원	예산(백만 원)
L06	직영	58.58	43.90	3.89	38.1	31	2,043
L14	직영	68.35	43.38	3.99	34.6	24	1,567
L16	직영	59.21	39.43	3.31	36.9	32	2,041
L02	위탁**	75.73	49.06	4.05	33.0	25	1,465

거주자들은 자신에게 가까운 도서관을 이용할 수 있기 때문에 반드시 소속 자치구 도서관만을 이용하지 않으며, 서비스 면적과 지형여건, 인구분포가 자치구마다 다른 점을 감안하면 비교에 활용하기가 적절치 못하기 때문이다. 따라서 가장 유사한 사례 비교모형(most similiar model)을 설정, 성과를 비교해 보았다.

도서관	운영 구분	효율성 평균(%)	서비스 품질 (환산값)	만족도 (5점 척도)	재정 자립도(%)	도서관 규모	
						인원	예산(백만 원)
L22	위탁**	78.95	43.31	4.10	34.6	20	1,128
L27	위탁*	100	44.56	4.05	39.9	29	1,572
L28	위탁*	80.61	44.48	4.23	30.0	28	1,223

* 효율성 평균은 CCR모형과 BCC모형의 효율성 값의 평균
* 위탁운영 중 *는 공단위탁, **는 민간위탁

2) 같은 행정구역 내 운영 방식별 도서관 성과 비교

이번에는 같은 시(구)청 및 교육청 관할하에 있는 직영(교육청) 도서관과 위탁(구립) 도서관을 비교해 본다. 총 12개관이 있는데, 서울에 8개관(4개 구청), 지방 4개관(1개 시)에 있는 도서관이 그것이다. 서울에는 O구(L15, L33**), M구(L14, L22**), L구(L16, L23**), N구(L12, L24*)인데, ( ) 안의 앞부분은 직영 도서관이고, 뒤는 위탁운영(*는 공단위탁, **는 민간위탁) 도서관이다. 지방의 사례에서는 A시에서 운영 중인 4개 공공도서관 중 직영이 2개관(L34, L35)이고, 위탁이 2개관(L36*, L37*)인데, 위탁기관은 전부 공단위탁이고 순수 민간위탁은 하나도 없다. 이 지역에는 교육청이 운영하는 직영 도서관이 한 관 더 있으나 조사 당시에는 휴관 중이어서 분석 대상에서 제외하였고, 오히려 같은 시에서 운영하는 4개의 도서관 중 2개는 직영, 2개는 공단위탁 운영 중이라 좋은 비교 모델이 될 것으로 보고 표본도서관으로 선정하였다.

<표 4-37> 동일 행정구역 내의 도서관 운영 방식별 성과 비교

구 분	도서관명 (운영주체)	효율성 평균(%)	서비스 품질 (100점 환산)	만족도 (5점 척도)	비고
O구	L12(직영)	95	43	3.85	위탁이 우수
	L24(위탁)*	100	50	4.20	
M구	L14(직영)	73	43	3.99	위탁이 우수
	L22(위탁)**	80	43	4.10	
L구	L15(직영)	79.5	44	3.90	위탁이 우수
	L33(위탁)**	100	52	4.29	
N구	L16(직영)	69	39	3.31	위탁이 우수
	L23(위탁)**	100	47	4.43	
A시	L34(직영)	100	43	4.09	효율성은 직영, 서비스 품질은 위탁이 우수
	L35(직영)	100	44	3.92	
	L36(위탁)*	72.5	46	3.90	
	L37(위탁)*	68	46	4.12	

※ * 공단위탁 도서관, ** 민간위탁 도서관

위의 <표 4-37>에서 보듯이 서울시내의 4개 자치구 관내의 직영 도서관과 위탁운영 도서관의 성과를 비교해 보면, 효율성과 서비스 품질, 전반적인 만족도 모든 측면에서 위탁 운영 도서관이 더 좋게 나타났다. 이 중 B구의 경우는 서비스 품질 값은 같지만, 효율성과 만족도에서 위탁이 우수하게 나타나고, 다른 3개 구 도서관의 경우는 세 가지 지표 모두에서 위탁이 상당한 점수 차로 우수하게 나타났다. 한편, 지역 A시의 경우, 효율성 면에서는 직영이 훨씬 높았지만, 서비스 품질 값은 위탁 기관이 높고, 전반적인 만족도는 각각 두 관의 평균값이 비슷하였다. 따라서 이 경우는 위탁의 경우가 성과가 반드시 높다고 할 수는 없다. 하지만, 여기에는 민간위탁 도서관이 한 관도 없는 상태이고, 직영과 공단위탁만 비교대상이 되어서 공단과 민간위탁을 비교할 수가 없어 일반적인 현상으로 말하기는 어렵다.

전체적으로는 서울의 경우, 위탁도서관이 직영보다 성과가 좋지만, 지방의 경우는 효율성은 직영이, 서비스 품질은 위탁(공단)운영이 더 좋았고, 지역별로 직영과 위탁도서관만을 비교했으므로 위탁기관 간 우위의 비교는 할 수가 없었다.

3) 운영 방식별 도서관 서비스의 성과 비교 소결

이상에서 유사한 환경에 있는 도서관들을 대상으로 도서관 운영방식이 효율성과 만족도, 서비스 품질에 어떤 차이가 있는지를 심층 분석한 결과, 첫째, 전반적으로 위탁운영 방식이 직영보다는 성과가 더 좋았고, 위탁의 경우, 효율성은 공단위탁이, 서비스 품질은 민간위탁이 더 성과가 좋았다. 위탁 운영의 경우 그만큼 도서관 운영의 효율과 서비스의 질을 높이기 위한 노력이 뒷받침되고 있다고 볼 수 있다.

둘째, 그럼에도, A시의 경우(직영과 공단위탁만 존재)처럼, 효율성 측면에서는 직영, 서비스 품질은 공단위탁이 더 성과가 좋은 경우도 있어서, 모든 도서관 서비스에서 위탁 방식이 직영보다 성과가 좋다고 할 수는 없다는 점을 보여 주고 있다. 직영 중인 도서관의 관장 등 관계자 면담 결과, 이용자의 만족도를 높이기 위한 기관장의 노력과 열정을 충분히 느낄 수 있었고, 관장과 직원들의 인식과 열정이 서비스의 질과 효율성에 많은 영향을 줄 수 있다고 판단되었다.

셋째, 동일 행성구역 내 직영과 위탁도서관을 비교해 본 결과,

효율성, 서비스 품질, 만족도 모든 측면에서 위탁 운영이 직영보다
더 성과가 좋음을 확실히 보여 주고 있지만, 공단위탁과 민간위탁
의 경우는 서로 비교할 수가 없어서, 명확히 어느 방식이 성과가
좋다고 말하기 어려운 상황이었다.

4.4.1. 서비스의 만족도에 대한 영향 요인

공공도서관 서비스 성과에 영향을 주는 요인을 찾아보기 위하여 서비스에 대한 전반적인 만족도를 종속변수로 하고 서비스 품질 구성요인을 독립변수로 한 다중회귀분석을 실시하였다. 39개 표본 도서관 전체에 대한 이용자들의 전반적인 만족도 평균은 5점 만점에 3.77이고, 직영 도서관(22개관)은 3.66, 위탁운영 도서관(17개관)은 3.90으로 위탁운영 도서관이 상대적으로 만족 수준이 높다. 위탁도서관 중에는 공단위탁이 5점 만점에 3.86, 순수 민간위탁이 3.98로서 순수 민간위탁이 서비스 만족도가 더 높게 나타났다.

1) 서비스 만족에 대한 차원별 회귀분석

먼저 독립변수들 간 상호의존성이 종속변수에 영향을 미치는 다중공선성(multicollinearity)을 진단해 보았다. 다중공선성의 검증은 일반적으로 공차한계(tolerance)[6]와 분산팽창요인(VIF)을 통해 분석

---

6) 공차한계는 한 변수와 다른 변수들이 얼마나 상관관계를 갖는지를 의미하는 R^2를 1에서 뺀 것, $(1 - R^2)$이고, 분산팽창요인은 공차한계의 역수 $(1 - R^2)^{-1}$이다(김렬 외, 2005, pp.192 - 193). 공차한계가 0.1 이상이고 분산팽창요인이 10 이하이면 다중공선성은 없다고 판단한다(함요상, 2007).

하는데, 공차한계가 클수록(1에 가까울수록), 분산팽창요인은 작을 수록 공선성의 문제가 없다고 판단한다. 여기서는 공차한계가 0.3 에서 0.9 사이에 있고, 분산팽창요인(VIF)이 1.0에서 2.6 사이에 있으므로 공선성이 없다고 할 수 있다.

〈표 4-38〉 서비스 만족에 대한 회귀분석 결과

구성 차원	회귀계수(b)	표준오차	표준회귀계수(β)	t값	유의도	공선성 통계량	
						공차 한계	VIF
상수	3.846	0.019		206.595	0.000		
위탁 여부	0.167	0.024	0.114	6.879	0.000	0.985	1.015
직원 서비스	−0.332	0.023	−0.325	−14.198	0.000	0.518	1.932
정보자료	−0.015	0.023	−0.017	−0.683	0.495	0.419	2.389
문화프로그램 및 정보접근	−0.045	0.023	−0.047	−1.939	0.053	0.459	2.179
시설장비 및 이용환경	−0.058	0.026	−0.059	−2.194	0.028	0.382	2.619

n=2,988, R^2=0.190, 수정된 R^2=0.188, F값 139.662, F값 유의확률 0.000

서비스의 전반적인 만족도에 영향을 미치는 요인을 분석하기 위해, 전반적인 만족도를 종속변수로 하고, 서비스 차원별 요인을 독립변수로 한 다중회귀분석 결과는 위의 <표 4-38>과 같으며, 다음과 같이 해석할 수 있다.

첫째, 도서관 위탁 여부가 서비스 만족도에 영향을 미치는지를 살펴보기 위해, 위탁 여부를 더미변수(dum1, 위탁 1, 직영 0)로 한 회귀분석을 실시한 결과, 회귀계수가 $\beta=0.167$이고, $p=0.00 < 0.01$ 이므로, 유의수준 1% 수준에서 위탁운영이 직영보다 0.167 정도 이용자들의 서비스 만족도에 영향을 미친다고 할 수 있다.

둘째, 직원 서비스 품질의 경우, $\beta = -0.332$이고, $p = 0.000$ < 0.01이므로 1%의 유의수준에서 서비스 만족도에 유의미한 영향을 미치는 것으로 나타났다. 여기서 회귀계수가 음수인데, 그 의미는 다음과 같이 해석할 수 있다. 직원 서비스 품질 값은 직원들의 여러 가지 서비스에 대한 이용자들의 기댓값과 실제 인지 값의 차이를 합한 값($\sum(E - P)$)으로서, 그 값이 음이면 만족하는 상태이지만 그 값이 양이면 불만상태에 있음을 의미한다. 이번 서비스 품질 조사 결과 모든 차원에서 품질 값($\sum(E - P)$)이 양수이므로 정도의 차이는 있지만 표본도서관 모두 이용자들의 만족도가 불만상태에 있는 것으로 조사되었다. 따라서 $\beta = -0.332$의 의미는 이용자들에 대한 직원 서비스의 품질 값(불만족 정도)이 1만큼 낮아질수록 이용자들의 만족도가 0.332만큼 높아진다는 의미이다.

셋째, 도서관 정보자료 서비스 차원에서는 만족도에 유의미한 영향을 미치지 않는 것으로 나타났다($p = 0.459$ > 0.05). 이는 도서관별 소장 자료가 이용자들의 만족도에는 영향을 주지 않는다는 의미이고, 도서관별 소장 자료가 큰 차이 없다고 기대하고, 인식하는 것으로 볼 수 있다.

넷째, 문화프로그램 운영과 정보접근 차원에서는 10%의 유의수준에서 이용자들의 만족도에 유의미한 영향을 미치는 것으로 나타났다.

다섯째, 시설장비 및 이용환경 차원에서는 5%의 유의수준에서 이용자들의 만족도에 영향을 미치는 것으로 나타났다.

이상의 결과를 종합하여 공공도서관의 서비스 만족도에 대한 영향 요인을 나타내는 회귀식을 정리하면, <식 4-1>과 같다. 회귀

식에서 직원 서비스, 시설 및 이용환경, 문화프로그램 및 정보접근
품질 차원의 회귀계수는 모두 음수로 되어 있다. 앞서 직원 서비스
와 관련해서 설명한 바와 같이, 각 차원의 서비스 품질 값은 '기대
치 – 인지치의 합'인데, 조사결과는 음수로서 불만족한 상태를 나타
내고 있다. 따라서 각 차원별로 불만족이 줄어들어야 서비스에 대
한 전반적인 만족도는 증가할 것임을 나타내고 있다.

<식 4 – 1>

서비스 만족도(y_i) = 3.846 + 0.167 · dum1(위탁 방식) − 0.332 · X_1
(직원 서비스) − 0.058 · X_2(시설 및 이용환경) − 0.015 · X_3(문화프
로그램 및 정보접근) + ε

즉, 도서관 서비스 만족도에 영향을 미치는 요인은 (유의수준
5%) 직원 서비스와 시설 및 이용환경 차원의 서비스 품질, (유의수
준 10%) 문화프로그램과 정보접근 차원의 서비스 품질이며, 도서
관의 위탁운영이 직영보다 더 큰 영향을 미치고 있는 것으로 분석
된다. 다만, 결정계수 R^2가 0.190으로서 영향 요인에 대한 설명도
가 다소 낮은 상황이다.

2) 서비스 만족에 대한 위탁 방식(공단, 민간)별 영향분석

이번에는 위탁 방식(공단위탁, 순수민간위탁) 여부가 서비스 만족
도에 영향을 미치는지를 분석해 보았다.

먼저 공단위탁의 경우 영향 요인을 보자. 여기서도 공차한계는

0.3에서 0.9 사이, 분산팽창계수(VIF)는 1.0에서 2.6 사이에 있으므로 공선성은 없다고 볼 수 있다. <표 4-39>에서 보듯이, 유의수준 0.05에서 전반적인 만족도에 영향을 미치는 요인들은 직원 서비스와 시설 및 이용환경 차원의 품질인 것으로 나타났다. 또한 정보접근 환경이나 문화프로그램은 유의수준 0.10에서 만족도에 영향을 미치는 것으로 나타났고, 장서 등 정보자료 서비스는 만족도에 유의할 만한 영향을 미치지 않는 것으로 나타났다.

또한 위탁 방식별 영향을 보면 더미변수(dum2: 공단위탁은 1, 기타 방식은 0)의 회귀계수는 0.1이고, p=0.000〈0.01이므로 5% 유의수준에서 공단위탁 방식이 직영 등 기타 운영 방식보다 0.1 정도 만족도에 미치는 영향이 더 큰 것으로 나타났다. 이상의 영향을 회귀식으로 나타내면 아래 <식 4-2>와 같다.

<식 4-2>

서비스 만족도(y_i) = 3.846 + 0.100 · dum2(위탁 방식 - 공단) - 0.338 · X_1(직원 서비스) - 0.063 · X_2(시설 및 이용환경) - 0.043 · X_3(문화프로그램 및 정보접근) + ε

〈표 4-39〉 서비스만족에 대한 위탁 방식(공단위탁)별 영향분석

구성 차원	회귀계수(b)	표준오차	표준회귀 계수(β)	t값	유의도	공선성 통계량	
						공차 한계	VIF
상수	3.894	0.017		230.428	0.000		
위탁 여부(공단)	0.100	0.026	0.063	3.816	0.000	0.994	1.007
직원 서비스	−0.338	0.023	−0.332	−14.423	0.000	0.519	1.928
정보자료	−0.016	0.023	−0.018	−0.691	0.489	0.419	2.389
문화프로그램 및 정보접근	−0.043	0.023	−0.046	−1.872	0.061	0.458	2.181
시설장비 및 이용환경	−0.063	0.026	−0.063	−2.369	0.018	0.382	2.617

n=2988, R^2=0.181, 수정된 R^2=0.180, F값 131.701, F값 유의확률 0.000

이번에는 <표 4-40>에서 보는 것처럼, 순수 민간위탁의 경우 서비스 만족도에 대한 영향 요인을 분석해 보았다. 이 경우에도 공선성통계량에서 보듯이 공선성은 없는 것으로 판단되고, 도서관 서비스의 전반적인 만족도에 영향을 미치는 품질요인은 직원 서비스와 시설 및 이용환경서비스 품질인 것으로 확인되었고(5% 유의수준), 나머지 차원의 요인은 유의한 영향을 미치지 않는 것으로 나타났다. 또한 위탁 방식(민간위탁)이 만족도에 미치는 영향은 크지 않지만 직영이나 공단위탁 방식보다 더 큰 영향이 있는 것으로 나타났다. 위탁 방식 간에도 만족도에 영향을 미치는 정도가 서로 다른데, 공단위탁의 경우 더미변수의 회귀계수는 0.100이고, 순수 민간위탁의 경우 더미변수의 회귀계수는 0.167이므로 민간위탁의 영향이 공단위탁의 영향보다는 더 크다고 할 수 있다. 이상의 결과를 회귀식으로 나타내면, <식 4-3>과 같다.

<식 4-3>

$$서비스\ 만족도(y_i) = 3.900 + 0.167 \cdot dum3(위탁\ 방식 - 민간) - 0.340 \cdot X_1(직원\ 서비스) - 0.061 \cdot X_2(시설\ 및\ 이용환경) + \varepsilon$$

<표 4-40> 서비스만족에 대한 위탁 방식(민간위탁)별 영향분석

구성 차원	회귀계수(b)	표준오차	표준회귀계수(β)	t값	유의도	공선성 통계량	
						공차한계	VIF
상수	3.900	0.016		250.408	0.000		
위탁 여부(민간)	0.167	0.035	0.079	4.739	0.000	0.991	1.009
직원 서비스	-0.340	0.023	-0.334	-14.530	0.000	0.529	1.923
정보자료	-0.017	0.023	-0.019	-0.741	0.459	0.419	2.388
문화프로그램 및 정보접근	-0.038	0.023	-0.040	-1.622	0.105	0.459	2.177
시설장비 및 이용환경	-0.061	0.026	-0.062	-2.297	0.022	0.382	2.618

n=2988, R^2=0.183, 수정된 R^2=0.182, F값 133.621, F값 유의확률 0.000

3) 서비스 만족도에 대한 영향 요인 분석 소결

이상에서 도서관 이용자들의 만족도에 영향을 미치는 요인들을 살펴본 결과, 유의수준 0.05에서는 공통적으로 직원 서비스 품질이 가장 직접적인 영향을 미치는 것으로 나타났고, 도서관 시설과 이용환경도 영향이 있는 것으로 나타났다. 하지만 표본을 구분하여 직영, 공단위탁, 민간위탁별로 영향 요인을 분석[7]해 보면, 직영의

---

7) 직영, 공단위탁과 민간위탁 도서관의 만족도에 대한 영향 요인을 각각 회귀분석해 보면, 직영은 직원 서비스 이외에도 문화프로그램·정보접근 치원에서 유의미한 엉향((p=0.050≤0.05, β=-0.060)을 미치고 있지만, 공단 또는 민간위탁의 경우, 직원 서비스 이외의 차원에서는 모두 p>0.05로 유의미한 영향을 미치지 않는 것으로 나타났다.

경우는 직원 서비스 이외에도 문화프로그램이나 정보접근 서비스 차원의 요인들이 영향을 주는 것으로 나타났고, 위탁운영 도서관의 경우는 직원 서비스 이외에는 다른 영향 요인은 없는 것으로 나타났다. 위탁운영의 경우에는 다른 어떤 서비스보다 직원들의 친절하고 전문적인 서비스가 이용자들의 만족을 높이고 있으나 도서자료의 확충, 문화프로그램 운영 등 도서관의 정보 제공 기능은 이용자들의 지지를 받지 못하고 있는 것이다. 결국 전반적인 만족도를 높이기 위해서는 직원들의 서비스 수준이 가장 중요하고 공통적인 요인으로 분석되며, 다른 차원의 요인들도 서비스의 질을 높이기 위해 개선해야 할 과제로 판단된다.

4.4.2. 서비스의 효율성에 대한 영향 요인

1) 효율성에 미치는 영향 요인

먼저 CCR모형과 BCC모형으로 분석한 효율성 값을 평균하여 이 값을 종속변수로 하고, 효율성 측정에 직접 활용된 변수인 투입변수(직원 수, 예산, 장서 수)와 산출변수(이용자 수, 이용 책 수, 서비스 품질)를 독립변수로 하여 다중회귀분석을 실시하였다. 통상의 회귀분석에서는 투입의 결과로 산출이 나오므로 투입요소가 산출에 미치는 영향 요인을 찾기 위해 회귀분석을 실시하게 되지만, 각 도서관별 상대적 효율성 분석을 위한 DEA 모형에서는 투입변수와 산출변수가 각 도서관의 상대적 효율성 결정의 한 요인이 되므로 투입, 산출변수를 독립변수로 하고, 효율성 값을 종속변수로 하는 회귀분석을 실시하는 것이다. 분석결과는 <표 4-41>와 같다.[8]

그 결과, 0.05의 유의수준에서는 이용자 수만이 효율성에 영향을 미치며, 다른 투입 산출변수들은 유의미한 영향을 미치지 않는 것으로 나타났다. 또한 위탁 여부가 효율성에 영향을 미치는지를 알아보기 위해 더미변수(dum1: 직영＝0, 위탁＝1)를 활용한 회귀분석 결과, 그 회귀계수가 양으로 나타났으므로 위탁운영 방식이 직영 방식보다는 7.793만큼 더 효율성에 영향을 미치는 것으로 확인되었다. 물론 독립변수들 간의 의존성을 나타내는 공선성도 없는 것으로 판단된다. R^2가 0.749로서 설명력도 있는 것으로 나타났다.

〈표 4-41〉 효율성 영향 요인(투입산출변수활용)

구 분	비표준화계수		표준화계수	t	유의 확률	공선성 통계량	
	b	표준오차	β			공차한계	VIF
상수	55.68	27.27		2.042	0.050		
직원수	-0.47	0.313	-0.364	-1.518	0.139	0.141	7.111
예산	-2.9E-06	0.000	-0.171	-0.765	0.450	0.163	6.153
장서수	-3.6E-05	0.000	-0.225	-1.042	0.306	0.173	5.776
대출책수	1.84E-05	0.000	0.160	1.364	0.182	0.586	1.706
이용자수	1.44E-05	0.000	0.384	3.034	0.005	0.504	1.984

---

8) 현재 공공도서관 지원 여건을 감안하면, 투입이 급격히 증대되지 않기 때문에 투입은 일정하다는 전제하에 산출을 극대화할 경우 효율성을 측정하였으므로 효율성 영향분석도 투입, 산출변수를 모두 활용하였다. 하지만, 통상은 투입의 결과로 산출이 나오므로 먼저 효율성에 대한 투입변수만의 회귀분석을 실시해 본 결과, 5%의 유의수준에서는 어느 변수도 영향을 미치지 않는 것으로 나타났고, 장서 수만 10% 유의수준에서 영향이 있는 것으로 나타났다. β＝-7.58E-05, p＝0.085로서 장서 수가 증가할 때 미미하지만 효율성이 떨어지는 것으로 나타났다. 효율성을 높이기 위해서는 오히려 장서확보를 줄이는 것이 바람직하다는 결론이다. 하지만, 장서가 부족한 우리 도서관의 실전상 이러한 결론은 효율싱을 높일 수는 있지만 서비스의 질을 높이는 데는 역행되는 결과이므로 본 연구처럼 효율성과 서비스 품질, 두 가지 분석을 병행하여야만 성과를 균형 있게 볼 수 있을 것으로 본다.

구 분	비표준화계수		표준화계수	t	유의 확률	공선성 통계량	
	b	표준오차	β			공차한계	VIF
품질	0.608	0.603	0.096	1.009	0.321	0.893	1.120
위탁 여부 (dum1)	7.793	3.428	0.252	2.274	0.030	0.659	1.518

n = 39, R^2 = 0.749, 수정된 R^2 = 0.693, F값 13.236, F값 유의확률 0.000

다음은 독립변수를 확대하여 기존의 투입, 산출변수 이외에 효율성에 영향을 미칠 요소로서 건물면적, 도서관 사용기간, 지역별 서비스 인구수를 추가하고, 위탁 여부(dum1: 직영＝0, 위탁＝1)도 효율성에 영향을 미치는지를 분석하였다. 그 결과는 <표 4-42>와 같다.

이 경우에도 이용자 수는 5% 유의수준에서 효율성에 영향을 미치는 것으로 나타났지만, 식원, 예산, 장서 수 등 다른 투입, 산출변수들은 상대적 효율성에 유의할 만한 영향이 없는 것으로 나타났다. 또한 위탁 여부에 대한 영향을 분석한 결과, 위탁운영 방식이 1% 유의수준에서 직영 방식보다 효율성에 더 영향을 미치는 것으로 나타났다. 하지만, 독립변수 중 장서 수는 공차한계가 0.084로 작고, VIF는 11.867로 10 이상이어서 공선성이 있는 것으로 판단되므로 유의미한 영향이 있다고 보기가 어렵다.

〈표 4-42〉 효율성 영향 요인(기타변수 포함)

구 분	비표준화계수		표준화계수	t	유의확률	공선성 통계량	
	b	표준오차	β			공차한계	VIF
상수	63.076	29.527		2.136	0.042		
위탁 여부	8.174	4.749	0.264	1.721	0.096	0.353	2.832
직원수	−0.348	0.356	−0.267	−0.979	0.336	0.112	8.920

구 분	비표준화계수		표준화계수	t	유의확률	공선성 통계량	
	b	표준오차	β			공차한계	VIF
예산	−4.0E−06	0.000	−0.240	−0.894	0.379	0.115	8.689
장서수	−2.1E−05	0.000	−0.135	−0.430	0.671	0.084	11.867
대출책수	7.99E−06	0.000	0.070	0.495	0.625	0.420	2.382
이용자수	1.37E−05	0.000	0.367	2.638	0.013	0.431	2.322
품질	0.342	0.643	0.054	0.532	0.599	0.807	1.238
건물면적	7.10E−05	0.001	0.016	0.059	0.954	0.119	8.374
사용기간	−0.118	0.174	−0.117	−0.681	0.501	0.281	3.564
인구수	1.39E−05	0.000	0.133	1.165	0.254	0.642	1.559

n=39, R^2=0.767, 수정된 R^2=0.684, F값 9.216, F값 유의확률 0.000

2) 효율성의 영향 요인 분석 소결

이상의 회귀분석 결과, 도서관 전체적으로는 효율성에 영향을 미치는 요인은 이용자 수로 나타났다. 위탁운영 방식이든 직영 방식이든 관계없이 이용자 수의 증가는 도서관 운영의 효율성에 영향이 있다. 하지만, 다른 투입 산출변수들과 도서관 건물의 노후 여부를 알리는 사용기간이나 도서관 이용공간의 크기를 대표하는 건물면적, 지역의 서비스 인구 등 기타 환경요인들도 효율성에 영향을 주지 않는 것으로 나타났다. 이는 직원, 예산, 그 결과로 오는 장서 수 등의 투입요소들의 증가가 사실상 제한되어 있는 현실에 비추어 효율성을 높이기 위해서는 산출을 극대화해야 하는데, 그중 이용자 수를 늘리는 것이 효율성을 제고할 수 있는 방안임을 시사하고 있다고 볼 수 있다. 특히, 이번 DEA분석에서는 이용자의 만족도를 나타내는 질적 변수로 서비스의 품질 값을 산출변수에 포함시켰는데, 효율성 영향 요인으로 투입변수는 없고, 산출변수인 이용자 수가 영향 요인으로 대두한 것은 이용자 수를 늘리기 위한 도서관의 제반 서비스 활동이 늘어나야 함을 시사하는 것으로 해석할 수 있다. 또한 위탁 방식이 효율성에 영향을 미치는지를 분석한 결과는 긍정적으로 나타난 것을 보면, 도서관 운영 방식도 효율성에 영향을 미치는 것으로 보인다. 이러한 결과는 통상적으로 도서관 운영의 효율성을 높이기 위해서는 투입을 최소화하고, 산출(이용자 수)이 최대화하여야 한다는 이론을 뒷받침해 주는 실증 사례라고 할 수 있다.

4.4.3. 성과 영향 요인 종합

이상에서 도서관 서비스의 성과에 영향을 미치는 요인들이 무엇인지를 분석해 보았다.

우선, 이용자들의 만족도에 영향을 미치는 요인들을 보면, 직원 서비스 품질은 위탁 여부와 관계없이 공통적으로 이용자 만족도에 가장 직접적인 영향을 미치는 것으로 나타났고(유의수준 1%), 도서관 열람지원을 위한 시설장비와 이용환경도 만족도에 영향을 주는 것으로 보인다(유의수준 5%). 또한 문화프로그램 제공이나 정보접근 서비스 차원의 요인들도 좁은 범위에서 만족도에 영향을 주는 것으로 나타났다(유의수준 10%). 하지만, 만족도에 영향을 미치는 정도를 보면 직원 서비스가 상대적으로 큰 영향을 주며($\beta = -0.332$), 기타 시설 및 이용환경 차원과 문화프로그램·정보접근 차원의 영향 요인은 미미한 영향을 주는 것으로 나타났다(각각 $\beta = -0.058$, $\beta = -0.045$).

둘째, 인쇄 및 전자출판자료 등 정보자료 서비스는 도서관 운영 방식에 상관없이 이용자들의 만족도에 영향을 미치지 않는 것으로 나타났는데, 이는 현재 도서관의 지식정보 제공 기능이 이용자들의 지지를 받지 못하는 것으로 해석할 수 있다. 서비스 차원별 품질을 보면, 직영보다는 위탁운영 방식이, 위탁의 경우는 민간위탁이 공단위탁보다 서비스 품질이 더 좋은 것으로 나타났지만, 정보 제공 서비스 차원 자체는 이용자들의 전반적인 만족도에 유의미한 영향이 없는 것으로 나타난 것을 유의해 볼 필요가 있다.

셋째, 도서관 운영의 효율에 영향을 미치는 요인은 '이용자 수'로 나타났다. 비록 산출극대화 모델을 활용해 분석하였지만, 투입변수 중에는 도서관 효율성에 영향을 주는 변수가 없는 것으로 나타났고, 산출변수 중에 이용자 수만이 효율성에 영향을 주는 것으로 나타났다. 이는 직원 수, 예산, 장서 수 등 투입요소들은 현실적으로 제한되거나 경직되게 운영되고 있으므로 더 이상 효율성 제고를 위해 줄일 수 없음을 나타낸다고 할 수 있으며, 산출변수 중 이용 책 수와 서비스 품질은 더 개선 여지가 있는데 이는 이용자 수를 늘리는 것과도 무관치는 않다고 볼 수 있다. 이용자 수를 늘릴 수 있는 다양한 서비스 제공을 통해 대출 책 수도 늘릴 수 있고, 이용자들의 서비스 기대수준과 실제 제공되는 서비스의 차이도 줄일 수 있게 될 것이기 때문이다.

넷째, 위탁 방식이 서비스 만족도와 효율성에 영향을 미치는지를 분석한 결과, 모두 긍정적으로 나타났다. 이는 앞에서 도서관 운영 방식별 서비스 품질과 효율성, 전반적인 만족도 비교에서도 확실히 보여 주고 있는 것처럼, 위탁운영 방식은 도서관의 서비스 품질과 효율성에 긍정적인 영향을 미치는 것으로 분석된다.

결론적으로 이 연구에서는 도서관 서비스에 대한 이용자들의 전반적인 만족을 높이기 위해서는 직원들의 서비스 수준을 높이고 시설이나 이용환경을 개선하는 것이 가장 중요하고 공통적인 요인이며, 도서관 운영의 효율성을 높이기 위해서는 투입을 최소화하고, 산출(이용자 수)이 최대화하여야 한다는 이론과 주장을 뒷받침해 주는 실증적인 사례를 보여 주고 있다고 할 수 있다.

■■■ 4.5. 도서관 서비스의 성과제고를 위한 과제

    이상의 분석에서 공공도서관 서비스의 성과를 직영과 민간위탁 등 운영 방식별 평가를 통해 더 나은 성과관리 방식을 알아보았다. 그 연구결과를 보면, 도서관 서비스의 성과는 직영 방식보다는 위탁 방식이 더 좋았고, 위탁 방식 중에는 대체로 공단위탁보다는 순수 민간위탁 방식이 더 성과가 좋은 것으로 나타났다. 특히, 서비스 품질 측면에서는 민간위탁이 공단위탁보다 확연히 성과가 좋았다. 다만, 일부 사례에서는 효율성과 전반적인 만족도는 공단위탁이 더 높고, 서비스 품질은 민간위탁이 높거나, 직영과 공단위탁만의 비교사례에서는 효율성은 직영이 높고, 서비스 품질은 공단위탁이 높은 경우도 있어 공단위탁과 민간위탁의 경우는 아직 명확히 효과의 우위를 단정하기 어려운 부분이 있었다. 또한 그 성과의 영향 요인을 분석해 본 결과, 직원 서비스, 시설 및 이용환경, 문화프로그램·정보접근 서비스 등이 성과에 영향을 미치고, 이용자 수가 효율성에 영향을 주는 요소로 도출되었다. 그러므로 도서관 서비스의 성과를 높이는 방안은 우선 이러한 성과영향 요인들을 중심으로 서비스 개선방안을 강구하는 것이 필요하다.

    또한 이와 동시에 아직은 영향 요인으로 분석되지 않았지만 성과에 영향을 미친 다른 요인들이 있는지도 살펴보고, 개선의 여지가 있는 요인들을 발굴, 해결해야만 종합적으로 도서관 서비스의 성과를 제고할 방안이 도출될 수 있을 것이다. 따라서 여기서는 성과 영향 요인으로 규명되지 않은 정보자료 제공의 문제, 위탁의 효과가 일시적인지의 문제, 공단위탁의 우려 문제, 위탁계약 관리의 문제 등을 추가로 살펴보려 한다.

첫째, 이번 연구결과, 도서관의 가장 주요한 기능인 지식정보 제공에 대한 이용자들의 평가가 서비스 만족에 영향을 주는 요인으로 대두하지 않고 있다. 실제 서비스 품질을 보면 직원, 정보자료, 문화프로그램, 시설·이용환경의 4개 차원 중에서 정보자료 차원의 6개 항목에 대한 이용자 평가가 최하위 수준[9]에 있다. 그런데도 이용자의 만족도에 유의미한 영향을 미치는 요인으로 나타나지 않은 점은 주의 깊게 살펴봐야 할 사항이다. 물론 정보 제공 서비스 차원의 서비스 품질은 민간위탁 방식이 직영과 공단위탁 방식의 경우보다 더 우수한 것으로 나타났지만, 정보 제공 서비스 차원의 품질이 전반적인 이용자 만족도에는 유의할 만한 영향을 미치지 않는 것을 보면 이는 위탁 여부와 관계없는 모든 도서관에 해당되는 공통의 개선 과제이다. 왜냐하면 공공도서관의 본질적인 기능인 정보 제공 기능에 대한 이용자들의 만족도가 높아야 주요한 성과가 있다고 볼 수 있는데, 대부분의 공공도서관에서는 동 서비스에 대한 만족수준이 매우 낮아서 성과에 영향을 미칠 요인으로 대두되기도 어려운 상황이라고 해석할 수밖에 없기 때문이다.

---

9) 정보자료 차원은 직영 0.58, 위탁 0.43(공단위탁 0.48, 민간위탁 0.38)이고, 시설·이용환경 차원은 직영 0.49, 위탁 0.36(공단 0.39, 민간 0.26), 직원 서비스 차원은 직영 0.38, 위탁 0.22(공단 0.25, 민간 0.17), 문화프로그램·정보접근 차원은 직영 0.35, 위탁 0.26(공단 0.30, 민간 0.16)으로 정보자료 서비스 차원이 불만족이 가장 큰 상태이다.

근래 공공도서관의 자료구입비 변동[10]을 보면, 전체 자료구입 예산과 1관당 평균 예산은 2002년 397억 원(1관당 86백만 원)이던 것이 2007년 535억 원(1관당 88백만 원)으로 늘어났고, 국민 1인당 장서 보유량도 2002년 0.64권에서 2007년 1.10권으로 나아지고 있는 상황이다. 또한 최근에는 많은 도서관들이 부족한 장서를 보충하고 이용자의 요구에 부응하기 위해 도서관 간 상호대차 서비스를 도입하거나, 이를 확대해 나가고 있으며, 도서 구입 시에도 이용자들의 신청을 적극 반영하려고 많은 노력을 하고 있다. 그럼에도 정보 제공 서비스에 대한 만족도가 가장 낮은 것은 이용자들의 다양한 정보욕구를 신속하게 채워 주지 못하는, 이용자들의 기대수준과 실제 제공되는 서비스의 차이가 큰 현실을 반영하고 있으므로, 이용자들의 기대에 부응할 다양한 서비스 제공 방안을 더욱 강구해야 할 것이다.

둘째, 위탁으로 인한 성과제고 효과가 일시적인 것인가 하는 문제를 살펴보자. 다수의 도서관계 인사들은 위탁 운영으로의 전환이 일시적으로는 효과가 있을 것이나 결국은 공공성을 더욱 저해해서 사회적 비용이 클 것이라는 주장을 한다. 또한 지자체 도서관정책 담당자와 위탁운영 중인 도서관장, 담당자들과의 면담[11] 결과, 그들도 비슷한 우려를 하고 있었다. 공공도서관의 민간위탁은 위탁의 성과 때문이 아니라 신설 도서관의 인력과 조직을 확보하는 한계가 있어서 도입하게 된 것이며, 수탁단체도 공모 방식이 아니라 지

---

10) 통계자료는 도서관연감(2007, p.12), 도서관연감(2008, pp.55 − 57)에서 인용.

11) 07. 10~08. 2. 28 기간 중 도서관장 및 열람봉사과장(위탁 2개관, 직영 2개관), 시·구청, 교육청 등 4개 기관 정책담당관을 각각 면담. 위탁의 배경, 성과, 운영상 문제, 공단위탁 전환배경과 문제, 서비스 질 개선방안 등에 대해 의견을 들었다.

자체장과 관련 있는 단체장에게 위탁하게 된 것이고, 수탁단체도 전문적인 도서관운영 조직이나 직원이 있는 것도 아닌 상태에서 이루어졌다고 한다. 하지만 민간위탁 초기에는 기관장과 신규채용 직원들의 의욕과 열정으로 새로운 서비스를 통해 주민 만족도를 높여 왔지만, 시간이 지남에 따라 신분 불안과 인원 부족으로 근무 조건이 악화되고, 직원채용도 위탁·수탁기관장의 전리품화하는 현상까지도 나타나 직원들의 이직, 교체가 잦아지면서 초기의 효과가 반감되고 있다고 한다. 또한 공단위탁으로 전환된 이후, 경비절감과 서비스의 유료화 노력으로 주민들의 서비스 이용접근 제한 등 부작용이 나오고 있다고 주장한다. 위탁업무 관련자들과 위탁도서관 운영자들은 위탁기관의 도서관 이용자 만족도는 상대적으로 나아졌지만, 계속 나아지기는 어려울 것으로 전망하며, 오히려 안정적인 직영기관이 서비스 효율이 나아질 것으로 보고 있었다.

한편 직영 도서관 관계자 중 일부는 인력은 적은데 계속 도서관은 늘어나고, 새로운 서비스는 확대해야 하므로 공단운영이 오히려 안정적인 지원을 받을 수 있어 운영이 용이할 것으로 보는 등 자신의 입장에 따라 다른 전망을 하고 있었다.

통계적으로도 일부 도서관은 위탁 운영하던 2001~2002년 서울시의 주민만족도 평가에서 좋은 평가를 받았는데, 2005~2006년 공단위탁으로 전환되거나, 전환되지 않고 운영하는 경우에도 2007년 말 이번 연구 관련 만족도 조사에서는 성과가 그보다 못한 사례[12]가 있어 이를 반증한다고 볼 수도 있다. 하지만, 연구자의 판

---

12) R. C. Ward(2007)는 미국 일부 공공도서관에서 주인 - 대리인 관점에서 신공공관리론을 적용하여 위탁운영(1997~2002) 중인 7개 공공도서관의 성과를 책임성, 경제적 효율, 이용자 만족 차원에서 직영의 경우와 비교하였다. 그 결과, 책임성 측면은 더 강화되었고(6개관은 강

단으로는 연구시점까지는 전체적으로 위탁운영의 성과가 직영보다
는 좋기 때문에 운영체제 전환은 비효율을 제거하고 효율과 만족
을 높이고 있다고 보며, 앞에서 제기된 문제를 개선하는 데는 위탁
기관장과 수탁단체장의 인식이 가장 중요한 요소라는 점에서는 면
담했던 관계자들의 의견에 동의한다.

　셋째, 공단위탁의 우려문제를 살펴보자. 서울의 경우, 자치구가
공공도서관의 관리, 운영을 시설관리공단에 위탁하면서 수익성을
추구한 결과, 이용자들의 열람실, 문화강좌, 사물함, 주차장 등의
유료화를 통해 공공성을 저해하고 있고, 무료 문화행사를 하던 야
외공간을 편의점으로 임대하며 그 수익은 도서관에 재투자하지 않
고 구 전체 수입에 편성함으로써 공공성을 포기하고 있다고 한다
(경향신문, 2007. 7. 3 보도). 또한 지자체 시설공단이 지식문화공간
인 도서관을 시설관리의 관점[13)에서 운영하며 수익을 창출하려 하

화, 1개관은 약화: 지방정부의 정책, 인사권 강화로 인함), 운영비용 증가를 기준으로 한 경
제적 효율성은 악화되었고(5개관 비용증가, 2개관은 비용감소), 이용자 만족 측면은 증가(4개
관은 만족도 증가, 3개관은 감소)되었는데, 그 주된 이유는 예산증가 또는 경영전문성 강화에
따른 부분으로 분석했다(예산증가→경제적 효율감소→이용자 만족 증가/// 또는 경영전문성
을 강화→책임성 약화(지방정부 통제약화)→경제효율 증가, 이용자 만족 증가).
동 사례분석에서는 1997년 미국에서 최초로, 가장 큰 규모로 전체 도서관을 위탁 운영한 캘
리포니아 주 Riverside County 소속 도서관 사례도 포함되었다. ALA보고서(2000: 43－
51)에 의하면 1997년 위탁 당시에는 시민만족도 증가, 자료구입비와 서비스시간 증가, 직원
의 만족도 증가 등으로 좋은 성과를 올렸으나, 2002년 기준으로 보면 예산절감은 1997년
당시 15% 절감에서 2002년 18% 증가(6%의 자료구입비)한 반면, 이용자들의 대출빈도
(Circulation)는 25% 감소, 방문자 수도 26% 감소하여, 전체적인 비용증가에 비해 서비스
이용은 나아지지 않고 있다고 한다. 1997년 당시 다각도로 평가한 기준과 2002년 Ward의
분석은 기준과 방법이 같지 않고, 도서관 정책과 인사권은 위탁 당시부터 Riverside County
가 보유하고 있었으므로 단기간에 경영성과가 달라진 이유는 별도 분석이 필요하고 의문이지
만, 위탁성과는 여러 요인에 따라 변동될 수 있다는 점에는 동의한다.

13) 서울 금천구시설관리공단은 '08. 1. 1부터 구립정보도서관, 가산정보도서관, 구민문화체육센
터 등 민간에 위탁 운영하던 시설을 공단이 통합 운영한다고 발표하면서, 이사장은 "구립시
설물들을 시설관리공단에서 통합 운영함에 따라 관리인력, 장비공유를 통한 운영경비 절감으
로 성영을 합리화할 수 있을 것"이라고 한 점을 보면, 도서관도 시설물의 하나로만 보고 있
다(뉴시스, 2007. 12. 30).

는 데 대한 비판이 많다. 공단위탁은 시 자치구들이 소속기관의 통일적 관리를 위해 공단설립을 위한 평가연구를 실시한 후 일률적으로 도입하고 있는바, 공단위탁 이후 인원과 예산 삭감, 비정규직화 등으로 전문직원들의 좌절감이 크며, 위탁기관이 수탁기관을 제대로 통제하기 어렵다고 한다(07. 1. 4 위탁운영 중인 도서관장 인터뷰). 그러한 주장과 비판은 사실로 보인다. 하지만, 또 다른 사실 중의 하나는 최근의 연구(함요상, 2007)에서 보듯이, 공단위탁이 직영보다 성과가 큰 것으로 나타나고 있고, 본인의 연구결과에서도 직영보다는 공단위탁이 이용자 만족도와 효율성이 더 좋다는 사실이다. 다만 본인의 연구에서 공단위탁과 민간위탁을 비교해 본 결과, 공단위탁은 순수 민간위탁보다는 성과가 좋지 않은 결과가 더 많았다. 따라서 위탁운영을 하려면, 노서관 관련 전문단체나 대학이 위탁 운영하는 경우에 더 좋은 효과가 있으므로(경향, 2007. 7. 3, '동대문정보화도서관의 성공한 실험' 보도), 공단보다는 전문 재단에서 운영하는 것이 바람직하며, 그 방향을 제시(문화체육관광부, 2008)하고 있다. 이번 연구 결과도 그런 주장을 뒷받침하고 있어서 현재까지는 직영보다는 위탁이, 공단위탁보다는 전문성이 있는 단체의 순수 민간위탁이 더 효율적이고, 서비스의 질을 높일 것으로 보고 있다.

넷째, 수탁기관 선정과 관리감독의 문제이다. 제2장의 민간위탁 실태에서 언급했듯이 수탁기관의 선정은 공모를 하지 않는 경우도 많고, 선정위원회를 구성하지도 않고, 공단, 문화원 등 유관기관이라서 선정한 경우가 많았다. 또한 도서관 수탁기관은 경쟁적이지 않고,[14] 조례에 따라 3년의 장기계약이 많고, 지도감독의 경우도 회계처리 중심으로 이루어져서 실제 이용자들의 만족에 영향을 주는 서비스 자체나 계약이행 수준에 대한 관리감독은 미흡한 것으로 나타났다. 또한 재위탁의 경우에도 전문성과 공신력 등이 주요 평가요소[15])가 되지만, 경험 있는 수탁자는 정부와의 계약에서 다른 경쟁단체보다 정보상에서 유리하므로 일단 선정된 단체가 독점적으로 위탁계약을 할 가능성이 커서 민간위탁의 경쟁성을 확보하기 어렵다(김재훈, 2005; 이철주 외, 2007: 162 - 163). 이러한 상황을 종합해 보면, 민간위탁 도입의 기본적인 배경인 전문적인 민간시장의 경쟁을 통해 운영의 효율과 서비스의 질 향상이라는 성과를 달성할 수 있다는 전제가 도서관 민간위탁의 경우에는 성립되지 않는다. 따라서 공공도서관 민간위탁의 성과제고를 위해서는 수탁단체의 경쟁을 통한 공모보다는 수탁단체의 관리감독이 더 중요한 요소가 된다. 위탁계약기관의 관리감독에 관해서는 사회복지서비스 민간위탁 관련 논문이 많아 도서관 분야에서도 참고할 필요가 있다.

---

14) 많은 경우 민간위탁은 시장경쟁의 조건이 충족되지 못한 상태에서 시행(정정길, 2004: 443; 이성로, 2005: 305)되고 있고, 정부의 사회복지서비스는 준시장(quasi - markets)에서 결정되고, 준시장에서는 경쟁상태가 존재하지 않으므로 민간위탁이 더 효과적이라는 가정을 전적으로 포기한다(Straussman & Farie, 1994). 준시장에서는 소수의 구매자와 판매자가 존재하고, 경제적 거래만이 아닌 신뢰의 거래가 있으며, 반복적 구매, 장기적 계약이 중요하다는 거래의 특수성을 지적한다(Farie, 1994; 민난희, 2000: 27 - 28에서 재인용).

15) 2005년부터 민간위탁 중인 A구의 재위탁운영 심의기준은 수탁난제의 공신력(15점), 재정능력(15점), 도서관운영실적(40점), 도서관 향후 3년간 사업계획(20점), 도서관장의 운영의지와 능력(10점)을 부여하고 있다.

제5장

결론

공공서비스의 비효율을 높이고 성과를 제고하기 위해 민간위탁
제도가 본격적으로 도입된 1998년 이후 문화서비스 분야에서도 매
년 위탁운영이 늘어나고 있는데, 공공도서관 서비스처럼, 수익성도
없고, 공공성이 높이 요구되는 분야에 민간위탁이 왜 계속 증가하
는지, 과연 도서관 서비스에서의 민간위탁이 직영 방식보다 실제
성과가 있는지, 있다면 그 성과의 영향 요인은 무엇인지를 규명해
보고자 하는 것이 이 연구의 출발점이었다. 따라서 이러한 의문을
풀기 위해 본 연구는 도서관 서비스의 민간위탁의 성과와 성과의
영향 요인을 규명하기 위해 직영 도서관과 위탁운영 도서관의 서
비스의 품질과 전반적인 만족도, 그리고 상대적 효율성을 측정, 상
호 비교, 분석하였다. 분석방법은 서브퀄 기법과 자료포락분석 모
형을 활용하여 주관적(질적) 평가와 객관적(양적) 평가를 종합, 통
합적 분석을 시도하였다. 주관적 분석을 위해 도서관 서비스 이용
자들의 설문조사를 통해 도서관 서비스에 대한 기대와 실제 제공
된 서비스의 차이에 대한 이용자들의 평가를 토대로 서비스 품질
과 만족도를 측정, 비교하였고, 객관적 분석을 위해서는 주관적 분
석대상 도서관의 양적 통계를 종합하여 자료포락분석을 통해 상대
적 효율성을 측정하고, 민간위탁 도서관과 직영 도서관의 성과를

입체적으로 비교, 분석하였다. 아울러 서비스 만족도와 효율성에 영향을 미치는 요인을 추출하기 위해 각각 다중회귀분석을 실시하였다.

연구결과, 서비스 품질과 만족도 분석에서는 위탁 운영하는 도서관이 직영 도서관보다 서비스 품질이 높았고, 전반적인 만족도도 높게 나타났다. 아울러 위탁운영의 경우에는 공단위탁보다는 순수 민간위탁의 경우가 서비스 품질과 전반적인 만족도가 높았다. 즉, 전반적인 만족도는 5점 만점에서 직영은 3.67, 위탁은 3.90이고, 위탁기관 중에 공단위탁은 3.87, 민간위탁은 3.98이었다.

충성도를 나타내는 지표인 재이용 의도와 주위에 권장 의도 역시 직영은 각각 4.11, 3.93이고, 위탁은 각각 4.29, 4.13으로, 위탁운영이 지영보다 충성도가 높게 평가되었고, 위타의 경우는 공단위탁이 각각 4.28, 4.12이고, 민간위탁은 각각 4.31, 4.15로서, 이용자들은 민간위탁 도서관에서 공단위탁 도서관에서보다 더욱 높은 충성도를 보여 주었다.

또한 서비스 품질(기대 - 인지) 값은 양수(+)면 불만족, 음수(-)면 만족의 정도를 나타내는데, 직영은 0.456이고 위탁은 0.325로서, 위탁이 직영보다 불만이 적고, 위탁기관들 간에는 공단위탁이 0.358, 민간위탁이 0.249로서 민간위탁이 공단위탁보다 만족도가 더 높았다. 서비스 품질의 차원별 만족 정도를 비교해 보면, 정보자료 서비스와 시설·이용환경 차원이 만족도가 다른 차원보다 더 낮았고, 직원 서비스와 문화프로그램·정보접근 차원이 상대적으로 만족이 더 큰 편이지만, 모든 서비스 차원에서 직영보다는 위탁이, 위탁기관 중에서는 공단위탁보다는 민간위탁 도서관이 이용자들에게 더 큰 만족을 주고 있었다.

도서관 운영의 상대적 효율성을 나타내는 DEA분석에서도 대체로 같은 결과가 나타났다. 즉 규모에 대한 수익 불변 모델인 CCR모형에서는 효율성이 100%인 도서관 수는 위탁이 8개관(위탁 전체의 47%), 직영이 2개관(직영 전체의 9%)이고, 효율성 100%인 도서관의 참조횟수도 위탁운영 도서관이 직영 도서관보다 많았고, 민간위탁이 공단위탁보다 최다 참조횟수를 기록했지만, 참조한 기관은 공단위탁이 더 많았다. 규모에 대한 수익변화 모델인 BCC모형에서도 효율성이 100%인 도서관 수는 위탁이 9개관(위탁 전체의 53%), 직영이 4개관(직영 전체의 19%)이고, 효율성 100%인 도서관의 참조횟수도 위탁도서관이 직영보다 많았고, 위탁기관 중에는 민간위탁이 최다 참조횟수를 기록하였지만, 참조횟수가 많은 기관은 공단위탁이었다. 따라서 상대적 효율성 측면에서도 위탁 방식이 직영방식보다 더 효율적이었고, 위탁의 경우는 대체로 민간위탁이 공단위탁보다 더 효율적이었지만, 공단위탁이 민간위탁보다 더 나은 경우도 있어 효율성 측면에서는 위탁 도서관 간 우열을 정하기가 어려웠다.

이번에는 서비스 품질과 만족도, 효율성의 세 가지 지표를 기준으로 위탁운영과 직영의 성과를 비교, 분석해 보았다.

먼저, 효율성이 100%(CCR모형과 BCC모형의 효율성 값 평균)인 도서관(10개관)에 대해 전반적인 만족도와 서비스 품질이 높은 도서관부터 내림차순으로 10개관을 각각 정렬해 놓은 결과, 이 세 가지 지표 모두 10위권에 드는 도서관은 3개관인데, 모두 위탁운영 도서관(민간위탁 2개관, 공단위탁 1개관)이고, 두 개 지표가 10위권에 드는 도서관은 3개관으로 모두 공단위탁 도서관이었다. 따라서 2개 지표 이상이 10위권에 드는 도서관은 총 6개관으로 모두 위탁 운영 도서관이고 직영 도서관은 하나도 없는 것을 보면 위탁운영 방식이 직영보다 더 성과가 있다고 할 수 있다.

두 번째로는 재정여건과 도서관 규모가 유사한 서울지역 도서관 7개관(위탁 4개관, 직영 3개관)을 대상으로 서비스 품질, 전반적인 만족도, 효율성 점수를 비교해 본바, 직영은 서비스 품질 평균 42.23, 전반적인 만족도 평균 3.73, 효율성 평균 62.04%인 데 비해, 위탁운영은 서비스 품질 평균 45.35, 전반적인 만족도 평균 4.10, 효율성 평균 83.82%로서 위탁운영 방식이 훨씬 더 좋게 평가되었 다. 위탁기관들 간에는 서비스 품질은 민간위탁이 공단위탁보다, 전반적인 만족도와 효율성은 공난위탁이 민긴위탁보다 더 높게 나 타났다.

마지막으로 동일 행정구역 내에 있는 직영 도서관과 위탁도서관 의 세 가지 지표를 비교해 보았다. 서울시내 4개 자치구와 지방 A 시의 총 12개관의 성과지표를 비교해 본 결과, 서울시내 4개 자치 구의 경우는 모두 위탁운영 도서관이 직영 도서관보다 평가가 우 수했고, 지방 A시의 경우(직영 2개관, 공단위탁 2개관)는 서비스 품 질은 위탁이 우수하고, 전반적인 만족도는 비슷하며, 효율성은 직 영이 우수한 것으로 나타났다.

결과적으로 여러 단계의 비교분석 결과, 서비스 품질, 전반적인 만족도, 효율성의 세 가지 지표를 기준으로 직영 방식과 위탁 방식 의 성과를 비교했을 때, 위탁 방식이 우수하게 나타났고, 위탁기관 들은 평가항목에 따라 민간위탁이 공단위탁보다 성과가 더 좋거나 공단위탁이 민간위탁보다 성과가 좋아서 우열을 가리기 어려웠다.

한편 공공도서관 서비스의 성과에 대한 영향 요인을 규명하기 위해 다중회귀 분석을 실시한 결과, 전반적인 만족도에 영향을 미치는 공통적인 요인은 직원 서비스와 시설 및 이용환경서비스 차원이었고(유의수준 1%, 또는 5%), 문화프로그램·정보접근 차원도(유의수준이 10%) 만족도에 영향을 미치는 것으로 나타났다. 다만, 도서관의 주요기능인 정보자료 제공 서비스는 만족도에 영향을 미치지 못하는 것으로 나타났는데, 이는 운영 방식의 변환이나 직원 서비스나 시설·환경 등의 외적인 서비스 개선을 통해 단기적으로 이용자의 만족도를 높일 수 있지만, 도서관의 정보 제공 기능 개선에는 시간과 방법이 필요하다고 할 수 있다.

또한 위탁 여부가 만족도에 영향을 미치는지를 분석한 결과, 위탁운영이 효율성에 영향을 미치는 것으로 나타났다. 아울러 도서관 운영의 효율성에 영향을 미치는 요인들을 분석해 본 결과, 이용자 수가 유의할 만한 영향을 미치는 것으로 나타났다. 이는 효율성을 측정하는 투입, 산출변수 중에 직원, 예산, 장서 수 같은 투입요소는 더 최소화할 여지가 없으므로 산출을 극대화하기 위해서는 이용자 수를 극대화해야 하며, 이를 위해서는 이용자 수를 늘리기 위한 다양한 유인정책이 필요하다고 할 수 있다.

5.2.1. 연구의 시사점

이상의 연구는 그간 제기된 도서관 서비스의 민간위탁과 관련한 의문들에 대한 설명과 함께 몇 가지 이론적, 정책적 시사점을 제공한다.

먼저 이론적인 시사점을 보면, 첫째, 도서관 서비스의 위탁 방식은 직영 방식과 비교할 때 분명히 큰 성과가 있다. 도서관 서비스의 품질과 만족도, 효율성 등 질적, 양적 측면에서 성과를 종합적으로 분석해 본 결과, 위탁 방식은 직영 방식보다 훨씬 성과가 좋음이 실증되었고, 위탁 방식 간 비교에서는 대체로 민간위탁이 공단위탁보다 성과가 좋았다. 이러한 결과는 문화 분야에서 민간위탁 이론을 뒷받침해 주는 하나의 사례가 된다.

둘째, 이 연구는 문화 분야에서는 처음으로 동일한 표본을 대상으로 질적, 양적 측면에서 민간위탁의 성과를 통합적으로 분석하였다는 데 의미가 있다. 기존의 연구는 질적, 양적 분석의 경우에도 질적 분석대상과 양적 분석대상을 달리하거나 아니면 한 가지 측면에서, 즉 서브퀄 기법을 활용해 질적 측면의 분석만 하거나 DEA 모형을 통해 양적 분석만 한 경우가 대부분이었다. 또한 도서관 서비스는 연성서비스라는 특성상 다양한 가치를 추구하기 때문에 양적인 측정이 어렵고, 동시에 효율성 추구라는 민간위탁 논리에만 집착하면 서비스의 질은 간과되기 쉽기 때문에 양적 측면과 질적 측면을 통합해 분석함으로써 보다 의미 있는 평가결과를 얻을 수 있게 되었다.

셋째, 양적 측정 기법인 DEA 모형을 통한 기존의 많은 연구에서 질적 변수를 포함시키지 않아 분석의 완결성이 부족함을 연구의 한계로 인정해 왔는데, 본 연구에서는 처음으로 질적 요소인 '서비스 품질'을 산출변수에 포함시켜 분석의 정밀도를 높였다. 따라서 DEA분석 자체만으로도 다른 연구와 차별화하였고, 문화서비스 분야의 양적·질적 분석이 확대될 수 있는 가능성을 보여 주었다.

넷째, 질적 측정 기법인 서브퀼 기법을 사용하여 도서관 서비스 이용 전의 기대수준과 실제 서비스 이용 후의 만족수준의 차이를 통해 서비스의 품질을 계량화하였다. 이는 지금까지 서비스 이용자의 최종적인 만족도만을 통해 효과성을 측정하는 데 따른 문제점을 상당부분 해소할 수 있으며, 만족 수준을 객관적으로 제시하여 운영 방식별 성과 차이를 비교적 세밀하게 분석할 수 있다.

다음으로 정책적 시사점으로는 첫째, 도서관계 일부의 주장처럼, 도서관 서비스 민간위탁의 성과가 운영 방식 전환 초기의 일시적인 현상인지 장기적인 현상일지는 좀 더 지켜보아야 하겠지만, 현재의 분명한 사실은 10년간 위탁운영결과 위탁 방식이 직영 방식보다 더 성과가 좋다고 주장할 수 있다는 점이다. 따라서 수익성은 없고 공공성만 요구되는 공공도서관 서비스에서 민간위탁이 왜 계속 증가하는가 하는 의문은 당초 도서관 신설에 따른 인력과 예산을 추가로 확보하는 데 한계가 있고, 작은 정부를 지향하는 시대의 흐름에 부응하여 도입하게 된 것이지만, 결과적으로 성과가 있으므로 계속되고 있다고 답할 수 있다. 미국의 경우에도 2000년 미국도서관협회(ALA)에서 민간위탁의 성과에 대한 연구 결과, 도서관 운영에 부정적인 효과가 없다는 점을 발표한 이후 논란이 종식되고, 협회차원에서 민간위탁의 성공을 위한 체크리스트를 작성, 개별 도서관에 권장한 사례가 있다.

둘째, 최근 서울시 자치구에서는 도서관 수탁기관을 민간단체에서 시설공단으로 전환하는 사례가 많은데, 이는 도서관을 단순한 시설의 하나로 보고 시설물 관리 차원에서 보고 있지만, 위탁기관 간의 성과를 비교해 보면 순수 민간위탁이 더 성과가 있음을 보여 주고 있다 따라서 도서관 서비스의 성과를 더 높이기 위해서는 자치구별 시설공단에서 위탁 운영하는 것보다는 전문적인 도서관 운영단체를 설립하여 위탁 운영하는 것이 더 전문성을 살리고 효과도 크다는 점을 시사한다. 최근 문화체육관광부에서 연구용역한 자료(도서관 민간위탁경영제도 개선에 관한 연구, 2008)에서도 이러한 대안을 제시하고 있다.

5.2.2. 연구의 한계 및 제언

하지만 본 연구에서는 다음과 같은 연구의 한계를 인정하고, 향후 이번 연구를 발전시킬 수 있는 방향을 제시할 수 있다.

첫째, 도서관 서비스의 민간위탁 성과 분석은 사실 개별 위탁운

영 도서관들의 위탁 전후의 성과를 시계열로 분석하는 것이 가장
바람직한데, 아직 위탁 전후의 질적 성과자료가 축적되어 있지 않
아 유사한 환경에 있는 위탁 또는 직영 도서관의 질적 자료를 직접
생산, 횡단면 분석을 시도할 수밖에 없었다. 현재까지도 공공도서
관 전체에 대한 이용자 만족도 같은 질적 자료가 없으며, 일부 자
료가 있지만 분석시기와 대상이 달라서 횡단면 분석에 활용할 수
가 없었다.

둘째, 민간위탁의 성과를 질적, 양적 측면에서 종합적으로 분석
하긴 하였지만, 기관장의 인식 등 리더십이 성과에 얼마나 영향을
주었는지를 구분하여 분석하지 못했다. 실제 관계관들의 면담 결
과, 도서관 서비스의 질적 향상과 효율성 제고에는 도서관정책 담
당자와 관장 등 간부들의 인식이 매우 중요하다고 보고 있으나, 이
번 성과 분석에는 이 부분을 반영하지 못하였다. 다음 연구에서 이
를 포함하는 연구로 발전시키면, 민간위탁의 성과를 더욱 과학적으
로 실증해 볼 수 있을 것 같다.

셋째, 최근 연구들 중에는 민간위탁의 비용절감 효과보다 위탁을
위한 지대추구비용, 관리감독비용 등 거래비용 효과가 더 크므로
민간위탁의 효과가 없다는 주장이 있는데, 향후 도서관 서비스에서
의 위탁성과를 이번 연구에 부수해서 거래비용 차원에서의 분석을
추가해 보면, 좀 더 객관적으로 민간위탁의 성과를 분석할 수 있을
것이다.

참고문헌

1. 국내 문헌

1) 단행본

김렬 외. 2005. **사회과학 연구 및 논문작성을 위한 통계분석의 이해 및 활용**. 서울: 도서출판 대명.

김세익. 1985. **도서관조직경영론**. 서울: 아세아문화사.

김세훈. 2002. **도서관 숭상기발전방안 연구**. 한국문화관광정책연구원.

______. 2007. **도서관정책추진체계 개선방안연구**. 한국문화관광정책연구원.

김순양. 2006. **복지서비스의 민간위탁 시스템 분석**. 아산재단연구총서 제198집 서울: 집문당.

성명기 등. 2006. **경기도 건립·운영중인 문화기반시설 운영방안 연구: 박물관 및 미술관을 중심으로**. 경기개발연구원.

송건섭·이곤수·윤종갑. 2005. **공공서비스 성과평가와 측정: 기초자치단체의 성과관리시스템 구축과 적용**. 서울: 도서출판 대명.

오동근. 2005. **고객만족 도서관 경영을 위한 연구**. 국립중앙도서관 연구용역

원석희. 1998. **서비스경영**. 서울: 형설출판사.

염시창 역. A. Tashakkori & C. Teddlie 공저. 2001. **통합연구방법론: 질적, 양적 접근방법의 통합**. 서울: 학지사.

유금록. 2004. **공공부문의 효율성 측정과 평가: 프론티어 분석의 이론과 적용**. 서울: 대영문화사.

이근주. 2007. **고객만족도 조사**. 중앙공무원교육원 사이버교육센터 교재.

이만수. 2003. **공공도서관 길라잡이(상, 하)**. 서울: 한국학술정보(주).

이연옥. 2002. **한국 공공도서관 운동사**. 서울: 한국도서관협회.

이상수. 2005. **지방공공서비스의 성과평가: 지방공공의료기관의 조직운영 형태별 성과분석**. 서울: 한국학술정부(주).

이은국·원구환·오승은. 2003. **지방정부 생산성측정의 이론과 실제**. 아산재단 연구총서 135집. 서울: 집문당.

이종권. 2005. **공공도서관의 서비스 질 평가모델 연구**. 서울: 한국학술정보(주).

이진영·이기숙 옮김. 스가야 아키코 지음. 2004. **미래를 만드는 도서관**. 서울: 지식여행.

이창균·서정섭. 2000. **지방자치단체민간위탁의 개선방안**. 한국지방행정연구원.

전용수·최태성·김성호. 2002. **효율성평가를 위한 자료포락분석**. 인천: 인하대학교출판부.

정광렬·곽동철·양지연. 2003. **공립문화시설의 민간위탁 평가 및 개선방안연구**. 서울: 한국문화관광정책연구원.

정철현. 2005. **문화연구와 문화정책**. 서울: 도서출판 서울경제경영.

조권중. 2005. **공공문화시설에서 정보격차해소 특성화프로그램연구**. 서울시정개발연구원.

______. 최현재. 2004. **서울시 공공도서관 발전방안에 관한 연구**. 서울시정개발연구원.

한국도서관협회. **도서관연감**(2004, 2005, 2006, 2007, 2008).

한국도서관협회도서관기준작성특별위원회. 2003. **한국도서관기준**. 한국도서관협회.

한국자치경영평가원. 2004. 금천구 시설관리공단 설립타당성 검토.

__________. 2004. 도봉구 시설관리공단 설립타당성 검토보고서.

__________. 2004. 은평구 시설관리공단 설립타당성 검토보고서.

__________. 2005. 광진정보도서관의 광진구시설관리공단의 위탁변경을 위한 타당성 조사 및 합리적 운영을 위한 연구.

__________. 2005. 성동구 신규사업 공단위탁 타당성 검토용역.

__________. 2007. 노원구 시설관리공단 설립타당성 검토보고서.

황혜신. 2006. 공공서비스 민간위탁의 이론과 실제. 서울: 한국학술정보(주).
국립중앙도서관. 2006. 국내협력형 디지털참고봉사관련 공공도서관 설
　　문조사 결과보고서. 국립중앙도서관 내부자료.
　　＿＿＿＿＿＿＿. 2006. 작은도서관 활성화를 위한 고객만족도 조사 결
　　과보고. 국립중앙도서관 내부자료.
문화(체육)관광부. 전국문화기반시설 총람(2004, 2005, 2006, 2007, 2008).
　　＿＿＿＿＿＿＿. 2008. 도서관 민간위탁경영제도 개선에 관한 연구.
서울특별시. 상반기 행정서비스 시민만족도조사: 공공도서관(2001, 2002).
　　＿＿＿＿＿. 도서관이용만족도조사(2005, 2007).
한국조직학회. 2006. 행정서비스 민간위탁제도의 운영실태와 개선방안
　　에 관한 연구

2) 논문 및 기타자료

강호진. 2004. "문화복지서비스에 대한 주민만족도 결정요인". 한국행
　　정학보 38(2): 23 - 40.
고대건. 2006. 군 복지시설의 민간위탁 연구: 공군 골프장 식당의 민간
　　위탁 성과분석을 중심으로. 석사학위논문. 연세대학교.
곽동철. 2004. "우리나라 공공도서관 민간위탁의 성과분석에 관한 연
　　구". 한국문헌 정보학회지 38(1): 51 - 75.
　　＿＿＿＿. 2007. "공공도서관 위탁경영의 현상과 과제에 관한 고찰". 한국
　　도서관·정보학회지 38(3): 383 - 404.
곽영진. 1999. "DEA를 이용한 공공도서관의 효율성평가: 충남지역 공
　　공도서관을 대상으로. 회계연구 4(1): 151 - 175.
김기문. 2003. "도서관 민간위탁을 다시 생각한다". 도서관문화: 1 - 3.
김용·김태경. 2006. "공공도서관의 정보검색대행서비스를 위한 서비스
　　모형화 및 기대효과에 관한 연구". 한국문헌정보학회지 40(1):
　　195 - 215.
김선애. 2007. "DEA를 이용한 공공도서관의 효율성 비교: 서울 및 6대
　　광역시의 102개 공공도서관을 대상으로". 한국문헌정보학회지
　　41(2): 237 - 255.

______. 2006. "공공도서관 서비스 고객만족도 평가체계에 관한 연구". **한국도서관 · 정보학회지** 37(3): 193 – 208.

______. 2005. "DEA를 이용한 공공도서관의 효율성 평가: 정보서비스 활동을 중심으로. **한국문헌정보학회지** 39(1): 221 – 239.

______. 2004. "DEA를 이용한 대학도서관의 효율성 평가: 프랑스의 대학도서관을 대상으로. **한국문헌정보학회지** 38(2): 137 – 160.

김영귀. 2004. "일본의 대학도서관업무 아웃소싱에 관한 연구". **한국도서관 · 정보학회지** 35(2): 47 – 71.

______. 2003. "일본 공공도서관의 민간위탁과 사서직의 위기". **한국도서관 · 정보학회지** 34(2): 119 – 141.

김윤미. 2003. **자료포락분석(DEA)을 이용한 은행민영화의 효율성분석: 소유구조에 따른 효율성 차이 측정을 중심으로.** 연세대 석사학위 논문.

김용근. 2006. "공공도서관의 웹사이트를 통한 정보봉사: 대구지역 공공도서관을 중심으로". **한국도서관 · 정보학회지** 37(3): 265 – 287.

김용철. 2005. "지방자치단체업무 민간위탁의 쟁점과 과제". **한국비영리연구학회** 4(2): 45 – 73.

김재훈. 2005. "민간위탁의 계약유형에 관한 비교연구: 거래비용경제학 및 신제도 이론의 적용". **한국행정학보** 39(3): 205 – 228.

김정혜 · 마법순. 2000. **복지시설 민간위탁 운영 평가 및 개선방안 연구.** 서울시 정개발연구원.

김지봉. 2000. "공공도서관 경영의 문제점과 발전방향: 위탁관리 문제를 중심으로". **제38회 전국도서관대회 라운드테이블 발표자료집.** 15 – 37.

김현희 · 이지연. 2006. "공공도서관 웹사이트 이용자 만족도 연구". **제13회 한국정보관리학회 학술대회 논문집.** 11 – 16.

노지현. 2006. "편목업무 아웃소싱의 득과 실: 공공도서관을 사례로 하여". **한국도서관 · 정보학회지** 37(4): 391 – 417.

노은실. 2007. **민간위탁 박물관의 운영현황과 과제.** 전주대 석사학위논문.

도서관운동연구회. 2002. "공공도서관 민간위탁운영에 관한 도서관운동연구회 회원토론회 자료". **노서관운동.** 131 – 142.

______________. 1999. "공공도서관의 민간위탁사례: 중랑구립정보도서관". 공공도서관포럼 9월월례간담회 자료. **도서관운동** 5(4): 92-100.

도태현. 2000. "한국'문헌정보학'과 '도서관'의 당면과제에 대한 대안 제시". **한국도서관 · 정보학회지** 31(3): 49-64.

문성빈 · 이지연. "공공도서관 평가제도 연구". **한국문헌정보학회 학술발표논문집** 제21집: 129-150.

문신용 · 윤기찬. 2004. "사회복지서비스 생산성에 관한 통합적 분석: 자료포락분석(DEA)과 SERVQUAL기법을 중심으로". **한국행정학보** 38(6): 201-224.

민난희. 2000. **공공서비스 관련집단의 성과인식에 관한 연구: 공공도서관 민간위탁을 중심으로.** 석사학위논문. 경상대학교.

박영춘. 2004. "민간위탁 노인복지회관 운영 효율성 연구". **대한국토 · 도시계획학회지 "국토연구"** 39(3): 221-232.

박중훈. 2000. "민간위탁의 전제조건과 우리나라에서의 민간위탁 실태". **한국행정학회 2000년 춘계학술내회빌표논문집.** 145-169.

배순자. 2003. "행정서비스의 민간위탁 사업평가를 통해 본 공공도서관 민간위탁의 함의". **한국도서관 · 정보학회지** 34(2): 79-94.

백옥선. 2002. **"공공문화시설 민간위탁의 성공적 추진과정 연구:** 전주시 문화시설을 중심으로". 중앙대학교 석사학위논문.

손희중 · 최용환. 2003. "지방자치단체 민간위탁사업에 대한 평가: 충청북도를 대상으로". **지방행정연구** 17(1): 159-180.

송광태. 1999. "공공체육시설 민간위탁의 실태와 개선방안" 한국지방자치학회 하계학술세미나발표논문집 **"21세기 지방자치의 과제와 발전방향".** 105-123.

______. 2004. "지방자치단체 공공서비스의 운영성과 분석: C시의 체육 및 문화시설을 중심으로". **한국지방자치학회보** 16(1): 49-72.

______. 2005. "공공서비스 민간위탁의 경쟁성 관리에 대한 실태분석". **한국지방자치회보** 17(2): 45-69.

송건섭. 2004. "지방정부 공공서비스의 성과평가: 통합모형개발과 적용". **서울행정학회 2004년하계세미나발표논문집.** 465-480.

______. 이곤수. 2005. "행정서비스 질 분석을 이용한 기초자치단체 성과평가". **한국사회와 행정연구** 16(1): 151 – 178. 서울행정학회.

송근원·강대창·허남식. 2003. "공공서비스의 민간위탁 성과에 영향을 미치는 요인 연구". **한국행정연구** 12(3): 121 – 143.

송정숙. 2003. "한국 공공도서관의 문제점과 개선방안". **한국 도서관·정보학회지** 34(1): 399 – 421.

송하중·김근세. 1999. "사회문화 행정기구의 개편". **한국행정학회 특별세미나 발표논문집**. 정부조직개혁의 평가와 대안(사회문화행정부문). 115 – 133.

심준섭·주영종. 2005. "행정학 연구방법론에 대한 평가와 제안: Triangulation을 중심으로". 중앙대 국가정책연구소 **국가정책연구**. 19(1): 31 – 63.

안보영. 2004. **공공서비스 민간위탁에 관한연구: 서울시 생활폐기물 수거운반을 중심으로**. 연세대학교 석사학위논문.

양재한. 2000. "우리 문헌정보학의 실천성 확보를 위한 반성적 고찰". **한국도서관·정보학회지** 31(4): 91 – 96.

양건열 등. 2006. **문화부문 사회서비스 실태조사 및 제도개선 연구**. 한국문화관광정책연구원.

오동근. 2005. "공공도서관의 서비스 품질이 이용자만족도와 충성도에 미치는 영향". **정보관리학회지** 22(4): 61 – 78.

유민영. 2001. "국·공립 문화예술공간의 민영화". **한국문화학회 문화연구**(2001): 89 – 95.

유미년·탁현우·박순애. 2008. "민간위탁에 의한 공공서비스 공급의 효율성과 효과성 분석: 서울시 생활폐기물 수거·운반 서비스를 중심으로". **한국정책과학학회보**12(3): 219 – 244.

유병장. 2004. "고객만족을 위한 공공도서관 평가지표에 관한 고찰". **한국도서관·정보학회지** 35(3): 321 – 339.

윤정기. 1998. "국내 공공도서관 민간위탁에 대한 고찰". **정보관리학회지**15(1): 7 – 17.

윤태범. 1999. "지방행정서비스 민간위탁의 활성화 방안". **지방정부연구**3(1): 99 – 120.

윤희윤. 1998. "공공도서관위탁구상의 쟁점분석과대응방안". **도서관** 53(3) 가을호.

______. 1999. "대도시 공공도서관의 경제성 평가". **한국도서관·정보 학회지**30(4): 207 - 227.

______. 1999. "한국공공도서관의 해체위기와 탈출구". **한국도서관·정 보학회지**30(2): 29 - 53.

______. 2000. "도서관의 아웃소싱에 대한 비판적 연구". **한국도서관· 정보학회지**31(3): 1 - 21.

______. 2008. "공공도서관 위탁경영의 분석과 해법". **한국도서관·정 보학회지**39(3): 3 - 26.

이삼주·고승희. 2003. "지방자치단체 민간위탁의 상대적 효율성 분 석". **지방행정연구** 17(3): 205 - 234.

이상철. 2002. "기초자치단체 문예회관의 효율적 관리방안: 바람직한 행정관리주체 탐색". 한국행정학회 **한국정책학회보** 11(3): 193 - 297.

______. 고수정·장철영. 2006. "조지운영주체별 상대적 효율성 분석: 문화예술 회관을 중심으로". 서울대 한국행정연구소 **행정논총** 44(3): 179 - 205.

이성로. 2005. "민간위탁의 과정과 효과: 어느 중소도시의 사례". 서울 대 한국행정연구소 **행정논총** 43(4): 301 - 326.

이성우. 1997. "정부기능의 민간위탁 확대방안". **한국정책학회보** 7(3): 31 - 51.

이소연. 2004. "지역사회주민을 위한 공공도서관의 문화서비스 활성화 방안". **한국문헌정보학회지** 38(3): 23 - 43.

이용남. 2002. "공공도서관의 고객만족도 조사결과에 대한 비판적 분석: 서울시의 시민만족도 조사를 중심으로". **한국비블리아** 13(2): 29 - 43.

이유재·이준엽. 1997. "서비스 품질에 관한 종합적인 고찰: 개념 및 측정을 중심으로". **경영논집** 31(3,4): 249 - 283.

이종규·박순애. 2002. "민간위탁 관리운영의 문제점과 효과성 분석: 서울시 청소년수련관을 중심으로". **한국행정학회 2002년 하계**

학술대회 발표논문집. 165 – 197.

이철주·강영철. 2007. “공공서비스의 민간위탁비용에 미치는 영향요인 분석: 서울시 자치구 민간위탁 담당자의 인식을 중심으로”. **행정논총** 45(3): 135 – 175. 서울대학교 한국행정연구소.

이혜연. 2002. “지방자치와 공공도서관: 일본공립도서관의 민간위탁추진논리”. **시민과 도서관** 122 – 168.

임철민. 2005. **지역공공도서관 민간위탁의 사례 분석**. 석사학위논문, 전주대학교.

정문택. 2006. “도서관법 개정애 떠른 공공도서관의 과제”. **도서관문화** 47(11): 2 – 3.

장윤금. 2007. “공공도서관의 e – 서비스 품질평가와 이용자 만족도에 관한 연구”. **한국문헌정보학회지** 41(4): 315 – 329.

정용길. 1999. “서비스 품질의 측정: SERVQUAL과 SERVPERP”. **서울대 경영론집** 33(3): 444 – 446.

정철현·김정한. 2007. “민간위탁의 실패요소에 관한 탐색연구”. **한국정책학회 하계학술대회 발표논문집**. 239 – 251.

__________. 2007. “민간위탁의 실패요인에 관한 탐색적 연구: S시의 사례연구”. **현대사회와 문화** 제26호: 1 – 26.

정현태. 2004. “공공도서관 관리운영평가 6년의 성과와 과제: 1998 – 2003년 문화관광부 관리운영평가 결과분석”. **한국비블리아** 15(1): 69 – 89.

정혜란. 2003. “공공도서관의 디지털참고봉사 이용 분석”. 상명대 사회과학연구소 **사회과학연구**(2003): 1 – 13.

조미아. 2003. “어린이를 위한 디지털 참고봉사에 관한 연구”. **도서관** 58(4): 39 – 60.

탁계석. 2001. “국·공립 예술단체의 민영화 현황과 합리적 운영 방안”. **한국문화학회 문화연구**(2001): 33 – 44.

한두완·홍봉영. 2002. “DEA를 이용한 도서관의 효율성 평가”. **한국문헌정보학회지** 36(3): 275 – 285.

함요상. 2007. **지방공기업을 활용한 공공서비스 성과평가에 관한 연구: 공공도서관의 효율성과 고객만족도를 중심으로**. 박사학위논문

고려대학교.

______. 2007. "공공서비스 공급방식 전환의 논거: 공공도서관 서비스의 공급방식 간 효율성 비교를 중심으로". **한국정책학회**. 2007 동계학술대회 및 정기총회 자료집: 369 – 394.

허만형 · 정윤수. 2001. "서울시 민간위탁 효과성 평가: 복지시설". **한국행정학회21세기 한국행정 및 행정학회비젼 발표논문집**: 155 – 168.

홍기원. 2004. **자료포락분석을 이용한 문화예술서비스의 효율성 측정**: 정부 및 비영리 조직의 비교. 박사학위논문. 연세대학교.

홍현진. 2005. "도서관의 정보서비스 품질평가연구에 관한 고찰". **한국도서관 · 정보학회 하계 학술발표 자료집**. 138 – 141.

______. 이용남. 1999. "공공도서관의 성과평가에 관한 이론적 연구". **한국문헌 정보학회지** 33(2): 45 – 67.

______________. 2001. "우리나라 공공도서관의 효과성 차원의 연구". **한국문헌 정보학회지** 35(1): 6 – 25.

대외경제정책연구원. 2005. "일본의 공공서비스 민간개방 추진내용 및 평가" **해외 경제정보** 제2005 – 92호.

2. 외국 문헌

1) 단행본

American Library Association. 2007. *The State of America's Libraries: A Report from the American Library Association.*

______. 1999. *Outsourcing and Privatization in the American Libraries: Report of the ALA Outsourcing Task Force.* 1998 – 1999 Council Document #24.

Benaud, Claire – Lise and S. Bordeianu. 1998. *Outsourcing Library Operations in Academic Libraries: An Overview of Issues and Outcomes.* Englewood CO: Libraries Unlimited.

Charnes, A., W. W. Cooper, A. L. Lewin and L. M. Seiford. 1994. *Data Envelopment Analysis: Theory, Methodology and Application*. Boston/Dordrecht/London: Kluwer Academic Publishers.

Cooper, W. W., L. M. Seiford and K. Tone. 2000, *Data Envelopment Analysis: A Comprehensive Text with Models, Applications, References and DEA −Solver Software*. Boston: Kluwer Academic Publishers.

Dehoog, R. H. 1984. *Contracting Out for Human Services: Economic, Political and Organizational Perspectives*. Albany ; State Univ. of New York Press.

Donahue, J. 1989. *The Privatization Decision: public ends, private means*, New York: Basic Books.

Foster, C. D. and F. G. Plowden. 1996. *The State under Stress: Can the hollow state be good government?*. Buckingham · Philadelpia; Open Univ. Press.

Ganley, J. A. and J. S. Cubbin. 1992. *Public Sector Efficiency Measurement: Application of Data Envelopment Analysis*. Netherland: Elsevier Science Publishers B. V.

Hernon, P. and E. Altman. 1998. *Assessing Service Quality: Satisfying the Expectations of Library Customer*. Chicago: ALA.

Kamerman, S. B. and A. J. Kahn. 1989. *Child care and Privatization under Regan*. New Jersey; Princeton University Press.

Lavery, K. 1999. *Smart Contracting for Local Government Services: Processes and Experience*. Westport · Connecticut · London: Praeger.

Mitnick, B. M. 1980. *The Political Economy of Regulation: Creating, Designing and Removing Regulatory Forms*. New York; Columbia Univ. Press.

OECD. 1997. *Contracting Out Government Services: Best Practice Guidelines and Case Studies*. Paris; OECD.

O'Looney, J. A. 1998. *Outsourcing State and Local Government Services: decision making strategies and management methods*. Westport · Connecticut · London; Quorum Books.

Rainey, H. 1997. *Understanding and Managing Public Organization*. 2nd ed., San Francisco; Jossey−Bass. Chapter 3.

Roth, G. 1987. *The Private Provision of Public Services in Developing Countries*. Washington D. C.; Oxford University Press.

Savas, E. S. 1987. *Privatization: The Key to Better Government*. New Jersey; Chatham House Publishers, Inc.

______. 2000. *Privatization and Public−Private Partnerships*. New York: Chatham House

Siess, J. A. 2005. *The Visible Librarian*. 이우정 등 역, 도서출판 이채.

Weimer, D. L. and A. R. Vining. 1989. *Policy Analysis: Concepts and Practice*. Englewood Cliffs. N.J.; Prentice Hall.

Wolf, C. Jr. 1988. *Markets or Governments; Choosing Between Imperfect Alternatives*. Cambridge. Massachusetts; The MIT Press.

2) 논문

Association of Research Libraries. "LibQUAL+ ^{TM}: Charting Library Service Quality." htttp://www.libqual.org.

Ammons, David N. 1985. "*Common Barriers to productivity Improvement in local Government*." Public Productivity Review 9.

______. 1995. "Overcoming the Inadequacies of Performance Measurement in Local Government: The Case of Libraries and Leisure Services." *Public Administration Review* 55(2): 37−46.

Basso, A. and S. Funari. 2004. "A Quantitative Approach to Evaluate the Relative Efficiency of Museums." *Journal of Cultural Economics* 28: 195−216.

Baker, R. J. 1998. "Outsourcing in Riverside County: Anomaly, not Prophecy." *Library Journal* 123(5).

Ball, D. 2003. "A Weighted Decision Matrix for Outsourcing Library Services." *The Bottom Line: managing library finances* 16(1): 25−30.

Berry, F. S. and R. S. Brower. 2005. "Intergovernmental and Intersectional Management: Weaving Networking, Contracting Out, and Management Roles into Third Party Government." *Public Performance & Management Review* 29(1): 7 − 17.

Brooks, B. R. 2001. "Bureaucratic Inefficiency: Failure to Capture the Efficiencies of Outsourcing." *Public Choice* 107: 253 − 270.

Charnes A., W. W. Cooper and E. Rhodes. 1978. "Measuring the Efficiency of Decision Making Units." *European Journal of Operational Research*. 2(6): 429 − 444.

________. 1981. "Evaluation Program and Managerial Efficiency: An Application of Data Envelopment Analysis to Program Follow Through", *Management Science* 27(6): 668 − 607.

Coelli, T. J. 1996. "A Guide to Frontier Version 4.1: A Computer Program for Stochastic Frontier Production and Cost Function Estimation", CEPA working paper.

________. 1996. "A Guide to DEAP Version 2.1: A Data Envelopment Analysis(Computer) Program." CEPA working paper.

Chen, Tser − yieth. 1997. "An Evaluation of the Relative Performance of University Libraries in Taipei." *Library Review* 46(3): 190 − 201.

Cook, Colleen. and B. Thompson. 2000. "Reliability and Validity of SERVQUAL Scores Used to Evaluate Perception of Library Service Quality." *Journal of Academic Librarianship* 26(4): 103 − 112.

________. 2001. "Psychometric Properties of Scores from the Web − based LibQual + Study of Perception of Library Service Quality." *Library Trends* 49(4): 585 − 604.

Cronin, J. J. Jr. and S. A. Taylor. 1992. "Measuring Service Quality: A Reexamination and Extension." *Journal of Marketing* 56(3): 55 − 68.

Cronin, B. 1984. "The Marketing of Public Library Services in the United Kingdom − The Rationale for a Marketing Approach." *European Journal of Marketing* 18: 33 − 44.

Dain, P. 1996. "American Public Libraries and The Third Sector: Historical Reflections and Implications." *Library & Culture* 2(2).

Dehoog, R. H. 1985. "Human Services Contracting: Environmental Behavior and Organizational Conditions." *Administration & Society* 16(4).

Drake, L. and R. Simper. 2002. "X−efficiency and Scale Economies in Policing: a comparative study using the distribution free approach and DEA." *Applied Economics* 34: 1859−1870.

Eberhart, G. M. 1997. "Hawaii Terminates Outsourcing Contract." *American Libraries* 28(7).

Farrell, M. J. 1957. "The Measurement of Productive Efficiency." *Journal of the Royal Statistical Society*. Series A(General) Vol.120 Part Ⅲ: 253−281.

Ferris, A. and Graddy. 1986. "Contracting Out: For What? With Whom?", *Public Administration Review* 46(4).

Finn, R. F and R. Zanola. 2006. "The Art of Benchmarking: Picasso Prints and Auction House Performance." *Applied Economics*. 38: 1425−1434.

Hammond, C. J. 2002. "Efficiency in the Provision of Public Services: a data envelopment analysis of UK public library systems." *Applied Economics*. 34: 649−657.

Hatry, H. P. 1978. "The Status of Productivity Measurement in the Public Sector." *Public Administration Review* 38(1): 28−33.

______. and D. M. Fisk. 1992. "Measuring Productivity in the Public Sector." *In Public Productivity Handbook*. Edited by Marc Holzer. New York: Marcel Decker, Inc.

Herbert, S. W. 1998. "Library Outsourcing and Contracting: Cost−Effectiveness or Shell Game?" *Library Journal* June: 56−57.

Hernon, P., D. A. Nitecki and E. Altman. "Service Quality and Customer Satisfaction: An Assessment and Future Directions." *Journal of Academic Librarianship* 25(1): 9−17.

Keith, Harrington. 2003. "Contracting Out of a Public Library Service: business to be or not to be?" *Library Management* 24(4/5): 187−

192.

Kolderie, T. 1986. "The Two Different Concepts of Privatization." *Public Administration Review* 46(4).

Lynch, B. P. 1998. *"Measurement and Evaluation of Public Libraries."* In the 64th IFLA General Conference. Amsterdam. Aug. 16 – 21.

Macvean, C. 1996. "Outsourcing Noncore Library Activities: A Case Study of Victorian Public Library", *Australian Public Libraries and Information Services* 9(2).

Mairesse, F. and P. V. Eeckaut. 2002. "Museum Assessment and FDH Technology: Toward a Global Approach." *Journal of Cultural Economics* 26: 261 – 286.

Marcum, J. W. 1998. "Outsourcing in Libraries: tactic, strategy, or 'meta – strategy?'" *Library Administration & Management* 12(1): 15 – 25.

Martensen, A. and L. Gronholdt. 2003. "Improving Library Users' Perceived Quality, Satisfaction and Royalty: an integrated measurement and management system." *The Journal of Academic Librarainship* 29(3): 140 – 147.

Martin, R. S. 2000. *The Impact of Outsourcing and Privatization on Library Services and Management*, A study for ALA, Texas Woman's University(http://www.ala.org/org/outsourcing).

Parasuraman, A., V. A. Zeithaml and L. L. Berry. 1985. "A Conceptual Model of Service Quality and its Implications for Future Research." *Journal of Marketing* 49(4): 41 – 50.

________. 1988. "SERVQUAL: A Multi – Item Scale for Measuring Customer Perceptions of Service Quality", *Journal of Retailing* 64(1): 12 – 40.

______. 1991. "Refinement and Reassessment of the SERVQUAL Scale", *Journal of Retailing* 67(4): 420 – 450.

Prager, J. 1994. "Contracting Out Government Services: Lessons from the Private Sector" *Public Administration Review* 54(2): 176 – 184.

Public library Association. 2000. *Outsourcing: A Public Library Checklist*, ALA

Oliver, R. L. 1980. "A Cognitive Model of the Antecedents and Consequence of Satisfaction Decision", *Journal of Marketing Research* 17(4): 460 – 469.

Parker, S. 2006. "The Performance Measurement of Public Libraries in Japan and the UK." *Performance Measurement and Metrics* 7(1): 29 – 36.

Sen, B. 2006. "Defining Market Orientation for Libraries." *Library Management* 27(4/5): 201 – 217.

Shim, Wonsik. 2003. "Applying DEA Technique to Library Evaluation in Academic Research Libraries." *Library Trends* 51(3): 312 – 332.

Sengupta, J. K. 2002. "Economics of Efficiency Measurement by the DEA Approach." *Applied Economics* 34: 1133 – 1139.

Thomas, B. 1996. "*Contracting out of Public Libraries*" The 62nd IFLA Conference Proceedings. 25 – 31.

Vitaliano, D. F. 1998. "Assessing Public Library Efficiency Using Data Envelopment Analysis", *Annals of Public and Cooperative Economics* 69(1): 107 – 122.

Ward, R. C. 2007. "The Outsourcing of Public Library Management: An Analysis of the Application of New public management Theories from the Principal – Agent Perspective." *Administration & Society* 38(9): 627 – 648.

Warthington, A. 1999. "Performance Indicators and Efficiency Measurement in Public Libraries." *Australian Economic Review* 32: 31 – 42.

〈부록 1〉

〈서비스 만족도 측정을 위한 설문 내용〉

No.________

공공도서관 이용자 서비스 만족도 조사

안녕하십니까?
바쁘신 중에도 귀중한 시간을 내어 주셔서 감사드립니다.

저는 시민들의 문화적인 삶의 질을 높이기 위해 공공도서관의 대폭 확충과 함께
"도서관 서비스의 질"을 높이는 데 많은 관심을 갖고, 그간 업무경험을 토대로 공
공도서관 서비스의 향상 방안을 연구 중에 있으며, 이 설문지는 현재 서비스의 실
태와 이용자의 만족도를 조사하기 위해 준비된 것입니다.

이용자께서 응답하신 내용은 모두 컴퓨터로 익명 처리되고, 통계법 제8조에 의거
하여 비밀이 보장되며, 통계적, 학문적 목적 이외에는 사용되지 않을 것이므로 이
용자님의 의견을 솔직하고 성의 있게 답해 주시면 고맙겠습니다. 감사합니다.

2007년 12월

연 구 자: 곽 영 진 (연세대학교 행정학과 박사과정)
지도교수: 이 은 국 (연세대학교 행정학과 교수)
연 락 처: (H.P) 010 - 4853 - 6213, (사) 02 - 596 - 6212,
　　　　　 e - mail: yjkwak2@naver.com

Ⅰ. 다음은 도서관에서 제공하는 서비스에 대한 전반적인 인식과 만족도에 관한 질문입니다. 해당 사항에 체크(√)해 주십시오.

구 분	매우 낮다	낮다	보통 이다	높다	매우 높다
1. 도서관 서비스에 대한 전반적인 만족도는?	①	②	③	④	⑤
2. 앞으로 이 도서관을 계속 이용할 생각입니까?	①	②	③	④	⑤
3. 다른 사람에게도 이 도서관의 이용을 권하고 싶습니까?	①	②	③	④	⑤

Ⅱ. 다음은 도서관 서비스의 품질에 관한 질문입니다.

1) 이상적인 도서관을 생각하며 이용자께서 개인적으로 바라는 기대수준과 2) 본 도서관이 이용자님께 실제로 제공하고 있다고 느끼는 인지수준을 구분하여 두 곳에 각각 체크(√)표를 해 주시기 바랍니다. 각 항목의 점수는 『① 매우 낮다 ② 낮다 ③ 보통이다 ④ 높다 ⑤ 매우 높다』입니다.

설문 문항	도서관에서 제공받고 싶은 서비스의 기대수준					도서관에서 실제 제공받는 서비스의 인지수준				
	매우 낮다	낮다	보통 이다	높다	매우 높다	매우 낮다	낮다	보통 이다	높다	매우 높다
1. 직원들이 예의바르고 친절함	①	②	③	④	⑤	①	②	③	④	⑤
2. 이용자의 질의나 건의 사항에 신속히 응답함	①	②	③	④	⑤	①	②	③	④	⑤
3. 이용자 개인에 관심을 갖고 적극 도우려는 태도	①	②	③	④	⑤	①	②	③	④	⑤
4. 이용자 질문에 충분히 답할 지식과 전문성 보유	①	②	③	④	⑤	①	②	③	④	⑤

설문 문항	도서관에서 제공받고 싶은 서비스의 기대수준					도서관에서 실제 제공받는 서비스의 인지수준				
	매우 낮다	낮다	보통 이다	높다	매우 높다	매우 낮다	낮다	보통 이다	높다	매우 높다
5. 인쇄출판 자료가 다양함	①	②	③	④	⑤	①	②	③	④	⑤
6. 전자출판 자료도 충분함	①	②	③	④	⑤	①	②	③	④	⑤
7. 최신의 자료(인쇄, 전자출판)도 구비됨	①	②	③	④	⑤	①	②	③	④	⑤
8. 자료의 보존상태가 좋음	①	②	③	④	⑤	①	②	③	④	⑤
9. 희망 자료가 신속히 확보됨(구입, 상호대차 등)	①	②	③	④	⑤	①	②	③	④	⑤
10. 홈페이지에서 전자저널 과 자료의 열람도 가능	①	②	③	④	⑤	①	②	③	④	⑤
11. 문화 프로그램(강좌, 교실, 이벤트 등)이 다양함	①	②	③	④	⑤	①	②	③	④	⑤
12. 문화프로그램 (강좌, 교실 등) 운영이 충실함	①	②	③	④	⑤	①	②	③	④	⑤
13. 자료검색용 컴퓨터가 충분하고 이용이 편리함	①	②	③	④	⑤	①	②	③	④	⑤
14. 멀티미디어 장비가 충분하고 이용이 편리함	①	②	③	④	⑤	①	②	③	④	⑤
15. 복사기가 충분하고 이용이 편리함	①	②	③	④	⑤	①	②	③	④	⑤
16. 내부 열람시설 (책상, 의자, 냉난방 등)이 잘 구비되고 쾌적함	①	②	③	④	⑤	①	②	③	④	⑤
17. 편의시설(휴게실, 식당, 매점, 화장실 등)이 청결함	①	②	③	④	⑤	①	②	③	④	⑤
18. 자료열람실 개관시간이 충분하고 이용 편리함	①	②	③	④	⑤	①	②	③	④	⑤
19. 자료열람실은 연구나 학습의욕을 고취시키는 분위기	①	②	③	④	⑤	①	②	③	④	⑤
20. 이메일, 문자메시지를 통해 이용정보를 제공함	①	②	③	④	⑤	①	②	③	④	⑤
21. 홈페이지를 통한 정보 검색과 이용안내가 충실함	①	②	③	④	⑤	①	②	③	④	⑤
22. 자료의 대출과 반납이 신속히 처리됨	①	②	③	④	⑤	①	②	③	④	⑤

Ⅲ. 다음은 통계처리를 위한 일반적인 사항입니다.

1) ______님의 성별은?

① 남성 ② 여성

2) ______님의 연령은?

① 10대 ② 20대 ③ 30대 ④ 40대 ⑤ 50대 ⑥ 60대 ⑦ 70대

3) 현재 하고 계시는 일은?

① 주부 ② 취업 및 진학준비 ③ 중·고등학생 ④ 대학(원)생

⑤ 직장인 ⑥ 자영업 ⑦ 기타

4) 학력은 어떻게 되십니까?

① 중졸 ② 고졸 ③ 대졸(대재) ④ 대학원졸(대학원재)

5) 경제적인 생활수준은 어떻습니까? ① 상 ② 중 ③ 하

6) 오늘 이 도서관에 오신 주된 목적은 무엇입니까?

① 도서열람 및 대여 ② 자료조사 및 연구(학교과제물 작성 포함)

③ 독서교실, 문화행사 등 참가 ④ 시험공부 ⑤ 기타

7) 이 도서관을 이용하실 때 관련 정보는 주로 어디서 얻으십니까?

① 도서관 직접방문 ② 인터넷 홈페이지

③ 도서관의 이메일 또는 핸드폰 문자서비스

④ 학교, 구청, 교육청 등의 소식지 ⑤ 이웃, 친구, 친지를 통해

8) 평소 이 도서관을 얼마나 자주 이용하십니까?

① 거의 매일 ② 일주일에 1회 이상 ③ 한 달에 2~3회

④ 1년에 2~3회 ⑤ 오늘 처음

〈공공도서관 서비스 만족도와 품질 조사 결과〉

구 분			만족도				서비스 품질(E－P)				
			평균	전반	재이용	권장	평균	직원	자료	프로그램	이용환경
전체	전체		3.99	3.77	4.19	4.02	0.397	0.310	0.529	0.307	0.431
	직영		3.90	3.67	4.11	3.93	0.456	0.377	0.589	0.344	0.490
	위탁	소계	4.11	3.90	4.29	4.13	0.325	0.224	0.451	0.259	0.354
		공단	4.09	3.87	4.28	4.12	0.358	0.246	0.481	0.301	0.392
		민간	4.15	3.98	4.31	4.15	0.249	0.171	0.383	0.161	0.268
A구	L01		3.64	3.49	3.91	3.52	0.477	0.408	0.635	0.247	0.556
	L08		3.87	3.63	3.99	3.98	0.337	0.234	0.460	0.223	0.352
B구	L03		3.75	3.63	3.83	3.80	0.315	0.276	0.286	0.292	0.333
	L07		3.92	3.68	4.00	4.08	0.273	0.182	0.344	0.172	0.406
C구	L10		3.82	3.62	3.93	3.92	0.469	0.425	0.578	0.290	0.504
	L11		3.99	3.71	4.25	4.01	0.496	0.458	0.677	0.315	0.496
D구	L09		3.97	3.78	4.16	3.96	0.464	0.239	0.636	0.349	0.622
	L18		4.27	4.06	4.42	4.31	0.247	0.250	0.363	0.133	0.357
E구	L13		3.94	3.83	4.03	3.97	0.279	0.236	0.380	0.333	0.237
F구	L06		3.89	3.69	4.15	3.84	0.488	0.297	0.713	0.415	0.479
G구	L05		3.94	3.61	4.28	3.94	0.474	0.419	0.680	0.474	0.431
H구	L17		4.07	3.87	4.26	4.10	0.488	0.375	0.670	0.282	0.500
I구	L19		4.20	3.84	4.48	4.26	0.657	0.513	0.846	0.477	0.794
J구	L20		3.78	3.45	4.12	3.78	0.363	0.206	0.443	0.456	0.281
K구	L04		3.78	3.49	4.05	3.80	0.407	0.384	0.504	0.346	0.438
	L38		4.33	4.05	4.49	4.46	0.232	0.207	0.321	0.323	0.019
L구	L15		3.90	3.58	4.14	3.98	0.496	0.368	0.749	0.374	0.559
	L33**		4.29	4.22	4.32	4.35	−0.019	−0.054	0.053	−0.089	0.029

구 분		만족도				서비스 품질(E - P)				
		평균	전반	재이용	권장	평균	직원	자료	프로그램	이용환경
M구	L14	3.99	3.66	4.28	4.04	0.530	0.452	0.659	0.382	0.618
	L22**	4.10	3.82	4.34	4.15	0.535	0.398	0.778	0.464	0.462
N구	L16	3.31	3.22	3.62	3.09	0.846	0.824	0.961	0.661	0.886
	L23**	4.43	4.24	4.58	4.48	0.228	0.095	0.397	0.113	0.254
O구	L12	3.85	3.63	4.07	3.85	0.548	0.481	0.849	0.269	0.571
	L24*	4.20	4.10	4.25	4.25	0.011	−0.110	−0.005	0.197	−0.047
P구	L21*	4.11	3.89	4.34	4.11	0.350	0.297	0.390	0.276	0.430
	L25*	4.00	3.67	4.26	4.08	0.565	0.424	0.801	0.438	0.620
Q구	L26*	4.16	4.04	4.30	4.15	0.061	0.025	0.197	−0.045	0.050
	L30*	4.15	3.93	4.35	4.19	0.361	0.148	0.535	0.295	0.423
R구	L31*	4.27	3.97	4.47	4.37	0.471	0.368	0.603	0.572	0.371
	L32*	3.85	3.57	4.16	3.80	0.703	0.603	0.814	0.566	0.783
S구	L28*	4.23	3.98	4.46	4.26	0.442	0.331	0.519	0.319	0.573
	L39*	3.86	3.58	4.04	3.96	0.648	0.219	0.889	0.719	0.766
T구	L02**	4.05	3.99	4.17	3.99	0.075	0.061	0.160	−0.056	0.135
U구	L27*	4.05	3.87	4.26	4.03	0.435	0.239	0.701	0.288	0.485
V구	L29**	3.88	3.70	4.11	3.84	0.374	0.300	0.442	0.327	0.409
S시	L34	4.09	3.79	4.27	4.21	0.582	0.490	0.611	0.531	0.565
	L35	3.92	3.70	4.10	3.96	0.491	0.460	0.536	0.311	0.554
	L36*	3.90	3.67	4.09	3.93	0.359	0.326	0.502	0.239	0.349
	L37*	4.12	3.88	4.28	4.21	0.314	0.253	0.320	0.243	0.388

※ 도서관코드의 *표시는 공단위탁, **표시는 민간위탁, 표시 없는 것은 직영
※ 서비스 품질(E - P)의 +값은 불만(작을수록 만족도 높음), −값은 만족(클수록 만족도 큼)

〈2007년 말 공공도서관 민간위탁 현황〉

구분	위탁도서관	현 수탁자	현 위탁일	개관일	비고(수탁자 변경)
1. 중랑구립	중랑구시설 관리공단	2003	1999. 3. 9	중랑문화원 위탁('98~'03)
2. 중랑구립 면목정보	중랑구시설 관리공단	2005	2005. 11. 11	'05. 11. 11 공단과 계약
3. 광진정보	광진구시설 관리공단	2005.8	2000. 11. 10	광진문화원위탁 ('00. 9. 15~'05. 7) * '01년 시울 시민만족도 최 우수 도서관
4. 은평구립	사회복지법인 인덕원	2004.8	2001. 10. 15	'01. 8 계약, '04. 8 재계약 '02. 8 서울시 주민만족도 최우수 도서관
5. 성동구립	성동구도시 관리공단	2006.1	1999. 4. 1	성동문화원 위탁('99~05) *당시 명칭은 '성동문화정보 센터'
6. 성동구립금호	〃	2006	2006. 6. 15	
7. 성동구립용답	〃			
8. 동대문구 정보화도서관	책 읽는 사회 문화재단	2006	2006. 6. 29	'06. 3. 29 계약
9. 노원정보도서관	서울여자 대학교	2006	2006. 2. 5	
10. 노원어린이	〃	2007	2003. 2. 20	
11. 월계문화정보	〃	2007	2007. 12. 27	
12. 강북문화 정보센터	강북도시 관리공단	2001.1	2001. 6. 5	* '02.8 서울 주민만족도 우 수도서관
13. 솔샘 문화정보센터	〃	2005	2005. 10. 4	

구분	위탁도서관	현 수탁자	현 위탁일	개관일	비고(수탁자 변경)
서울	14. 강북청소년 문화정보센터	강북도시 관리공단	2001	2001. 12. 20	
	15. 금천구립정보	금천구시설 관리공단	2008	1999. 2. 26	'01 서울 시민만족도조사 상반기 우수 도서관 금천문화원 위탁(04~07)
	16. 금천구립가산	금천구시설 관리공단	2008	2007. 4. 9	
	17. 성북정보	성북도시 관리공단	2002	2002. 3. 19	
	18. 아리랑정보	성북도시 관리공단	2004	2004. 5. 4	
	19. 관악문화	관악문화원	2002	2002. 10. 11	
	20. 글빛정보	〃	2006	2006. 2. 27	
	21. 봉천2동 작은 도서관	〃	2006	2006. 2. 28	
	22. 구로꿈나무	구로시설 관리공단	2004	2004. 5. 3	
	23. 꿈마을도서관	〃	2007	2007. 4. 5	
	24. 도봉 문화정보센터	도봉문화원	2001	2001. 10. 9	
	25. 서대문구립 이진아 기념	서대문도시 관리공단	2005	2005. 9. 15	
	26. 거마도서 정보센터	송파구시설 관리공단	2004	2005. 4. 27	'04. 12. 23 계약
	27. 구립서초 어린이도서관	영화교회	2005	2005. 2. 23	
	28. 논현도서관	(사)작은 도서관 만드는 사람들	2002	1997. 9. 10	2002년 (사)좋은책읽기모임 (98년 법인설립) 위탁운영
	29. 대치도서관	〃	〃	1999. 2. 26	
	30. 청담도서관		〃	1999. 10. 1	
	31. 논현 문화정보마당	〃	2003	2003. 7. 9	
	32. 역삼도서관	〃	2007	2007. 10. 9	
	33. 정다운도서관	〃	2006	2004. 11. 1	2004강남구도시관리공단
	34. 즐거운도서관	〃	2006	2004. 9. 1	〃
	35. 행복한도서관	〃	2006	2006. 9. 16	
	36. 영등포 대림 정보문화도서관	영등포구시설관 리공단	2007	2007. 12. 28	
	37. 강서길꽃 어린이도서관	영신교회	2007	2007. 1. 26	

구분	위탁도서관	현 수탁자	현 위탁일	개관일	비고(수탁자 변경)
인천	38. 부평 기적의도서관	부평구 문화재단	2006	2006. 3. 10	
	39. 서구 검단 어린이도서관	서구시설관리 공단	2007	2004. 7. 21	
	40. 서구 석남 어린이도서관	〃	2007	2008. 1. 30	
광주	41. 서구공공	광주YMCA	2000	2000. 4. 15	서구문화센터 부속 도서관
경기	42. 화성태안	화성시시설 관리공단	2001	1998. 3. 31	
	43. 화성남양	〃	2001	1994. 4. 1	
	44. 화성삼괴	〃	2004	2004. 4. 30	
	45. 화성병점	〃	2005	2005. 9. 1	
	46. 성남중원 문화정보센터	성남시시설 관리공단	2000. 4	2000. 10. 25	
	47. 성남수정 문화정보센터	성남시시설 관리공단	2000	2000. 5. 2	
강원	48. 정선사북	정선자활 후원기관	2002. 1	1998. 11. 6	
충북	49. 청주 기적의 도서관	청주지역 사회협의회	2004	2004. 7. 15	
	50. 제천 기적의 도서관	책 읽는 사회 문화재단	2007	2004. 1. 5	민간위탁(개인): 03~06
충남	51. 서천 장항 공공도서관	서천문화원	2007	1997. 9. 3	민간위탁(개인): 03~06
전남	52. 목포시립	목포 문화재단	2007	1974. 1. 15	새마을문고중앙회목포지회 ('01.1~'04.6.30), 목포문화 원(04~07)
경남	53. 거제시립	거제 시설관리공단	2001. 7	1994. 6. 11	
	54. 진해 기적의도서관	민간위탁 (이종화)	2004	2004. 2. 1	

* 경기 연천군립도서관은 '00~'06년간 시설공단위탁 후 직영운영
* 의정부시립도서관은 공단위탁('95~'02) 후 폐관, 정보도서관 신축('03) 후 직영
* 안산시 감골도서관은 '08. 1. 1부터 직영으로 전환('08. 3. 11 재개관),
  '05~'07년간은 한우리 독서운동본부에서 수탁

곽영진

▌학 력

1977, 경북대사대부고 졸업
1981, 한국외국어대학교 경제학과 졸업(학사)
1996, 미국 뉴욕주립대학원 경제학과 졸업(경제학 석사)
2003, 국방대학교 안보대학원 교육 수료
2009, 연세대학교 행정학과 박사과정 수료(행정학 박사)

▌경력사항

1982 - 2008, 문화체육관광부 및 소속기관의 주요 국·과장 역임
　　　　　　저작권과장, 문화산업정책과장, 문화정책과장,
　　　　　　예술국장, 문화산업국장, 국무조정실 교육문화심의관,
　　　　　　종무실장 및 국립중앙박물관, 도서관, 미술관, 예술원 근무
2008.8 - 현재, 문화체육관광부 기획조정실장
2000 - 2002, 단국대, 서울시립대 대학원 강사 및 홍익대 미술대학원 겸임교수

▌상 훈

2008, 홍조근정훈장
1991, 대통령표창

▌주요논저

1994, 『예술경제란 무엇인가』(공동편역; 신구미디어)
1997, 『저작권보호에 관한 국제협약』(저작권심의위원회)
2000, 「한국의 문화산업정책」(한국문화경제학회 주최, 서울국제학술회의 자료집)
2003, 「21세기 국가경쟁력향상을 위한 문화정책방향」
　　　(국방대학교 2003안보과정 우수논문상 수상) 등

문·화·서·비·스·의

성과관리에 관한 연구

초판인쇄 | 2009년 12월 21일
초판발행 | 2009년 12월 21일

지 은 이 | 곽영진
펴 낸 이 | 채종준
펴 낸 곳 | 한국학술정보㈜
주　　소 | 경기도 파주시 교하읍 문발리 파주출판문화정보산업단지 513-5
전　　화 | 031) 908-3181(대표)
팩　　스 | 031) 908-3189
홈페이지 | http://www.kstudy.com
E-mail | 출판사업부　publish@kstudy.com
등　　록 | 제일산-115호(2000. 6. 19)

ISBN　978-89-268-0641-8 93350 (Paper Book)
　　　　978-89-268-0642-5 98350 (e-Book)